風土記説話の表現世界

谷口雅博
TANIGUCHI Masahiro

The expression world of story in "Fudoki"

笠間書院

風土記説話の表現世界◉目　次

凡例

一、「風土記」の引用テキスト

風土記の訓読文・本文の引用は、角川ソフィア文庫『風土記　現代語訳付き』上・下（二〇一五年六月刊）による。中村啓信監修。各風土記の執筆担当は以下の通り。上（『常陸国風土記』中村啓信、『出雲国風土記』『播磨国風土記』橋本雅之）、下（『豊後国風土記』『肥前国風土記』谷口雅博、「逸文　畿内・東海道・東山道・北陸道」飯泉健司、「逸文　山陽道・山陰道・南海道・西海道」谷口雅博）。

なお、訓読文の表記については、著者の判断によって改めた箇所がある。

その他比較検討に使用したテキストは以下の通り。

・日本古典文学大系『風土記』秋本吉郎校注、岩波書店、一九五八年四月。
・日本古典全書『風土記』上・下、久松潜一・小野田光雄校註、朝日新聞社、一九五九年一〇月・一九六〇年一〇月。
・角川文庫『風土記』小島瓔禮校注、角川書店、一九七〇年七月。
・神道大系『風土記』田中卓校注、神道大系編纂会、一九九四年三月。
・新編日本古典文学全集『風土記』植垣節也校注・訳、小学館、一九九七年一〇月。

一、その他の文献の引用テキスト
・『古事記』　新編日本古典文学全集『古事記』山口佳紀、神野志隆光校注・訳、小学館、一九九七年六月。
・『日本書紀』　新編日本古典文学全集『日本書紀』三冊、小島憲之、直木孝次郎、西宮一民、蔵中進、毛利正守校注・訳、小学館、一九九四年四月～一九九八年六月。
・『続日本紀』　新日本古典文学大系『続日本紀』一、青木和夫、稲岡耕二、笹山晴生、白藤禮幸校注、岩波書店、一九八九年三月。
・『万葉集』　新編日本古典文学全集『万葉集』四冊、小島憲之、木下正俊、東野治之校注・訳、小学館、一九九四年五月～一九九六年八月。
・『日本霊異記』　新編日本古典文学全集『日本霊異記』中田祝夫校注・訳、小学館、一九九五年九月。
・「祝詞」　日本古典文学大系『古事記・祝詞』武田祐吉校注、岩波書店、一九五八年六月。

一、先行研究論文の出典は、執筆時に雑誌論文等に掲載されていた形で見たものについてはその典拠名を記した。単行書で見たものについては単行書名を記した上で、必要に応じて初出年等を記した。

序章　風土記の成立と性質

一　風土記撰進の官命と各国風土記の記事内容

本書は各国風土記の作品世界を考察するものであり、常陸・出雲・豊後・肥前・播磨の五つの古風土記を対象として論じたものである。風土記にはその他にも他の文献に記された逸文が存在する。逸文については、各資料の時代性の検討が前提となるが、古風土記と認定し得るものについては当然検討材料となるものである。しかし纏まった作品として検討することは難しい故に本書の対象には含まれていない。いずれ機会を改めて逸文の世界を考察したい。

さて、風土記は『続日本紀』記載の和銅六年五月二日の条に見える官命の要求に従って、各国で作成されたものとされている。その風土記撰進の官命は、通常以下の五項目に整理される。

①畿内七道諸国郡郷名は好字を着けよ。

②郡内の産物・動植物・魚虫を目録に記せ。
③土地の肥沃状況を記せ。
④山川原野の名号の由来を載せよ。
⑤古老相伝の旧聞・異事を史籍に載せよ。

各国の風土記の記事内容を見ると、それぞれに偏りがあって一様ではない。その理由は様々に考えられるが、今、右の官命記事を元にして一つの可能性を提示したい。官命の記述を岩波書店刊新日本古典文学大系の本文によって示せば、次のようになる。

五月甲子、畿内七道諸国郡郷名、着好字。其郡内所生、銀銅彩色草木禽獣魚虫等物、具録色目、及土地沃堉、山川原野名号所由、又古老相伝旧聞異事、載于史籍言上。

これを見る限り、命令の具体的な内容は三つに分けられるのではないか。つまり、A「着好字」、B「具録色目」、C「載于史籍言上」という三つである。これを先の①〜⑤に割り当てると、Aは①に、Bは②に、そしてCは⑤に該当する。「及」や「又」字の位置から見て、③④の割り当てが明確ではないのだが、内容からするならば③はBに、④はCに割り振られようか。ともあれ、このように三つに分けられるとするならば、A地名に好字を付けるということ、B産物の目録を作るということ、C史籍に載録して言上するということの、三つの作業が課されたということになるのではなかろうか。通常このすべてを記載したものが風土記であったと考えられるわけだが、これらが別個の作業として把握されたとするならば、この三つをすべて一つの文献に統合する国と、別々の作業として区別して、若しくは分冊化して作成した国とが存在した可能性もあろう。どの国の風土記にも④⑤は豊富に記載されているのは、それが「史籍に載録」するという命令を果たした部分であるからなのではないだろうか。特にAについては、風土記の記載とは別個の問題として、各国で実施されるべき通達であったと見ることも出来ようが、好字を付けるということ、乃ち地名表記を改編するということは、必然的に地名の由来を意識することになったであろうから、国郡郷名の由来を記せという命令が特に記されていないにも関わらず、地名由来譚を多く伴うことになったものと思われる。このAが風土記撰進と直接関わっていなかった可能性は、例えば、『扶桑略記』巻六元明天皇和銅六年条に、「五月甲子。諸國郡郷名著㆓好字㆒。又令㆑作㆓風土記㆒。其郡内所㆑出銀銅彩色草木禽獸魚虫等物。具録㆓色目㆒。(以下略)」とあるのをみても伺える。少なくとも『扶桑略記』の記事は国郡郷名に好字を付けるという作業と、風土記作成作業とを別個のものとして把握している。

さて、和銅六年の官命を見た場合、①については名の由来を求める記述はない。①も④も満遍なく載せる『播磨国風土記』は別として、他の風土記は①を中心に記載し、④についてはあまり記事を載せていない。各国風土記の側に郡郷名の由来を記そうとする必然性があったものと思われる。対して中央の側ではそうではなかった。基本的に行政地名としての郡郷名は(国も含むか)、中央側が名づけたという形を取るものが多い。つまり中央側の感覚としては、郡郷名の由来は求める必要がなく、ともかくも文字表記上の整理をすることが重要なことであったと見る事も出来るかも知れない。一方で山川原野の名号由来こそが必要であったということも考えられる。だが実態として山川原野の名称由来記事が少ないのは、山川原野の名称の文字による統制が国郡郷名ほどには進んでいなかったという状況によるのかも知れない。かように、好字表記と起源を記すこととは密接に関わっており、風土記地名起源説話は地名の文字表現と深く関わっているものと思われるのである。

二　風土記を読むということ

次に、具体例を挙げて、風土記を読む際の問題点について確認したい。以下に挙げるのは、『出雲国風土記』楯縫郡神名樋山の条である。

神名樋山　郡家東北六里一百六十歩　高一百廾丈五尺　周廾一里一百八十歩　嵬西在　石神　高一丈周一丈
往側在小石神百餘許　古老傳云　阿遲須枳高日子命之后　天御梶日女命　来坐　多忠村　産給多伎都比古命
尓時教詔　汝命之御祖之向位欲生此處宜也　所謂石神者　即是　多伎都比古命之　御詑　當畢己雨時必令零
也

〈細川家本（秋本吉徳編『出雲国風土記諸本集』勉誠社・一九八四年二月）による〉

『出雲国風土記』に限らず「古風土記」の文章は不明瞭な部分が多く、本文・訓読・解釈が定まっていない箇所が多い。不確定ではあるが、各テキスト・注釈書類ではそれぞれの解釈を施しているので、どのテキストを使うかによって、同一の話であるにも関わらず全く異なる神話・説話を読まされるということにもなるので、必ず複数のテキストを確認する必要がある。右に挙げた「神名樋山」条も、そうした不確定な文章の一つである。

以下に、該当本文を筆者なりに校訂した上で訓読したものを挙げる。文字を変えた場合にはカッコ内に細川家本の字を示した。

神名樋山《かむなびやま》。郡家《こほりのみやけ》の東北六里《さと》一百六十歩《あし》なり。高さ一百廾丈《つゑ》五尺、周《めぐ》り廾一里一百八十歩なり。嵬《みね》の西に石神《いしかみ》在り。高さ一丈、周り一丈なり。往《みち》の側《ほとり》に小さき石神百餘許《ももあまりばかり》在り。古老傳《ふるおきなつた》へて云へらく、阿遲須枳高日子命《あぢすきたかひこのみこと》の后、天御梶日女命《あめのみかぢひめのみこと》、多久《たく》（「忠」）村に来坐《きま》して、多伎都比古命《たきつひこのみこと》を産み給ひき。介時《そのとき》、教へて詔りたまひしく、「汝命《いましみこと》の御祖《みおや》の向位《むかくら》に生まむと欲《おもほ》す。此處《ここ》ぞ宜《よ》き。」とのりたまひき。謂《い》はゆる石神は、即是《これ》、多伎都比古命の御託《みよさし》（「詫」）なり。旱《ひでり》（「畢」）に當《あた》りて雨を乞（「己」）ふ時は、必ず零《あめふら》しむるぞ。

右の話は、神名樋山の山頂に聖なる石があり、それを神として称えているという内容から始まり、その石は多伎都比古命の宿る石であると言い、日照りの続く時に雨乞いをすれば必ず雨を降らせてくれる神であるといって結ぶ。その多伎都比古命の誕生に纏わる話が「古老傳云」として記された記事であるという構成となっている。現前する山・山頂の石（現在）→「古老傳云」（過去）→山頂の石・信仰習俗（現在）という風土記的構成の記事内容である。

この記述で最も問題となるのは、波線部の発話部分の解釈である。発話の前に「教へて詔りたまひしく」とあるが、誰が誰に教えているのか、発話部分の「汝命」「御祖」はそれぞれ誰を指すのか、不明瞭である。それ故に話の要点がつかめないという状況にある。

この記事は、外枠は雨乞いの対象である石神に纏わる話となっている。そしてその間に「古老傳云」という形でその石神に宿る多伎都比古命の出生譚を挿入している形である。その要素をA～Cの三つに分けて示せば、以下のようになる。

神名樋山　A①石神の存在とその形状

B①「古老傳云」の挿入 → A②「所謂」多伎都比古命の「御託」

A③旱の時には雨乞いをすれば必ず雨をもたらす

B②父神・阿遅須枳高日子命

B③母神・天御梶日女命

B④御子出生の場を求める巡行→B⑤出産

C①教詔　②発話「土地選択の理由」→

通常の地名起源の場合、石神の存在によって「神名樋山」の由来となるというパターンが想像し得る。例えば以下のような例がある。

神名火山《かむなびやま》。郡家の東北九里四十歩。高さ二百三十丈、周り一十四里。所謂佐《さ》太大神《だのおほかみ》の社は、即ち彼《そ》の山下《やまもと》なり。〈秋鹿郡〉

神名火山。郡家の東南三里一百五十歩。高さ一百七十五丈、周り一十五里六十歩。曽支能夜《きそのや》の社に坐す、伎《き》比佐加美《ひさかみ》高日子命《たかひこのみこと》の社、即ち此の山の嶺に在り。故、神名火山と云ひき。〈出雲郡〉

カムナビは神の宿るところを意味する名称であり、個別の名ではない。それ故に由来を語るとした場合には、当然神との関わりで語ることになり、しかもその神の名と山の名とは関わるところがない。故に秋鹿郡の場合のように、特に「故、〇〇と云う」と記述する必要はないであろう。楯縫郡の場合も、地名由来の形式はとらない。この記事の眼目は、石神の正体と、その系統を示すことにあったのであろう。Bの①～⑤の展開は、松本直樹が説くように、通常ならば地名起源説話のパターンである。[1]ただ、松本は「向位」を「高位」に変えることで「高位《タカクラ》」→「多久《タク》」という繋がりの地名起源説話として説くが、「向位」のままであっても、多伎都比古《タキツヒコ》命を生んだ（B⑤）→「故、多久《タク》と云う」といったような形でも充分に由来譚となるのではなかろうか。『出雲国風土記』には「古老傳云」が十六例ほど見られるが、この話ともう一箇所、秋鹿郡の恵曇浜条の二箇所を除いては、すべて地名起源譚となっている。この点は、「古老」の他の十四例中十二例までが飯石郡・仁多郡・大原郡の山間部の三郡に集中している点とも合わせて、各郡ごとの記述方法、もしくは編纂資料の相違から来る可能性はある（この点については、本書第二部第七章参照）。ともかく、通常ならば地名起源譚として収束する筈の記事がそうならないのは、記述の目的が異なっているからということになる。Cの部分が必要とされたのも、その目的と絡むものであろう。C②の中の「此處ぞ宜き」という言葉は、まさに土地選択の理由となる土地讃めの言葉であり、地名命名に繋がるパターンとしてある。一方でその上の「汝命の御祖の向位に生まむと欲す」という言葉は、土地讃めとは異なる意識で表されているように思われる。

「御祖」については、「御子」に対する存在としての「御祖」という位置付けになるのだが、文脈の不明瞭さ故に、これを母神＝天御梶日女命と取るのか、父神＝阿遅須枳高日子命と取るのか、見解が分かれる。詳細については別稿に譲るが、ここでは母神を指すのではないかと考えている。[2]『古事記』にせよ『出雲国風土記』にせよ、「御祖」が発話文中で使われている例はない。子に対しては、親の言葉の中に「御子」という表現を用いることはあるが、子が親に対して「御祖」と発言する例はない。また親神が自らを「御祖」と云った例もない（なお「御祖」については、本書第三部第十二章参照）。次に「汝命」だが、この語の用例は「古風土記」中には他に見られない。そこで参考までに『古事記』を確認すると、下位者から上位者に対する呼びかけの際に使われる呼称であることがわかる。若しくは相手を尊重する態度で使われていると言える。母神が生まれ来る子神を尊重して使っていると言えなくもないが、それに続けて自らを御祖という敬いの気持ちを表すのは不自然であろう。神の発言の中に見られる、例えば「我が御心」などといった所謂自称敬語は、それを語る側、つまり人の側の意識で用いられているとするならば、「汝命」や「御祖」といった表現は、それを唱える人の側の意識によって用いられた表現なのではあるまいか。話の流れからするならば、母神が子神に向かって語る形であるが、それを語る人の側の意識によって、子神には「汝命」、母神には「御祖」という表現を用いているのではないか、ということである。仮に現代語訳をするならば、「あなた様（多伎都比古命）の母神（である私）が、（父神の阿遅須枳高日子命のいらっしゃる場所と）向かい合った聖なる場で生みたい。それにはここが最適だ。」となろうか。

雨乞いの祭祀の際に、石神の誕生を再現する神話が唱えられるということは考え得ることであろう。その誕生の神話には、多伎都比古命の水神としての霊威を示す要素が要求されるのではないか。その要求を満たすのが「汝命の御祖の向位に生まむと欲す」というフレーズなのだと思われる。「向位」は、意味が良くわからないということで、「向壮《むくさか》（無事に確かに）」（岩波大系説）、「高位《たかくら》（高所の神座に）」（前掲松本説）に改める説や、「向位欲生」の四字を「尚泣欲生」と改めて、「（御祖の）尚《ごと》く泣きたまへ。生きむと欲さば（此処《ここ》宜《え》し）」と改める新編全集の説などが提示されている。しかし、古写本では一致して「向位」であるのだから、やはり「向位」で解釈し得る可能性を探るべきであろう。「位」は例えば「千位の置戸」などとあるように、ものを置く台を意味する例があるが、「天の磐位」の例からも分かるように、神聖なる神座を示す。「向位」は、『万葉集』にある「向峯」（巻七・一〇九九、一三五六、巻九・一七五〇）「向岳」（巻七・一三五九）などの例を参考とするならば、向にある場所を指すことになる。「向位欲生」は「向位で生む」ということであるならば、向こうの位で生むということになってしまう。しかし例えば「向股」（『古事記』上巻・須佐之男命の昇天条）が向かい合っている「股」、すなわち「両股」のことを指すのであれば、「向位」は「向かいあった位」ということになろうか。とするならば、あちら側の神座と向きあった、こちらの神座で生もう、という意味となる。こちらの神座が、母神が子神を生むその場だとするならば、向こう側の神座は、やはり父神の居るところであろう。水神として崇められる多伎都比古命の父神が、出雲国造神賀詞奏上儀礼に関わる神聖な「御津」の場を発見した阿遅須枳高日子命である（仁多郡三津郷参照）と語ることは、祭祀の場においても大事な意味を持っていたと考えられる。

以上、『出雲国風土記』楯縫郡の神名樋山条を取り上げて風土記の読みの問題について述べてきた。風土記の場合にはその文章の扱いに慎重さが要求されるのは勿論だが、それに加えて、風土記には各所に「祝詞」の表現と関連すると覚しきものもあり、祭式の言語が風土記の述作には関与しているのではないかと思われるのである。

かように風土記の一つ一つの話は、土地・儀礼なども視野に入れつつ考えなければならないという意味で、文学テキストの枠に収まらない総合的な文化学として扱うべき対象であると言えるものである。(3)しかし敢えて文字テキストとして個々の神話・説話を検討し、文学作品としての意義・価値を位置付けていくというのは、文学史を構築する上では不可欠の検討課題であると考え、以下の各章において検討を試みた次第である。以下、各章で論じた内容の概略を示すこととする。

三　本書の概略

第一部「風土記の異伝」では、常陸・播磨・肥前の各国風土記の地名起源説話に見られる異伝並記の記事について考察した。

第一章「『常陸国風土記』国名起源説話考」では、常陸国名に関して記された三種類の記述の関係性について論じた。『常陸国風土記』の中で明確に異伝記載を持つ地名起源譚は、常陸国号と茨城郡名である。国庁のある茨城郡郡名由来に対する特別な意識が複数の由来を記す要因であったと思われる。とりわけ国名由来については、風土記成立時における中央との地理的関連と、『常陸国風土記』の主役とも言える倭武天皇による由来譚とを並記し、なおかつこれも『常陸国風土記』独自の用語である「風俗諺」も加えて、国名由来に纏わる記事に奥行きと広がりを持たせていたと思われる（「風俗諺」については第二部第四章、倭武天皇については同第五章においてそれぞれに論じた）。

第二章「『播磨国風土記』「一云」「一家云」の用法」では、『播磨国風土記』に見える地名起源異説並記の記事について考察をした。『播磨国風土記』には最も多くの異説並記が見られる。これを未整理の結果によるとする見方もあり得るが、本論ではそこに何らかの意図があったであろうという推定の元に考察を進めた。その結果として、『播磨国風土記』では一つの土地に関して複数の記事を並べる場合、そこに時間的配列の意識があることが窺え、地名異説並記を見た場合も、原則的に神の時代の話から人（主として天皇）の時代の話へと展開していることが見て取れた。従って、それまで考えられてきたような、神の話が天皇の話に取って代わられるというような現象のあらわれではなく、意図的に神の時代と天皇の時代と二重にその土地を称揚する意識があったものと結論付けた。

第三章「『肥前国風土記』佐嘉郡郡名起源説話の特質——異伝記載の意図を考える——」では、『肥前国風土記』で唯一異伝が並記される佐嘉郡郡名由来譚について考察した。この二つの記事については、日本武尊と県主・土蜘蛛、改と訛、栄と賢など、多くの対比的要素が見られるものであったが、大筋において複数の由来を記すことでより強くその土地を称揚するという点では常陸・播磨と共通すると言えるものであった。ただ、この二つの記事はそれぞれに日本武尊の巡行・土地讃め、土蜘蛛による荒ぶる神（交通妨害神）祭祀というように、風土記に特徴的な説話を元として成り立っているところからすれば、かなり新しい段階で整備された記事であると言えそうである。それゆえにこそ、佐嘉郡郡名由来記事とその前後の記事とで、整合的な繋がりのようなものを盛り込んで記すことが出来たものと思われる。

異伝を記すということは、その起源譚の信憑性が揺らいでしまうと言う危険が伴うが、敢えて異伝を記すことでより強くその土地への讃美・願い等を込めることが出来るという、各国編者の認識によって選び取られた記述方式であったと考えられる。一方では『出雲国風土記』のように異伝を一切記さないという態度もあるわけであるが、こうした編纂方針・記載方針の相違は、例えば多くの異伝を一書の形で載録する『日本書紀』神代巻と、異伝を載せない『古事記』との相違とも重なり合う問題であるのかも知れない。『万葉集』も含めて異伝は上代文学全般に関わる問題である。

第二部「風土記の作品世界」は全六章。その内、『常陸国風土記』に関するものが三章、『出雲国風土記』に関するものが三章となっている。五カ国の古風土記の中でも、表記・表現・記事内容について統一性の見られる両書の風土記を検討することで、文学作品としての風土記の特質を指摘することが出来ると考える故に、第二部ではこの両書の分析を行うこととなった。

第四章「『常陸国風土記』「風俗諺」の記載意義」では、『常陸国風土記』の記事に見られる「風俗諺」を、〈本文〉対〈注記〉、〈古老伝承〉対〈俗伝承〉という、『常陸国風土記』独自の対応する記述形式の検討により、その意義づけを試みた。その結果、「古老」「俗」による記述は、記事内容を風土記的に在地の意識に根ざすもの、若しくは在地に認定されたものとして位置付けようとする編者の意識的記載方式であったのではないかと論じた。その捉え方は、続く第五章、第六章へと繋がっている。

第五章「『常陸国風土記』倭武天皇の時代認識」では、『常陸国風土記』では何故ヤマトタケ（ル）が天皇として登場しているのか、古くから議論されてきたこの問題について、筆者なりの見解を導き出そうと試みた論である。『常陸国風土記』という一つの作品世界の中において「倭武天皇」は、倭政権そのものの常陸への浸透をはかるべく設定された「移動する天皇」として位置付けられた存在であったと考えられる。

第六章「『常陸国風土記』多珂郡「サチ争い」説話の意義」では、前章で論じた倭武天皇が橘皇后と幸争いをする話を取り上げ、この話が『常陸国風土記』に記された意図を検討した。その意図は、この話が多珂郡飽田村という、陸奥世界へと繋がっていく場所にあることと不可分であると考えられる。海神の力を得ることで、常陸以北への道筋を容易ならしめることを祈念した話であったと捉えられる。そうして、そのような話を可能とするのが、橘皇后という存在であったということを説いた。

第七章からの三章は『出雲国風土記』に関する論である。**第七章「『出雲国風土記』「古老伝云」の内と外」**では、『出雲国風土記』に十六例ほど見られる「古老伝云」の記事について、それがある場合と無い場合との差異はあるのか無いのか、あるとすればどのような差異があったと見るべきか、「古老伝云」を多く記す大原郡の郷名由来記事を中心に論じた。単純化して言えば、「古老伝云」としない説話は、中央側との関わりが深く、「古老伝云」を記す説話は、中央側がまだ把握していない情報を含むものである可能性を指摘した。なお、「古老」の問題については第四章においても『常陸国風土記』の用例について検討したが、風土記撰進の官命にも見られる「古老」や、『出雲国風土記』冒頭部に見られる「老」も絡めて、伝承の担い手や、記載された説話の質について考える際に、「古老」の問題は非常に重要な問題を孕んでいるものと思われる。

第八章「『出雲国風土記』郡郷名の表記意識――地名起源説明記事との関わりから――」は、『出雲国風土記』に見られる、神亀三年の地名改字記事二十八例を取り上げ、その改字記事から地名起源記事と地名表記との関係性について考えようとしたものである。先にも述べたが、風土記撰録の官命には国郡郷名には好字を付けよとの命が記されるが、地名の由来そのものを求める記述はない。それにも関わらず総ての郡郷名に由来が記されているということは、好字を付ける、つまり地名表記を改変することが、地名の由来を語る動機にもなっている可能性が考えられる。実態として、地名表記を意識することは、その由来を意識せざるを得ないということである。地名の文字化と起源記事との関係に迫ろうとした論である。

第九章「『出雲国風土記』地名起源記事の文体――〈秋鹿郡〉を中心に――」では、『出雲国風土記』の地名起源説明記事を総論的に扱い、その文体の特質について考察した。その際、当国風土記の地名起源記事の型を、その典型として「神詔型」と「神坐型」とに分け、『出雲国風土記』では何を地名起源記事の重要な要素として重視していたのかに注目した。そして、『出雲国風土記』における地名起源の記述の型については、秋鹿郡の記事を雛形として他郡の記事も整えられたのではないかという仮説を提示した。

第三部「風土記神話の文学性」では、各古風土記に見られる神話を取り上げ、『古事記』『日本書紀』に載る中央神話との比較を行った上で、その異質性、共通性、相互関連等について検討した。

第十章「風土記の異類婚――始祖を語る〈型〉――」は、特に中央神話と風土記神話との相違を意識した論である。系譜を語ることを重視する中央の王権神話と、始原の時と現在とをダイレクトに繋げる風土記神話との、語る目的の相違による神話内容の違いについて言及した。特に風土記の場合、現実に存在する物、名称、そして祭式などとの関連によって、言語表現のみでは把握し難い内容として残っている可能性のあることも指摘した。

第十一章「『常陸国風土記』香島郡「事向」の文脈」は、そうした祭式との関わりが考えられる常陸国香島天大神の神話について論じたものである。非常に把握の難しい文脈によって成り立っているこの神話は、祭儀の場における詞章の存在を想定することで解き明かせる要素があるように思われるのだが、一方でこの神話は、明らかに『古事記』『日本書紀』に見られる神話表現を土台として組み立てている部分があり、そして中央の神話世界を常陸国のオリジナルの神話としてアレンジした痕跡が見出せたのであった。

第十二章「『出雲国風土記』の「御祖命」――仁多郡三津郷を中心に――」においては、主として、仁多郡御津郷に登場する「御祖命」が母神なのか父神なのかを論じたものであり、結論として母神を指し、御子が母神の守護する存在から父神によって導かれる存在へと移行して行く様を示しているのではないかと述べた。この問題は、『古事記』に見られる「御祖」、或いは「祖」を考える際の参考ともなっていくものと思われる。

第十三章「『播磨国風土記』の天日槍命と葦原志許乎命」では、『古事記』『日本書紀』の記述に見られる葦原色許男や天日槍命と『播磨国風土記』の記述とを比較検討することで、この神話が中央神話を元として播磨国に定着したものであること、そして天日槍命が播磨に上陸してから但馬国に定着するその過程を個々の神話が示しているということを説いた。

第十四章「『肥前国風土記』弟日姫子説話考――異類婚姻譚と歌――」は、第十章とも関わるが、風土記の異類婚の代表的なものとして『肥前国風土記』松浦郡弟日姫子の悲恋物語を取り上げ、その文芸性について論じた。この話では、夜毎に訪れる男の正体を突き止めた乙女に対して男（蛇神）が、歌を詠むことでその思いを乙女に伝えるという展開を持っているが、大きな枠として、異類婚において共通する離別の型に対し、心情的な男女の恋情の伝達によって心の交流がはかられて終わるというのが、神話・伝説という枠組みを超えて獲得された文芸性として認められるのではないか。ただしそうした文芸性が獲得されるきっかけとして、皇統の正当性を保証しようとする王権の論理や、始祖伝説として位置付けようという意図が存在していたと思われるのである。

最後に、**終章**として**「風土記の装いと記事配列意識」**を付した。各国の風土記を検討する中で、それぞれの風土記が様々な方法で〈風土記的〉な神話・説話・記録を残そうとする営みが窺えた。また、一見、地理的な配列に従って断片的に記事が並べられていると見られるものの中には、意図的に内容上の繫がりをもって配列されている記事の一群があることが分かってきた。まだ明確な像を結ぶところまでは至っていないが、風土記作品論の今後の可能性を示すことで本書全体のとじめとした。

【注】

（1）『扶桑略記』の引用は、新訂増補國史大系第十二巻『扶桑略記　帝王編年記』（吉川弘文館、一九三二年五月）による。

（2）松本直樹『出雲国風土記註釈』新典社、二〇〇七年一一月。

（3）詳しくは「『出雲国風土記』楯縫郡・神名樋山条―神の発話内容を考える―」『日本文学』58-11（日本文学協会、

二〇〇九年一一月）を参照のこと。

（4）風土記を読むということについては、他にも『播磨国風土記』飾磨郡安相里条を取り上げて少し述べたことがある（「シンポジウム「風土記研究の未来を拓く」司会の記」『上代文学』112号、二〇一四年四月）。

第一部　風土記の異伝

第一章　『常陸国風土記』国号起源説話考

はじめに

『常陸国風土記』の冒頭部には、常陸国の沿革が記された後、国名の由来が記されているが、はじめに一つの由来を説明した後、「或るひと曰へらく」という形で異伝を載せ、更には「風俗の諺」を載せるなど、特異な形を取っている。

常陸国《ひたちのくに》の司《つかさ》、解《げ》す。古老《ふるおきな》の相伝《あひつた》ふる旧聞《ふるごと》を申す事。

国郡の旧事を問ふに、古老答へて曰はく、古は、相摸《さがむ》の国足柄《あしがら》の岳坂《やまさか》より東《ひむがし》の諸の県《あがた》は、惣《す》べて我姫《あづま》国と称ひき。是の当時《とき》、常陸と言はず。唯、新治《にひばり》・筑波《つくは》・茨城《うばらき》・那賀《なか》・久慈《くじ》・多珂《たか》の国と称ひ、各《おのもおのも》、造《みやつこ》・別《わけ》を遣《つか》はして撿校《かと》らしめき。其の後、難波長柄豊前大宮《なにはのながらのとよさきのおほみや》に臨軒《あめのしたしら》しめしし天皇《すめらみこと》の世《みよ》に至り、高向臣《たかむくのおみ》・中臣《なかとみ》の幡織田連等《はとりだのむらじら》を遣はして、坂より已東《ひむがし》の国を惣領《すべをさ》めしめき。時に、我姫《あづま》の道、分れて八の国と為り、常陸国、其の一に居《あた》れり。（A）然号《しかなづ》くる所以《ゆゑ》は、往き来の道路《みち》、江海《かはうみ》の津済《わたり》を隔てず、郡郷《くにこほり》の境堺《さかひ》、山河の峯谷《をたに》に相続く。直通《ひたみち》の義《ことわり》を取りて、名称《な》と為《せ》り。（B）或曰《あるひとい》はく、倭武《やまとたけ》天皇、東《あづま》の夷《えみし》の国を巡狩《めぐりみそな》はして、新治の県《あがた》を幸過《すぎいで》ます。国造《くにのみやつこ》毗那良珠命《ひならすのみこと》を遣はして、新に井を堀らしむるに、流泉《いづみ》浄《きよ》く澄み、尤好愛《いたくうつく》し。時に、乗輿《みこし》を停《とど》めて、水を翫《もてあそ》び手を洗ひたまふ。御衣《みけし》の袖、泉に垂れて沾《ひ》づ。袖を漬《ひた》す義《ことわり》によりて、此の国の名と為《せ》り。（C）風俗《くにぶり》の諺《ことわざ》に、筑波岳《つくはね》に黒雲挂《くろくもかか》り、衣袖漬《ころもでひたち》の国といふは、是なり。

〈『常陸国風土記』総記〉

まず、国の沿革を記すところでは、昔は「常陸」とは呼んでいなかったことを説明し、孝徳天皇の御世に足柄山以東、即ち「我姫の国」を八つに分けたうちの一つが「常陸国」であったとする。そしてそう名付けた理由は、都から常陸国への地理的状況によると説明している（A）。ところが、異説として、倭武天皇がやって来た際の出来事が国名由来に関わると述べ（B）、更にはその出来事と関わるような「風俗諺」を記す（C）。倭武天皇の時代がいつ頃であると認識しているのかについては明確にはし難いが、少なくとも孝徳天皇の御世よりも古いことは確かであろう[1]。つまり異説の方は、常陸国が成立する以前の出来事として語られていると考えられるのである。ここには果たしてどのような意味合いがあるのか、以下に検討してみたい。

一　異説並記・茨城郡名の場合

古風土記の地名起源説話は、原則的に一地名に関しては一起源を記すという形となっている。伝説としては、複数の起源譚の存在が想定されるものの、編纂方針としては、一つに限定したのであろう。その方針が徹底しているのは『出雲国風土記』である。『出雲国風土記』には複数の起源譚を記した例は一つもない。一方で『播磨国風土記』にはいくつかの地名に関して複数の起源譚を載せている。『播磨国風土記』は、基本的に地名には必ず起源を記すという方針をとっていたものらしく、現存する古風土記の中では最も多くの起源譚を載せている。しかし例えば神の行為や発言、鎮座といった起源をもつところに、他の起源を並べて記してしまうと、その起源の信憑性は喪われてしまう。それにも関わらず、二種の起源を並記するからには、何らかの意図があったものと考えられる。『播磨国風土記』の場合については、神話の時代から歴史の時代への流れを、二つの起源譚を並記することによって示そうという意識があったのではないか、という点については別に論じたところである。(2)ただ、各国の古風土記は編纂方針・文体、それになにより筆録者が異なるわけなので、なかなか同一に論じられるものではない。それゆえ、今回は『常陸国風土記』に見られる異説並記について考えてみようと思った次第である。その中で最も問題となるのが、国名起源譚であるということである。

その常陸国名由来の方は後述するとして、まずは『常陸国風土記』内に見られる他の異説並記の場合を考えてみたい。『常陸国風土記』には国名由来の他に二例、異説並記が見られる。まず一つは、茨城郡の郡名由来の場合である。

(D)古老の曰はく、昔、国巣《くにす》俗《くにひと》の語《ことば》に、都知久母《つちくも》。また、夜都賀波岐《やつかはぎ》といふ。山の佐伯《さへき》、野の佐伯あり。普《あまね》く土窟《つちむろ》を掘り置きて、常に穴に居《す》み、人の来ることあれば、窟《むろ》に入りて竄《かく》り、その人去れば、また郊《の》に出でて遊ぶ。狼の性、梟の情《こころ》にして、鼠のごとく窺ひ、狗《いぬ》のごとく盗む。招《を》き慰《こしら》へらるることなく、弥《いよいよ》、風俗《くにぶり》に阻《へだ》つ。此の時大臣《おほのおみ》の族黒坂命《やからくろさかのみこと》、出で遊べる時を伺候《うかか》ひて、茨棘《うばら》を穴の内に施《し》き、騎兵《うまいくさ》を縦《はな》ちて、急《にはか》に逐《お》ひ迫めしむ。佐伯等《ども》、常の如く土窟に走《に》げ帰る。尽《ことごと》に茨棘に繋《かか》りて衝《つ》き害《そこな》はれて疾《や》み死に散《あら》けぬ。故《かれ》、茨蕀を取りて、県《こほり》の名に着く。謂はゆる茨城郡は、今、那珂郡の西に存《あ》り。古者、郡家《こほりのみやけ》を置けり。茨城郡の内なり。風俗《くにひと》の諺に、水泳《みづくく》る茨城国といふ。

（E）或《あるひと》曰はく、山の佐伯、野の佐伯、自ら賊《あた》の長《ひとごのかみ》と為《な》り、徒衆《ともがら》を引率《ゐ》て、国中を横しまに行き、大きに劫《かす》め殺す。時に、黒坂命、此の賊《あた》を規《はか》り滅さむと、茨《うばら》を以ち城《き》を造る。所以《このゆゑ》に、地《ところ》の名を茨城と謂ふ。茨城の国造の初祖《はじめのおや》、多祁許呂命《たけころのみこと》は息長帯比売天皇《おきながたらしひめのすめらみこと》の朝《みかど》に仕《つか》へて、品太天皇《ほむだのすめらみこと》の誕《あ》れましし時に至るまで当れり。多祁許呂命に子八人《やたり》あり。中男《なかつこ》、筑波使主《つくはのおみ》は、茨城郡の湯坐連《ゆゑのむらじ》等が初祖なり。〈『常陸国風土記』茨城郡〉

『常陸国風土記』に多く記される異族関連記事の一つである。異族関連記事の初出であるせいか、他の記事では一緒に記されることのない「国巣《くにす》」「佐伯」が共に登場し、「国巣《くにす》」には「ツチクモ」「ヤツカハギ」という「俗語」の紹介をする等、異族に関わる呼称をすべて示しており、これらを同一視している。

一見すると、「古老曰」（D）と「或曰」（E）との間には大きな差はなく、何故に異説として並記してあるのかが分かりにくい。地名の由来譚の相違として見るならば、前者は「茨蕀を取りて、県の名に着けき。」とあって、「茨」の由来説明はあるが、「城」に関しては特に説明がない。後者の方は「茨もて城を造りき」とあって、「茨城」という地名全体の由来説明となっている。講談社学術文庫は、「古老伝承採取が二度（二ヶ所）以上で行われ、その伝承内容はほぼ同じであったにもかかわらず、一方はウバラを説くだけに終わり、他方はウバラキにまで及んでいたことによる相違ではなかったろうか」と両説並記の所以を推測している。(3) しかし、地名説明部が地名の一部分のみしか説明していない例はいくらでもあるし、また（E）の方が「茨城」全体を説明し得ているのならば、（E）だけを掲載すれば済むということになる。地名説明部以外に、二説並記の意義があったのではないか。

この二つの話には共に補足説明の注が付いている。（D）の注は、ここで言う「茨城」郡がいま那賀郡西部にある「茨城里」を指しており、もと郡家があったことと、枕詞的詞章＋地名という『常陸国風土記』郡名に特有の詞章を付したものである。（E）の注では、茨城国造の初祖の説明をしている。つまり〔古老曰〕本文＋注記／〔或曰〕本文＋注記という対応関係となっており、こうした場合、その本文の一方が主で一方が従であるという関係は成り立ちにくいのではないか。〔古老曰〕対〔或曰〕という対応関係である以上、〔古老曰〕を主、〔或曰〕を従とするのは確かだとしても、その意識は稀薄であるということだ。ともかく、何故にこのような似通った地名由来の説話が二説並記される必要があったのか。山田直巳の以下の見解はその点を考える際の参考となる。[4]

　前者は「狼の性、梟の情にして、鼠に窺ひ、掠め盗みて」と悪く表現（類型化）されるが、つまる所、「招き慰へらるることなく、弥、風俗を阻てき。」という点にある。積極的な反抗ではなく、要するに融和しない、の一点に尽きる。しかし、後者は敵対し、示威行動に出て、仮に滅ぼさねば黒坂命も危険だという。

　山田論は、説話の時間的展開過程（新旧の関係）を想定しているものなので、前者のような説話から後者のような説話へと変質したことによって、二説が存在することになったと説くものである。同一の地名に似通った二説の由来譚が残されているという点から見れば、それは首肯し得る見解であるが、では何故二つ共に載せなければならないのか。

　『常陸国風土記』に記された異族記事を見ると、異族が必ずしも朝廷側に敵対する存在ばかりとは限らない。特に佐伯に関しては、その人物の名前から付けられたとする地名起源譚が数例見受けられる。

・郡より西北に、提賀《てが》里あり。古《いにしへ》佐伯有りき。手鹿《てが》と名づく。其の人居《すみか》とす。追ひて里に着く。〈行方郡〉

・此より北に、曾尼《そね》村あり。古に佐伯有りき。名をば曾禰毗古《そねびこ》と曰ふ。名を取りて村に着く。今、駅家《うまや》を置く。此れを曾尼と謂ふ。〈行方郡〉

・郡の南七里に男高里《をたか》あり。古、佐伯、小高《をたか》有り。其の居処《すみか》とす。因《よ》りて名づく。〈行方郡〉

右のように佐伯の名を地名の由来とするのは、在地の視点によるとする指摘があるが(5)、こうした記事を載せていること自体、佐伯を必ずしも敵対視していない編述態度が窺える。

一方で巡行した倭武天皇に反抗し、そのために身を滅ぼす者もいる。

・郡より東北十五里に、当麻《たぎま》之郷あり。古老曰はく、倭武天皇、巡り行《いでま》して、此の郷を過《す》ぎたまふ。佐伯有り。名を烏日子《からすひこ》と曰ふ。其の命《みこと》に逆《さか》ひしに縁《よ》りて、随便《やす》く略殺《ころ》したまふ。〈行方郡〉

佐伯が討たれる記事は、(D)(E)以外ではこれだけである。ここでは「その命に逆ひしに縁りて」と、討たれる理由が明確である。そしてそれ故と思われるが、佐伯の名の烏日子は地名の由来とはならない。反抗するものは討ち、討った側の行為が地名に繋がり、反抗しない場合には、その従順な異族の側の名が地名に繋がっている。次のような例を見ると、そういう意識がはっきりと窺える。

・此より南の芸都里《きつ》。古、国栖《くにす》、名を寸津毗古《きつびこ》・寸津毗売《きつびめ》と曰ふ二人有り。其の寸津毗古、天皇の幸《みゆき》に当り、命に違ひ化《おもぶけ》に背き、甚《いた》く粛敬《ゐや》無し。爰《ここ》に御剣《みつるぎ》を抽《ぬ》く登時《すなはち》斬り滅《ころ》したまふ。是に、寸津毗売、心に懼悚《おそ》り愁へ、白幡を表挙《かか》げて、道に迎へて拝みまつる。天皇、矜《あはれ》みて恩旨《みめぐみ》を降し、其の房《いへ》を放免《ゆる》したまふ。更に乗輿《みこし》を廻らして、小抜野《をぬきの》の頓宮《かりみや》に幸《いでま》す。寸津毗売、姉妹《いろねいろと》を引率《ひきゐ》て、信《まこと》に心力《こころ》を竭《つく》し、雨風を避けず、朝夕に供《つか》へまつる。天皇、其の慇懃《ねもころ》にあるを欵《よろこ》びたまひて、恵慈《うるは》しみたまふ。所以に、この野を宇流波斯《うるはし》の小野《をの》と謂ふ。〈行方郡〉

出だしは「芸都の里」で始まり、登場する国栖の名が「寸津毗古・寸津毗賣」である。通例ならばこの国栖の名が地名となったとの説明をするところであろうが、何故か「芸都」の名の由来は語らない。恐らくは兄の寸津毗古が「命に違い化に背」いて斬り滅ぼされてしまったからであろう。それ故に、敢えて冒頭で地名を掲げながらその由来を説かず、従順であった妹に対する天皇の心情が別の地名の由来となるというような記事の捻れが生じたのであろう。

次の例は、茨城郡名起源と同様、悉く「賊」が滅ぼされる話である。

・古老の曰はく、斯貴満垣宮《しきのみつかきのみや》に大八洲所馭《おほやしましらしし》天皇の世《みよ》、東《ひむがし》の垂《ほとり》の荒ぶる賊《あた》を平《ことむ》けむとして、建借間命《たけかしまのみこと》を遣したまふ。此は那賀の国造が初祖なり。〈行方郡〉

右の記事では、やはり明確に「賊」と記されている。そして討伐した側の残虐とも思える行為が、「伊多久郷《いたく》」「布都奈村《ふつな》」「安伐里《やすとり》」「吉前邑《えさき》」という地名の由来となる。また久慈郡には次のような例もある。

・此より以北《きたのかた》に薩都里《さつ》あり。古に国栖有りき。名をば土雲《つちくも》と曰ふ。爰《ここ》に、兎上命《うなかみ》、兵《いくさ》を発して誅《ころ》し滅《ほろぼ》しき。時に、能く殺して、「福《さち》なるかも」と言へり。因りて佐都《さつ》と名づく。〈久慈郡〉

やはり討伐者側の行為（発言）が地名由来となっている。

茨城郡名記事の〈古老曰〉記事（D）が、佐伯の積極的な反抗を示しているわけではないというのは、山田論の指摘する通りである。つまり、黒坂命によって悉く滅ぼされてしまうような必然性が見えない。一方で（E）の方は、明確に異族を「賊」と表現し、「自ら賊の長と為り、徒衆を引き率て、国の中を横しまに行き、大く劫め殺しき。」とあり、征討の大義名分が明確に記されている。はっきりと敵対するものではないが、中央側の論理によって排除されてしまう存在を描いた話（D）と、はっきりと人々に害を為す存在として排除される異族（E）という違いがそこにはある。他の異族記事では基本的に「賊」と見なされる存在が征討される点からすれば、むしろ（E）の方が『常陸国風土記』の異族記事としては了解されるのだが、実は「佐伯」に関していえば、先の当麻郷の条以外に「賊」として敵対する存在としては登場してこない。必ずしも敵対する存在ではなく、土地の名の由来ともなる佐伯の二面性が、（D）（E）両話を記す要因となっているのではなかろうか。

二　異説並記・角折浜の場合

次に、もう一つの異説並記記事である香島郡の角折浜の場合を見てみたい。

南のかたに有る平原《はら》を、角折浜と謂ふ。
（F）古に大蛇有りと謂ふ。東の海に通はむと欲ひて、浜を掘りて穴を作るに、蛇の角折れ落ちき。因りて名づく。
（G）或に曰く、倭武天皇、此の浜に停宿《やど》りたまふ。御膳《みけつもの》を羞《すす》め奉る時に、都《かつ》て水《みもひ》無し。鹿の角を執りて地を掘《くつかへ》すに、其折れぬ。所以に名づく。以下は略く。

〈『常陸国風土記』香島郡〉

右の（F）（G）は双行小書になっていて、所謂注記のような形となっている。[6]（F）の書き出しは本文では「謂古有大蛇」となっているが、日本古典文学大系本の頭注が言うように、「謂」を注記の書き出しと理解した書写者が、もともと大書であったものを小書にした可能性はある。[7]だとしても、そもそもが本文としては書式に問題があったことによる。前者は「謂」、後者は「或曰」ということで、双方ともに本文記事としては整っていない。ということは、逆にいえばどちらも同じような位置づけの記事ということになるのではないか。つまり、優劣のつけられない記事ということである。前者は、『常陸国風土記』にしばしば登場する「蛇（大蛇）」に纏わる話、しかも行方郡の夜刀神同様に角のある蛇という、他の上代文献には見られない蛇が登場している。

・俗いはく、蛇《へみ》を謂ひて夜刀神《やとのかみ》と為《い》ふ。其の形は、蛇の身にして頭に角《つの》あり。率引《ひきゐ》て難を免《まぬか》るる時、見る人有らば、家門《いへ》を破滅《ほろぼ》し、子孫継《うみのこつ》がず。凡《すべ》て、この郡の側《かたはら》の郊原《の》に、甚多《さは》に住めり。
〈行方郡・注記〉

夜刀神の話は継体天皇代と孝徳天皇代との前後半からなるが、「俗云」として右の記述がある点からすれば、風土記現在においても土地の人々にとっては恐ろしい「神」として角のある蛇が認識されていたのであろう。また、角の話は見えないが、逸文の方にも、次のような短い地名由来譚が見える。

・駅家《うまや》、名を大神《おほかみ》と曰ふ。然称ふ所以は、大き蛇多《さは》に在り。因りて駅家に名づく。云々
〈逸文・新治郡〉

このように常陸地域には蛇に纏わる特有の伝承があったものと見受けられる。また一方も、『常陸国風土記』特有の「倭武天皇」を動作主とする話である。どちらも常陸国の伝承として落とすことの出来ない記述であったのであろうし、どちらを主とすることも出来ない記事であったのであろう。いうなればこれこそが純粋な異説並記であると言えるのかも知れない。

『常陸国風土記』の記載方式を見ると、補足説明的な記述は「俗曰」「俗云」という出だしで、注記によって記すという形を取っている。そして、注記のこれらの記述の中に、異伝を記したものは見られない。つまり、『常陸国風土記』の「或曰」の記事は、異説並記の形であるが、補足説明ということではなく、どちらも主となる記述という認識があるのではなかろうか。勿論、記述の順序ということを見るならば、始めに記されている方が正伝で、後の記述が異伝ということで、優先順位があると考えるのが自然ではあるが、先の二例を見る限り、どうも『常陸国風土記』の場合、あまりそのようには見えないのである。

三　国名起源譚

ここで国名起源の問題に戻りたい。国名起源譚の場合も、やはりどちらが主でどちらが従でという位置関係としては捉えがたいものがある。一般的な異伝の見方からするならば、初めに記された方が正伝で、「或曰」はあくまで異伝なので、補足的な記事ということになるのかも知れないが、むしろ二つの記事が存在することで記事が完結するというありかたなのではなかろうか。『播磨国風土記』の場合もやはり二つの記事を合わせることでより深く土地の歴史を語ることができるという形式をとっていたのと、それは共通する（次章参照）。では以下に、国名由来の記事内容について、確認して行きたい。

（A）然号くる所以は、往き来の道路、江海の津済を隔てず、郡郷の境堺、山河の峯谷に相続く。直通の義を取りて、名称と為り。

まずは初めに記された由来の方だが、これは地勢による命名である。しかも、土地に住む人々の視点で名付けられたものではなく、都からの交通路によって名付けられている。つまり外部からの視点によって名付けられたものであり、行政区画的な命名である。

ところで、この命名記事には本文・訓読上で問題がある。「直通の義を取りて、名称と為り」の「直通」は、岩波日本古典文学大系が最初に採用した本文である。『常陸国風土記』の写本は近世のものしか現存しないが、その写本によれば「直通」の箇所はすべて「近通」である。(8) しかし、「ヒタチ」という地名に繋がるからには「近通」では音の上で繋がらないところから、「直通」を採用するテキストが多い。確かに「直通」ならば、「直」には「ヒタ」と訓む例があり、「ヒタミチ」の訓がありうるが、「近通」では「ヒタミチ」とは訓めない。それゆえヒタミチ→ヒタチという繫がりにはならない。ただ、それは「ヒタチ」の音に繫がるように起源が記されているという前提に立っての話である。その前提さえ外してしまえば、「近通」を「直通」に変える必要は生じない。

現在、いくつかのテキスト・注釈書が「直通」を採用しているが、神道大系『風土記』（田中卓校注）と橋本雅之は、「近通」の可能性を指摘している。神道大系は、中世の写本類にみる字体の用例からみて、字体の近似により「近」を「直」に誤ったとする大系説は無理であるとし、「近道」の道は一般の人々のよく利用する〝常用の道〟であるところから、「常道」の用字をあて、これを〈ヒタミチ＝ヒタチ〉と訓んだと思われるとし、「近道」のままで「ヒタミチ」と訓み得ると解した。(9) 橋本雅之は、基本的に神道大系説に拠りつつも、「近通」で「ヒタミチ」と訓むのは無理であるとし、次のように説く。すなわち、『常陸国風土記』の起源形式の中には「取〇〇之義」による型をとるものが他にもあり、とりわけ、

道狭地深浅、取悪路之義、謂之当麻。（俗云多々支々斯。）〈行方郡〉

という当麻郷の命名由来は、道の性質が命名の根拠となっている点も含めて非常によく似ている。「悪路之義」も、「近通之義」も、語形・音の一致（若しくは類似）から繫げるのではなく、意味上の繫がりから地名を連想する方法を採る。つまりこれらは、

悪しき道→タギタギシ→ゆえに「当麻」。

近く通ふ道→常用の道→ゆえに「常陸」。

という説明を施していると考えられる。しかも「近通」の説明は、「悪路」の説明が割注を媒介として語形の繫がりを示しているのに比べてより不完全である。橋本雅之は、そこにこの地名説明の難解さがあり、「直通」説

が生まれる原因ともなった、と述べている。(10)

つまり、「悪路」の意味から「当麻」という名が付けられたというのは、「悪路」を俗に「タギタギシ」と言うということを知っていなければ、了解されない。逆に言えば、その知識さえあれば、「悪路」の義によりて「当麻」と名付けるという地名由来の説明もありうるということである。そして「近通」が「常陸」の由来となるのも、間に何らかの説明があれば、了解しうるレベルのものであった可能性があるということだ。しかも、『古事記』には「常道」とあり、『古事記』が古い地名表記を残しているという点からすれば、(11)「常陸」はもと「常道」であったと思われるので、

　近く通う道→常用の道→ゆえに「常道」

と見れば、よりその関係性は理解しやすくなる。

次に、「或曰」の方を考えたい。

（B）或曰はく、倭武天皇、東の夷の国を巡狩はして、新治の県を幸過す。国造毗那良珠命を遣はして、新に井を掘らしむるに、流泉浄く澄み、尤好愛しき。時に、乗輿を停めて、水を翫び手を洗ひたまふ。御衣の袖、泉に垂れて沾づ。袖を漬す義によりて、此の国の名と為り。

（C）風俗の諺に、筑波岳に黒雲挂り、衣袖漬の国といふは、是なり。

こちらの方は倭武天皇巡幸説話の形で国名の由来が説かれている。問題は、「常陸」が国名として位置付けられるのは孝徳朝であると総記に明記している点にある。一方でこの話では、倭武天皇の行動が「此の国の名と為り」という結論に結びついている。「袖を漬す義」によって国名が名付けられたのだとするならば、総記でいう常陸国の成立と相反する説明となるし、はじめに「然号くる所以は」として説明された起源とも対立する格好と

なってしまうのではないか。注意されるのは、「常陸」と名付けたとはどこにも述べていない点である。それどころかどこにも国名が記されていない。（A）の由来譚は、総記の「時に、我姫《あづま》の道、分れて八の国と為《な》り、常陸国、その一に居《あ》れり。」を受ける形で、「然号くる所以は」とあるので、「常陸国」の命名由来であることが明確である。だが（B）の方はその点が不明瞭である。（C）の「風俗の諺に、筑波岳に黒雲挂り、衣袖漬の国といふは是なり。」の「是なり」が、「或曰」（B）の内容を指しているのだとすれば、説話内容と「筑波岳に黒雲挂り」とが関わらないという問題はあるものの、「或曰」が説明しているのは「衣袖漬の国」の命名由来譚であるということになる。倭武天皇の行動がこの国の名の由来であり、その国の名とは「衣袖漬の国」である、ということになり、決して「常陸国」ではないのである。[12]

つまりこういうことになる。

然号くる所以　近通の義　↓　常陸国　〔孝徳朝　～　風土記現在〕
或曰　袖を漬す義　↓　衣袖漬国　〔倭武天皇　～　～　風土記現在〕

行政上、「常陸国」という国名表記は、孝徳朝に、都との関連・位置づけにおいて決められた。それに対して、その国名の背後にある意味を担う伝承を、「或曰」の方が担っているという事ではなかろうか。「風俗の諺」に言うということは、その地名意識は風土記現在にまで及んでいるということを強く意味している。実際に古くから伝わっている呼称であるかどうかはともかく、「衣袖漬の国」というのが、人々が国名の中に読み取っている意味なのである。「常陸国」という表記の背後に隠れてしまった名の意味をそこに残そうという意識が「或曰」に働いていると見ることもできるし、「常陸国」という表記によって固定化されてしまう国名に、重層的に意味付けをしていると見ることもできる。

常陸国名と同じく孝徳朝に設置された郡に行方郡がある。そして行方郡名も、やはり倭武天皇の巡幸伝承をその郡名の起源とする。国名と同じ矛盾を抱えることになるが、こちらの方は矛盾とはならず、次のような体裁を取っている。

行方《なめかた》郡と称《い》ふ所以《ゆゑ》は、倭武天皇、天下を巡狩《めぐりみそな》はして、海の北を征平《ことむ》けたまふ。是《ここ》に、此の国を経過《す》ぎ、槻《つき》野《の》の清泉《しみづ》に頓幸《いでま》す。水に臨みて手を洗ひ、玉もち井に落としたまふ。今も行方里の中に存《あ》り。玉清井《しみづ》と謂ふ。更に、車駕《みこし》を廻《めぐ》らして、現原《あらはら》の丘に幸《いでま》す。御膳《みけつもの》を供奉《たてまつ》る。時に、天皇四《よも》を望《みさ》けまして、侍従《まへつきみ》を顧《かへりみ》て曰《のりたま》はく、「輿《こし》を停《とど》めて徘徊《たちもとほ》り、目を挙げて騁望《みさ》くれば、山の阿《くま》・海の曲《わだ》は、参差《かたたが》ひに委蛇《もこよ》へり。峯の頭《ほとり》は雲を浮かべ、谿《たに》の腹は霧を擁《いだ》く。物の色可怜《うま》く、郷体《くにかた》甚《いたく》愛《めづ》らし。此の地《くに》の名を行細《なみくは》し国と称《い》ふべし」とのりたまふ。後の世、跡を追ひて、猶《なほ》、行方と号《なづ》く。〔風俗《くにぶり》の諺に、立雨零《たちさめふ》り、行方国といふ。〕

「○○と称ふ所以は」という書き出しが、当国風土記では先の逸文を除けば国名由来とこの行方郡名由来しかない、という点からすると、両記事の成立は関わりが深いのかも知れない。ここでの要点は、ナミクハシクニが「後の世に」ナメカタノクニになったと説明する点である。この記載方式を取ることで、時代的な矛盾は解消される。[13] 国名由来譚の方を仮にこの形式にするならば、衣の袖を「漬」によりて「漬国」と称し、後に「常陸国」となったという形となる。が、そうなっていないのは何故か。

それは「枕詞的詞章＋地名」という形式へのこだわりが関わっているのではないか。ひとつには、「八雲立つ出雲」や「神風の伊勢」、また「ヤマト」に関わるものなど、説話と関連しつつ枕詞的詞章が冠された地名が記される。常陸国名起源において（B）で説話が記され、（C）で枕詞的詞章が冠された名称が記されるのも、同系統に位置付けられるものである。もう一つには、『常陸国風土記』では郡名に対して「風俗諺」「風俗説」などとして「枕詞的詞章＋郡名」が注記で記されており、地名の土地への浸透・定着を主張するという形をとっている(14)。ましてこの場合、国名由来である故、枕詞的詞章を冠した表現は不可欠であったろう。恐らく、意識の上では行方郡郡名由来と共通しているのであろうが、「衣袖常陸国」としてしまわずに、「衣袖漬国」としたのは、「常陸国」の表記を倭武天皇の時代にまで遡らせるのを避けたのではなかろうか。倭武天皇の時代は、「我姫」の時代なのである。

おわりに

『常陸国風土記』に見える地名起源異伝並記の三例を見てきた。この三例は、いずれの場合も、両方ともに記す事への積極的な意義が見受けられた。起源を語るという意味では、それは一つの話であるべきなのであろうが、二種を記すことで、一方のみでは足りない情報を提示するという方法として、記されていたようだ。茨城郡の場合は、佐伯の二面性が両説併記の原因と関わっていたと推測した。その二面性自体は、在地の視点と中央側の視点との融合によって生じたものであろう。香島郡角折浜条の場合は、蛇神伝承と倭武伝承という、いずれも『常陸国風土記』にとって代表的な伝承を記したいという欲求があったように思われる。他の文献に於ける異伝記事の問題は、簡単には論じられないが、『常陸国風土記』の場合は、記事の優劣という点において、あまり差を感じさせない点に特徴がある。そして国名起源の場合だが、総記によると、国名「常陸」は孝徳朝に、都との位置関係によって命名された、主として字義に関わる由来譚となっている。「或曰」では、その名称の背後には倭武天皇の時代の出来事が関与していると語る。『古事記』『日本書紀』によれば倭建命・日本武尊はまさに「アヅマ」

の国の名称の由来に関わる人物であるから、孝徳朝に成立した「ヒタチ」の命名に関わることは矛盾であるように見える。が、倭武天皇の話では、あくまでも「袖を漬す義によりて、此の国の名と為り」といい、それが「衣袖漬国」と関わるということであって、「常陸」という国名（表記）に関わっているわけではない。新編日本古典文学全集は「ヒタチ」が小地名として以前からあったと推測するが、(15) それは定かではない。ここで説明された事柄は、倭武天皇の時代に（衣袖）「漬国」と名付けられた地名が、孝徳朝に、「近通」の義によって「常陸（常道）」と命名されたということだ。「或曰」の説明は、国名「常陸」の背後にある（事実かどうかは別として）伝承世界を、補足的に説明することで、地名の意味に広がりをもたせていると結論付ける。

【注】

（1）風土記の記事は断片的であり、その全体を統一的な時間認識では把握出来ないと思われるが、『常陸国風土記』の場合にはある種の時代認識が全体を覆っているのではないかと考えられる。本書第二部第五章、参照。
（2）次章「『播磨国風土記』「一云」「一家云」の用法」。
（3）講談社学術文庫『常陸国風土記』（秋本吉徳）二〇〇一年一〇月。
（4）山田直巳「地名起源譚の行方―神話の終焉と歴史時間の成立―」（『古代文学の主題と構想』おうふう、二〇〇〇年一一月）初出は一九八四年三月。
（5）横山佳永子「『常陸国風土記』の編述態度―異族記事を通して見えてくるもの―」（『古代研究（早稲田古代研究会）』33、二〇〇〇年一月）。
（6）菅正友本・武田祐吉旧蔵本・松下見林本・群書類従本は双行小書。西野宣明校訂本は大書とする。
（7）日本古典文学大系『風土記』（秋本吉郎校注）岩波書店、一九五八年四月。
（8）写本類はすべて「近通」。以後、西野宣明校訂本（一八三九年）・岩波文庫（一九三七年）・朝日古典全書（一九五九年）・飯田瑞穂校訂本（一九六八年）・角川文庫（一九七〇年）は「近通」、岩波日本古典文学大系本以降、講談社学術文庫（一九七九年）・小学館新編日本古典文学全集（一九九七年）は「直通」。

（9）神道大系『風土記』（田中卓校注）神道大系編纂会、一九九四年三月。

（10）橋本雅之「『常陸国風土記』注釈（一）総記」（『風土記研究』19、一九九四年一二月）。

（11）『古事記』の地名表記の古さについては、以下に論じられている。大野透『万葉仮名の研究』一九六三年九月・直木孝次郎「古事記の国名表記について」一九六二年九月（『飛鳥奈良時代の研究』）・田中卓「古事記における国名とその表記」一九八二年一月（『古事記年報』24号）。

（12）「漬国」が何と訓まれるべきなのか、実はよく分からない。原稿テキスト類は、すべて「ヒタチ」の国と訓むが、高橋六二が指摘しているように、「漬」は通例によれば「ヒタチ」とは訓めない（高橋六二「「衣袖漬国」の名義」『跡見学園国語科紀要』16、一九六八年三月）。「コロモデヒタシノクニ」「コロモデヒヅチノクニ」などと訓むべきものなのかどうか。いずれにせよ、表記が二種あるように、発音上も二種であった可能性がある。しかしその二種ともに国名として認識されていることになる。行政上「常陸」と取り決められた国名にはしかし倭武天皇の伝説とともに「衣袖漬国」という意味世界があるという二重性をもつのであり、極端に言えば発音はあまり意識していないという可能性もあるのではなかろうか。地名起源のありかたそのものの再認識を迫る用例であると言えるのかも知れない。

（13）もう一例、多珂郡道前里飽田村の地名起源譚で、「飽き喫へり」が「後の代に、跡を追ひて」「飽田村」となったと説く例がある。これもやはり倭武天皇の巡幸説話である。筆者は、『常陸国風土記』全体にはゆるやかに倭武天皇巡幸説話の構成意識が働いていて、総記の国名起源譚に倭武天皇が登場する必然性もその点にあると考えている。そして飽田村の話は、総記と対応する話となっていて、倭武天皇巡幸説話の終焉に位置していると見られる。この点、本書第二部第六章において触れている。なお、全体の構成とは別に、行方郡の場合には行方郡の中で完結する倭武天皇物語の（あくまでもゆるやかな）構成意識が見受けられる点も注意される。

（14）本書第二部第四章、参照。

（15）新編日本古典文学全集『風土記』（植垣節也校注・訳）小学館、一九九七年一〇月、355頁頭注。

第二章　『播磨国風土記』「一云」「一家云」の用法

はじめに

上代文献では、「一書曰」「或本曰」「一云」等の形で、所謂〈異伝〉を記す場合が少なくない。しかし、例えば『日本書紀』神代巻の「一書」や、『万葉集』柿本人麻呂作歌の「或本歌」などは、その位置付け、存在理由等について様々に意見が提出されているが、未だに定説を見ない状況である。古風土記においても、さほど多くではないものの、異伝と思しき記述が何例か見受けられる。具体的には、『常陸国風土記』に「或曰」が三例、『肥前国風土記』に「一云」が二例。いずれも基本的には地名起源説明の異伝を記していると見られる例である。『出雲国風土記』『豊後国風土記』には見えない。とくに完本である『出雲国風土記』に見えないということは、地名起源説話に異説を並記せず、一本化して記そうという編纂意識を伺うことができる。

さて、『播磨国風土記』の場合だが、「一云」が九例、「一家云」が三例、計十二例ある。これらの例の中には、後述するように地名起源の異説を記したと思われる例があるが、全体を通してみると、単純に異説並記の形式とは言えない面がある。まず始めに、次の例から紹介しておきたい（【　】内は本文表記、以下同）。

引船山（中略）此の山に鵲住めり。一は、韓国の烏と云ふ【一云韓国烏】。〈讃容郡〉

「鵲」に対する別の呼び方を、鳥の本拠地と絡めて説くものである。これは、異説を記すというよりも、「鵲」に関する情報を補足的に説明しているものであり、付加説明に該当するものであろう。『播磨国風土記』の「一云」「一家云」は、基本的にこうした性格から逸脱するものではないというのが本論の見通しであるが、以下、地名起源説話の問題と絡めて考えて行きたい。

一　「一云」と旧地名

『播磨国風土記』には、旧地名（本の名）を記す場合が何例かある。

（現地名）	（旧地名）	
①含藝里	瓶落	〈印南郡〉
②安相里	沙部	〈飾磨郡〉
③少川里	私里	〈飾磨郡〉
④香山里	鹿来墓	〈揖保郡〉
⑤越部里	皇子代里	〈揖保郡〉
⑥林田里	淡奈志	〈揖保郡〉

⑦広山里　握村　〈揖保郡〉
⑧大家里　大宮村　〈揖保郡〉
⑨勝部岡　大法山　〈揖保郡〉
⑩少宅里　漢部里　〈揖保郡〉
⑪桑原里　倉見里　〈揖保郡〉
⑫吉川　玉落川　〈讃容郡〉
⑬庭音村　庭酒村　〈宍禾郡〉
⑭安師里　酒加里・山守　〈宍禾郡〉
⑮石作里　伊和　〈宍禾郡〉
⑯穂積里　塩野　〈賀毛郡〉

右の①〜⑯は、地名の起源の語り方としていくつかのパターンに分けられる。

（ア）旧地名の起源のみを記すもの。①④⑥⑦⑧⑬
（イ）現地名の起源のみを記すもの。②⑮
（ウ）現地名と旧地名と両方の起源を記すもの。⑨⑩⑫⑭⑯
（エ）旧地名の起源を記し、現地名の起源を【一云】で記すもの。③⑤⑪

（ア）の例には、次のようなパターンがある。

①含藝《かむき》の里。　本の名は瓶落《みかおち》なり。土は中の上。瓶落と号《なづ》けし所以は、難波高津御宮《なにはたかつのおほみや》の御世、私部弓取《きさきべのゆみとり》等が遠祖《とほつおや》、他田《をさだ》の熊千《くまち》、瓶の酒を馬の尻に着けて、家地《いへどころ》を求《ま》ぎ行きしに、其の瓶、此の村に落ちき。故、瓶落

と曰ひき。　〈印南郡〉

④香山《かぐやま》の里。本の名は鹿来墓《かぐはか》なり。土は下の上なり。鹿来墓と号けし所以は、伊和大神《いわのおほかみ》、国占めましし時、鹿、来たりて山の岑に立ちき。山の岑、是《こ》も墓に似たり。故、鹿来墓と号けき。後、道守《ちもり》の臣、宰《みこともち》たりし時に至りて、名を改めて香山となしき。　〈揖保郡〉

①の場合には、本の名である「瓶落」の命名由来を語るのみで、現在名の由来に関しては一切触れられていない。⑥も同様である。

④の場合は、改名した件や、それに関わった人物の説明はある。だが、改名の由来については説かれていない。「カグハカ」→「カグヤマ」という類音による変化、及び表記の変更と見て、特に由来を記さなかったとも考えられそうだが、記述パターンとしては、⑦⑧も同様で、特に⑦の場合には、「ツカ」→「ヒロヤマ」という全く音の上では繋がらない改名をしているにも関わらず、その由来を記していない。書式の上からすれば、意識としては④も同様に音による類似で捉えるよりも、やはり現地名の由来を記さない例と考えてよかろう。ただ、⑬の場合には書式が異なり、「今の人は庭音の村といふ」とあるだけで「改」の字がない故、「庭酒（ニハキ）」→「庭音（ニハト）」という音韻上の変化と捉えている可能性がある。

（イ）については、②の場合は、標目地名の次に旧名記載があるわけではなく、「安相里《あさぐ》」の命名由来を記した後に、分注表記で、［本の名は沙部《いさこべ》と云ひき。後、里の名は字を改めて二字に注《しる》せるに依りて、安相《あさぐ》の里と為す］とあるものであり、地名の改変というよりも文字表記の変更によるものであるゆえ、他の例とは異なる。また、⑮の場合には、本の名である「伊和」の由来説明は該当個所にはないのだが、宍禾郡末の「伊和村」の条に、以下の様に記されている。

伊和の村。本の名は、神酒《みわ》なり。大神《おほかみ》、酒を此の村に醸《か》みたまひき。故、神酒《みわ》の村と曰ひき。又、於和《おわ》の村と云ひき。大神、国作り訖《を》へたまひし以後《のち》、云ひたまひしく、「於和《おわ》、等於我美岐」〈宍禾郡〉

つまり、村名の箇所で説明があるために「石作里」条では特に説明が必要とされなかったのと、「伊和」という名称自体にも更に「本の名」があるという事情によって、記されていないのであろう。(1)

ここまでの用例を見て言えることは、『播磨国風土記』では旧地名と現地名とがある場合、旧地名の由来を説くことには熱心だが、現地名の由来を記すことにはあまり熱心ではないという点である。

だが、(ウ)の例では現地名と旧地名との両方の由来を記している。

⑨大法山《おほのりやま》。今の名は勝部岡《すぐりべのをか》なり。品太天皇《ほむだのすめらみこと》、此の山に大き法《のり》を宣《の》りたまひき。故、大法山と曰ひき。今、勝部と号くる所以は、小治田河原天皇の世《みよ》、大倭《やまと》の千代の勝部等を遣はして、田を墾《は》らしめ、此の山の辺《へ》に居りき。故、勝部岡と号く。〈揖保郡〉

⑩少宅の里。本の名は、漢部《あやべ》の里なり。土は下の中。漢部と号けし所以は、漢人《あやひと》此の村に居りき。故、以て名と為しき。後に改めて少宅と曰ひし所以は、川原若狭の祖父《おほぢ》、少宅秦公《をやけのはたのきみ》の女《むすめ》に娶《あ》ひて、其の家を少宅と号けき。後、若狭の孫智麻呂《ちまろ》、任《よさ》されて里長と為りき。此に由りて、庚寅《かのえとら》の年、少宅の里と為しき。〈揖保郡〉

⑫吉川《えがは》。本の名は、玉落川《たまおちがは》。大神の玉、此の川に落ちき。故、玉落と曰ひき。今、吉川と云ふは、稲狭部《いなさべ》の大吉川《おほえがは》、此の村に居りき。故、吉川と曰ひき。〈讃容郡〉

⑭安師《あなし》の里。本の名は酒加《すか》の里。土は中の上。大神、此処に飡《すか》したまひき。故、須加と曰ひき。後、山守の里と号けし所以は、然るは、山部三馬《やまべのみま》、任《よさ》されて里長と為りき。故、山守と曰ひき。今名を改めて安師と為すは、安師川に因りて名と為す。其の川は、安師比売の神に因りて名と為しき。伊和大神、娶《あ》はむと誂《と》ひたまひき。

その時、此の神固く辞《いな》びて聴《ゆる》さざりき。是に、大神、大《いた》く瞋《いか》りたまひて、石を以て川の源を塞きて、三形《みかた》の方に流し下《くだ》したまひき。故、此の川は水少なし。此の村の山、檜《ひのき》・枌《すぎ》・黒葛等生ひ、狼、羆《くま》住《す》めり。〈宍禾郡〉

⑯穂積《ほづみ》の里。本の名は塩野《しほの》なり。小目野。土は下の上。塩野といふ所以は、鹹水《しほみづ》、此の村に出でき。故、塩野と曰ひき。今、穂積と号くるは、穂積臣等の族《うがら》、此の村に居り。故、穂積と号く。〈賀毛郡〉

旧地名の由来を見ると、⑨では天皇の行為、⑩は漢人の居住、⑫⑭は大神の行為、⑯は土地の状態による命名である。それに対して現地名の由来は、⑭の「安師川」「安師比売」を除けばすべてその土地と関わる人物による命名である。ということは、地名の改変は基本的に人物との関わりでなされることが多いことを示すであろう。そして、土地と人物との結びつきが明確である場合、若しくは強調したい場合には、改名後の現行の地名由来も記そうとしているのだと考えられる。

さて、次が一番問題となる（エ）のパターンである。

③少川《をがは》の里。高瀬村・豊国村・英馬野・射目前・檀坂・多取山・御取丘・伊刀嶋。土は中の々。本の名は私《きさき》の里。右、私《きさき》の里と号けしは、志貴嶋《しきしま》の宮に御宇しめしし天皇の御世、私部弓束《きさきべゆづか》等が祖、田又利《たたり》の君鼻留《ひる》、此処を請ひて居りき。故、私の里と号けき。以後《のち》、庚寅の年、上大夫《かみのまへつきみ》、宰《くにのみこともち》たりし時、改めて小川の里と為しき。一《また》云はく【一云】、小川、大野より此処に流れ来たり。故、小川と曰ひき。〈飾磨郡〉

⑤越部《こしべ》の里。旧《ふる》き名は皇子代《みこしろ》の里なり。土は中の々。皇子代と号けし所以は、勾宮天皇《まがりのみやのすめらみこと》の世《みよ》、寵人《めぐみたまふひと》、但馬の君小津《をつ》、寵《めぐみ》を蒙《かがふ》りて姓《かばね》を賜ひ、皇子代の君として、三宅を此の村に造りて仕へ奉《たてまつ》らしめたまひき。故、子代の村と曰ひき。後、上野大夫《かみつけののまへつぎみ》に至りて、卅戸《みそへ》を結びし時、改めて越部の里と号けき。一云はく【一

云】、但馬の国三宅より越し来れり。故、越部の村と号けき。〈揖保郡〉

⑪桑原《くははら》の里。旧き名は、倉見《くらみ》の里なり。土は中の上。品太天皇、欟折山《つきをれやま》に御立《みた》ちまして覧《み》たまひし時、森然《いよよか》に倉見えき。故、倉見の村と名づけき。今、名を改めて桑原と為す。一云はく【一云】、桑原の村主等、讃容の郡の桉《くら》を盗みて将来《もちこ》しに、其の主認《つな》ぎ来て、此の村に見あらはしき。故、桉見と曰ひき。〈揖保郡〉

右の③⑤⑪は、旧地名の起源を語り、後、改名の事を説明するところまでは、（ア）の④⑦⑧と共通している。が、こちらの場合は、その後に「一云」で現地名の由来を記している。その意味では（ウ）とも共通性を持つ。（ア）と（ウ）との比較で言えば、（ア）に比べれば現地名の由来を記そうという意識はあるが、（ウ）ほど明確に本文中で、「〇〇所以は」と説くのではなく、あくまでも改名記事の後に、改められた地名に付随する形で補足的に説明されるのに過ぎない。③⑤はどちらも「上野の大夫」が関わっており、③の場合には「庚寅」というように年次も特定されている。きわめて記録的な内容である。なお、⑪の場合は、「一云」の記事内容も「クラミ」の命名由来のようなかたちになっており、後に見る異伝的な例にも近いが、人物名が「桑原村主」とあるゆえ、現地名「桑原里」の由来を説く話としても伝わっていたのであろう。むしろ、現地名の由来の形を取っていない点の方を重視すべきである。やはり重点は旧名由来にあるという例になるからである。

以上見てきたところをまとめてみると、『播磨国風土記』において現地名に対して旧地名がある場合、旧地名の方の由来を説こうとする意識は強いが、現地名に関しては由来を説かねばならないという意識はあまり感じ取れないという傾向が窺えた。その土地の歴史を語り、土地の性質を掌握しようとするのであれば、より古くからの呼び名に関心が向くのは自然なことではあるかも知れない。⑨の「大法山」のように、標目地名に旧地名を記し、今の地名を分注で記す例が存在するのも、旧地名への関心の高さを窺わせるものである。

そして、「一云」との関わりで言うならば、③⑤⑪に見る「一云」は、決して二つの対立する伝承を並記するというものではなく、あくまでも各伝承の記述内容を補足説明するためのものであった。

二　異説配列の意識

それでは次に、一見、異伝を並記していると見られる例の検討に移る。従来、『播磨国風土記』に見られる「一云」「一家云」の記事については、一つの地名由来に関わる異伝並記という見方で捉えられてきた。例えば益田勝実は以下のように述べている。(2)

一つの地名に対する異伝の重層は、かならず、在地的な説話では、神々の伝承と人間の伝承の対立であり、そうでない場合は、在地的な説話と支配者的な説話の対立であることがわかる。次元の異なる伝承である。（中略）在地の神々と人間、神々と天皇という対立、もっと整理すれば、神々対新しい人間および天皇という新旧二つの対立とみられよう。古い第一次的伝承の層に対して、新しい第二次的伝承の層が重なってきているのである。

また、異説並記によって生ずる事態について、山田直巳は次のように説いている。(3)

地名起源譚は、異説を記すことでその絶対性を喪失する。つまり、一つの出生に二つの出生証明書が書かれることに他ならないからだ。かくして、起源譚は流動的なものとなり、その末の末は、地名のみの独り歩きという結果が出来する。それは、最終的には他と弁別する単なる符号という所に落着して行くものであった。（中略）異伝を記すという形（スタイル）には、大きく神から人へ、という傾向を認めることができる。即ち、歴史の胎動である。かくして、風土記において、神話は歴史によって乗り越えられていったのである。

一つの地名に纏わって、「一云」「一家云」の前後に記された二つの話が、新旧や、在地と中央という対応・対立関係を持つものであるとした場合は、山田氏の説くように「絶対性の喪失」という事態を引き起こすであろう。だが、前節までの検討からすれば、「一云」で記される内容が、それ以前の記事内容に対立する異伝であると捉えることには躊躇いを感じざるを得ない。また、秋本吉徳は、異説並記の問題について、以下の様に慎重な発言をしている。(4)

まず『風土記』が書き留めた地名説話は、氷山の一角にも等しく、その全体のごく一部にすぎないのであり、概ね一地名一説話という原則らしきものが存するのは、実は編述者の段階における編述方針によるものであり、当時の実状から言えば、一地名に対して複数の地名説話の存するものが数多くあったのではないかという点で、現存する本伝と異伝からだけである種の結論を出すことに、少なからぬ不安を覚えるのである。

また、右の如き状況を思えば、『風土記』がわざわざ本伝と異伝とを並記しているのは、偶然の結果というよりは、むしろ並記せざるを得ない特殊な事情が編述筆録者の側にあったことを窺わせる。とするならば、『風土記』に見える本伝異伝並記の例は、当時の一般的な地名説話の在り方から言えば、少しく特殊であったのではないかという疑問にぶつかる。こうした特殊な例から、一般的結論を導き出すことにも不安が残る。

確かに「現存する本伝と異伝からだけである種の結論を出す」のは不安が残る。しかし、「わざわざ」本伝と異伝とを並記している以上は、やはり何かしらの事情があったと考えざるを得ない。それが当時の一般的な在り方からすれば特殊なものであったとするならば、特殊な方法を選択した編者の側の意識を考えてみる必要がある。ただし、「一云」で示されるものは補足説明的な内容であり、話の中心はあくまでも「一云」の前の本伝の部分であって、両者は対等の関係ではない、ということはあらかじめ注意しておきたい。
では、以下具体的に見ていく。

（1）

Ⓐ手苅丘《てがりをか》と号けし所以は、近き国の神、此処に到り、手を以て草を苅りて、食薦《すごも》と為《な》したまひき。故、手苅と号けき。

Ⓑ一云はく【一云】、韓人等、始めて来たりし時、鎌を用ゐることを識《し》らず。但、手を以て稲を苅るのみ。故、手苅の村と云ひき。〈飾磨郡〉

（2）

Ⓐ阿豆《あつ》の村。伊和大神、巡り行でましし時、「其れ心《むね》の中熱《うちあつ》し」と告《の》りて、衣の紐を控《ひ》き絶ちたまひき。故、阿豆と号けき。

Ⓑ一云はく【一云】、昔、天《あめ》に二つの星ありき。地に落ちて、石と化為《な》りき。此に、人衆《もろひと》集《あつま》り来て談論《あげつら》ひき。故、阿豆と名けき。〈揖保郡〉

（3）

Ⓐ堲岡《はにをか》の里。生野・大内川・湯川・粟鹿・波自加の村。土は下の々。堲岡と号けし所以は、昔、大汝命《おほなむちのみこと》、小比古尼命《すくなひこねのみこと》と、相争ひて、云ひたまひしく、「堲の荷を担《にな》ひて遠く行くと、屎下《くそま》らずして遠く行くと、此の二つの事、何れか能く為《なさ》む」といひたまひき。大汝命曰《い》ひたまはく、「我《あ》は屎下らずして行かむと欲《おも》ふ」といひたまふ。小比古尼命曰ひたまひしく、「我は堲の荷を持ちて行かむと欲ふ」といひたまひき。如是《かく》、相争ひて行きたまひき。数日《ひかず》逕《へ》て、大汝命云ひたまひしく、「我は忍び行きあへず」といひたまふ。即ち坐《ゐ》て屎下りたまひき。

その時、小比古尼命咲《わら》ひて曰ひたまひしく、「然苦《しか》し」といひたまひて、亦、其の堲を此の岡に擲《な》げうちたまひき。故、堲岡と号けき。又、屎下りたまひし時、小竹《ささ》、其の屎を弾き上げて、衣《みそ》に行《は》ねき。故、波自賀《はじか》の村と号けき。其の堲と屎と石と成りて、今に亡せず。

Ⓑ一家《あるひと》云はく【一家云】、「品太天皇、巡り行でましし時、宮を此の岡に造りたまひて、勅《みことのり》して云ひたまひしく、『此の土は堲為《た》るのみ』とのりたまひき」といふ。故、堲岡と曰ひき。〈神前郡〉

（4）

Ⓐ甕坂《みかさか》は、讃伎日子《さぬきひこ》、逃げ去きたまひし時、建石命《たけいはのみこと》、此の坂に逐《やら》ひて云ひたまひしく、「今より以後《のち》、更《また》、此の界《さかひ》に入ること得じ」といひたまひき。御冠《みかげ》を此の坂に置きたまひき。

Ⓑ一家云へらく【一家云】、「昔、丹波と播磨と、国を堺ひし時、大甕《おほみか》を此の上に掘り埋めて、国の境と為しき」といひき。故、甕坂と曰ひき。〈託賀郡法太里〉

（5）

Ⓐ粳岡《ぬかをか》は、伊和大神《いわのおほかみ》と天日桙命《あめのひぼこのみこと》と二はしらの神、各《おのもおのも》、軍《いくさ》を発《おこ》して相戦ひたまひき。その時、大神の軍、集ひて稲を舂《つ》きき。其の粳、聚《あつま》りて丘と為りき。

Ⓑ一云はく【一云】、城《き》を掘りし処は、品太天皇の御俗《みよ》、参度《まゐわた》り来し百済人等《くだらびとら》、有俗《ならひ》の随《まにま》に、城を造りて居りき。『又、其の簸《ひ》置ける粳を、墓と云ひ、又、城牟礼山《きむれやま》と云ひき。』其の孫等《うまごども》は、川辺《かはのべ》の里の三家《みやけ》の人、夜代《やしろ》等なり。〈神前郡〉

（6）

Ⓐ菅《すげ》、山の辺に生ふ。故、菅生《すがふ》と曰ひき。

Ⓑ一云はく【一云】、品太天皇、巡り行でましし時、井を此の岡に闢《は》りたまひしに、水甚《いと》清く寒かりき。是に、勅《みことのり》して曰ひたまひしく、「水、清く寒きに由り、吾が意《こころ》、そがそがし」といひたまひき。故、宗我冨《すがふ》と曰ひき。〈揖保郡〉

（7）

Ⓐ御方《みかた》の里。土は下の上。御形《みかた》と号けし所以は、葦原志許乎命《あしはらのしこをのみこと》、天日槍命《あめのひぼこのみこと》と、黒土の志尓嵩《しにだけ》に到りまして、各、黒葛三条《みかた》を以て、足に着け投げたまひき。その時、葦原志許乎命の黒葛、一条《ひとかた》は但馬の気多《けた》の郡に、一条は夜夫《やぶ》の郡に落ち、一条は此の村に落ちき。故、三条と曰ひき。天日槍命の黒葛、皆、但馬の国に落ちき。故、但馬の伊都志《いづし》の地《ところ》を占《し》めて在《いま》しき。

Ⓑ一云はく【一云】、大神、形見と為て、御杖、此の村に植ゑたまひき。故、御形と曰ひき。〈宍禾郡〉

（8）

Ⓑ一家云らく【一家云】、印南《いなみ》と号けし所以は、穴門《あなと》の豊浦宮《とゆらのみや》に御宇《あめのしたしろ》しめしし天皇、皇后と倶《とも》に、筑紫の久麻曽《くまそ》の国を平げむと欲《おもほ》して、下り行でましし時、御舟印南《いなみ》の浦に宿りたまひき。此の時、滄《あを》き海、其れ平《たひら》かに、風浪和らぎ静けし。故、名づけて入浪《いりなみ》の印南郡と曰ひき。〈印南郡〉

「一云」五例に対し、「一家云」が三例あるが、内容・用法の上で特に違いはないものと思われるので、併せて考えることにする。（8）は「一家云」で始まっているので、本来はその前に記事があったと思われるのだが、伝わっていない。従って異説並記の用例としての分析は不可能であるので、（1）～（7）の用例を検討対象とする。但し、地名起源に関わる主体が天皇（人）であるという点については、（8）も他の例と共通しているということは言える。

　さて、まず全体の傾向を見ると、（1）～（5）は、前半が神の行為による起源、後半が人（含、天皇）の行為による起源という共通性が見られる。但し、（5）に関しては、Ⓐ Ⓑともに説話内容が不明瞭である。Ⓐは「粳岡」の名の起源を語っているようだが、Ⓑにはその「粳岡」の起源がなく、「城を掘りし処」を話題にしていて対応しない。『　』内の文の位置は三條西家本によるものだが、多くの現行諸注釈書は、「一云」の前に移動させるなどしており、本文にも問題のある箇所である。いずれにせよ、「粳岡」の地に関わる神話伝承に対し、同地にまつわる応神朝の記事を「一云」の後に記したという形である。

（6）は、後半が天皇の行為という点で（1）～（5）と共通するが、前半が自然の状況による命名となっており、神は登場しない。（7）は前半・後半ともに神が関わる話となっている。従来の見解では、例えば神話起源と天皇起源（人事起源）が両説並記されている場合、両者の関係を、「古伝承」と「新伝承」との対立という形で捉え、神話起源が人事起源へと転換が図られ、神話が否定されていくという現象を示すものとして捉えられてきた。(5) しかし、神話が否定され、天皇起源・人事起源が台頭してきたのであるならば、むしろそちらの方を本伝承の位置に据え、否定されるべき神話起源の方が異説として記されるのではないか。その点、（1）～（5）は神話起源の方を本伝承として記しているのだから、少なくとも「神話の否定」とは言えない。伝承が形成されるメカニズムの問題として考えるならば、「神話の否定」という見方も首肯されるが、『播磨国風土記』編者の意識として見るならば、否定していると捉えることは出来まい。前節までの検討結果を踏まえるならば、「一云」記事で記される内容は、本伝承を補足説明するためのものであった。そして「旧地名」→「現地名」という流れを見るならば、過去から現在へむけての時間の流れを見ることができた。今この（1）～（7）の記載内容にも、時間的な配列の意識があるのではないか。（1）～（5）の場合には神々の時代から人の時代へという流れが一致しているのだから問題はない。（6）の場合はどうか。

（6）の場合、前半は自然状況による起源、後半は天皇の発言による起源となっている。西條勉は、この前半部のような形式の記事について、次のように述べている。(6)

説話を構成しない地名由来記事というのは、細かく観察すれば、地名の語義と土地の形状が、文字表記の面において結合しているケースなのである。そこでは、地名はその発生段階に引き戻され、土地の名の本義が直に露出している。

つまり、現実問題は別としても、この記事の形式は土地に名前が付けられた最初の段階、地名の発生時点を説明し得るものであるということになる。一方、後半部の方は、天皇が発した言葉によって名付けられた形だが、元々の「菅が生えている土地」という命名由来を打消すわけではなく、地名の発生時点から時代の降った段階での、捉え返された意味を付加するものとして記されているのであろう。根本的な地勢による命名に、天皇の讃辞表現が付加された、という構成である。

以上（1）〜（6）は、前半に（設定として）より古い時代の話を載せ、後半に新しい時代の話を載せる。前半の話と実際に現在存在する地名との中間に「一云」の話は位置しているのであり、Ⓐ→Ⓑの展開にはやはり意図があると考えられるのである。それは、より古い時代の話を根本に据えるという考え方であって、決して「神話の否定」というようなものとは受け取れない。（3）を見ればわかるように、神話が「主」であって、天皇の方が「従」なのである。

時間的な配列意識に加えて、更に異説並記の意義について考えるために、（7）及び（3）の例を取り上げて考えてみたい。

三　異説並記の意義

（7）は両説ともに神の関与する話となっている。この説話に関して山田直巳は、

> 異説は、天日槍命には係らずに葦原志許乎命に対抗する形で大神（伊和大神）を提出して来る。この場合は、元来土地神たる大神を起源とする地名起源譚があり、これを押し出す形で、葦原志許乎命が設置されていたという構造であろうか。記紀神話的世界観の中で、一定の位置を占める葦原志許乎命を中心とする構造を組成すれば、古い土着的神話は力関係を反映して傍系のものとならざるを得まい。その様に考えれば、「一云」の方も土地占有説話をいうことで一致しているのだから、葦原志許乎命の位置に伊和大神が座していたということも十分考慮し得ることだ。即ち、主人公の交替ということもあり得たということを示している。

と説く。[7] とするならば、土着的神話が追いやられ、中央的神話が本伝承として採用された例ということになるが、果たしてそうだろうか。後半の「大神」は、『播磨国風土記』全体から見れば「伊和大神」とみることができる。[8]「葦原志許乎命」が記紀神話世界に裏付けられた神である点も恐らく間違いないであろう。だが、この国占め争いの話は、前半部のみでは実は不完全である。この話は、それまで各所（揖保郡粒丘・宍禾郡奪谷・宍禾郡伊奈加川）で葦原志許乎命と国占め争いを展開してきた天日槍命が、結局但馬の地を占めて居住するということの起源語りとなっている。一方の葦原志許乎命の方は、投げた黒葛の一条がこの地に落ちたという記述はあるが、土地占拠

の話はなく、「故、三條といふ」の示す内容も曖昧である。それに対して「一云」の記事では、大神が「御杖を植てる」という明確な占有行為を行っている。この記事によって初めて「御方」の地名起源が完結するのではないか。ところで、この記事の直前には、次のような話が記載されている。

波加の村。国を占めたまひし時、天日槍命、先に到りし処なり。伊和大神、後に到りたまひき。是に、大神、大きに恠しびて云ひたまひしく、「度らぬ先に到りしかも」といひたまひき。故、波加の村と曰ひき。此処に到る者、手足洗はざれば、必ず雨なり。〈宍禾郡〉

伊和大神と天日槍命との国占め争いである。この話では、天日槍命が先に到着したと語るが、具体的な土地占有の記述は見られない。（7）の御方里の話は、この波加村との関連で考えることが出来るのではないか。波加村で土地占有に失敗した伊和大神が、葦原志許乎命と天日槍命が争った此の地に杖を植て、占拠したという関連である。そう見るならば、やはり前半と後半とにはある程度の時間の流れ、出来事の前後関係が意識されていることになろう。

さて、（7）の場合、このように後半の記事には、前半の記事の不完全な部分を補足し、より完全に土地の名の由来を語ろうとする意識が伺えるのだが、以下こうした補完作用という点につき、（3）を例にとってなお考えてみたい。

堲岡の里の命名由来を語る（3）の話の前半部は、大汝命と小比古尼命との我慢くらべの話として語られる。我慢くらべの勝者である小比古尼命が背負っていた堲を投げ捨てたのが命名の由来であると語る。話の上ではこの堲は大汝命の屎とともに「石」となって今に残るということだが、ともかくこの地に「ハニ」をもたらしたのが小比古尼命であると語っている。そして「一云」では、品太天皇が巡行の時、「此の土は堲たるのみ」と勅したのが堲岡の由来だと語る。これは、神々の時代、小比古尼命が堲をもたらした地に天皇がやってきて、改めて発語することによって、この地の「ハニ」を称揚する意義があるのではないか。この地は、土品記事には「土は下の下」とある。植垣節也は、「堲岡の里は土品が下下であって、農耕に適しない赤土の地である。赤い粘土はその代わりに壺や杯などの土器を作るに適しており、工芸品製作がこの地のたいせつな産業だったと推定できる」と述べている。(9) そのたいせつな産業の元となる「ハニ」に関わる記述としては、小比古尼命による地名起源（ハニの将来）のみならず、天皇の発語（ハニの称揚）をも併せ記したいという願いが根本にあったのではないか。単に由来を記すという以外の目的意識が「一云」記事掲載の動機となっていた可能性が窺えるのである。『播磨国風土記』の中には、もう一例「下の下」とされる地がある。

雲箇《うるか》の里。土は下の々。大神の妻、許乃波奈佐久夜比売命《このはなさくやひめのみこと》、其の形、美麗《うる》はしくありき。故、宇留加《うるか》と曰ひき。

〈宍禾郡〉

コノハナサクヤビメが登場するのは、『播磨国風土記』に限らず、風土記中でこの例が唯一である。『古事記』神話を参照するならば、この女神は天神御子の繁栄を約束する存在である。雲箇里の命名由来にこの女神が関わってくる背景には、「土は下の下」という痩せた土壌の繁栄・改善を願う心情があったのではなかろうか。「下の下」と記されるのはこの二例のみである。特殊な意識を持って地名起源説話が記された可能性は充分に考えられる。

おわりに

ここまで、『播磨国風土記』の「一云」「一家云」の用法について検討してきた。結論を言えば、「一云」「一家云」で導かれる記事内容は、本伝承を相対化し、起源の絶対性を失わせるというものではなく、本伝承を補足し、より内容を充実させる意義を持っているということであった。そしてそれは、今回すべての例について詳説・論証したわけではないが、説話内容からの要請や、土地の性質との関わりなど、個々に書かれるべき必要性があって書かれたであろうということだ。

地名の由来を二重に語るのは確かに異例である。だが、その異例な方法によって、神の時代→人（天皇）の時代→現在、という通時的な土地の歴史の展開を成り立たせている。「一云」によって、旧地名に対する新地名を補足的に説明するという形をもつところから見ても、時間的な展開を意識していた点が理解される。このように、二つの説話を時間軸に添って並べる方法を取ることで、単に地名の由来を語るというだけではない付加的な意義を説話に与えているのである。

『播磨国風土記』は、網羅的にあらゆる地名に対して起源を記すという方針をもって編纂されたと思われる。そのため、本来まとまった内容を有していた説話が何カ所かに分断され、説話内容が不完全になった場合もあると見られている。一方で、〈賀古郡褶墓条〉〈餝磨郡十四丘伝承〉のような、地名起源列挙の内容を持つ説話に関しては、物語を展開させる機能を担って地名起源の列挙が盛り込まれたとし、そこに編者の文芸的意図を認める見方もある。(10) 単純に地名の起源を語るという目的のためには本来不必要な筈の「一云」「一家云」記事もまた、在地の側から見た上での、不完全な説話や土地の歴史を、より完全な形で記そうとする編者の一つの試みであったと見られるのである。そして、「その後に」等の繋ぎ言葉で話を展開させるのではなく、異説並記の形を取った理由は、やはり明確に起源が二重となってしまうことを避け、なおかつ時間軸に添って展開させようという実験的方法であったからではなかろうか。記載方法・表現方法の模索という意味で捉えるならば、編者の文芸的営みの一端であったといえよう。

【注】

（1）植垣節也校注・訳、新編日本古典文学全集5『風土記』（小学館、一九九七年一〇月）92頁頭注で、「伊和村」条について、「本来、石作の里の条にあるべき記事。石作の里の「本の名は伊和なり」の説明が、さらに「本の名は神酒なり」で始まるため、石作の里に挿入しにくくて、一時的に郡末に記載しておいたものが残存したものか。」と説明している。

（2）吉野裕・益田勝実「風土記の世界―郷土的連関性から―」（『岩波講座日本文学史』第三巻、一九五九年六月）。

（3）山田直巳「地名起源譚の行方―神話の終焉と歴史時間の成立―」（『古代文学の主題と構想』おうふう、二〇〇〇年一一月）。初出は一九八四年三月。

（4）秋本吉徳「地名説話の新古―『風土記』の特質の理解のために―」（『國語と國文學』56巻11号、一九七九年一一月）

（5）注（2）・注（3）参照。

（6）西條勉「土地の名と文字／ことば―播磨国風土記のトポノミー」（『古代の読み方』笠間書院、二〇〇三年五月）。初出は一九九〇年一〇月。

（7）注（3）に同じ。

（8）『播磨国風土記』中に登場する「大神」は、伊和大神以外には、出雲国阿菩大神・出雲御陰大神・出雲之大神・宗形大神・住吉大神・天照大神である。『播磨国風土記』特有の神は伊和大神のみであり、他はすべて他国の神である。単に「大神」としかなく、前後の文脈によっても神名を特定しがたい場合には、やはり伊和大神を指すと見るのが妥当であろう。

（9）植垣節也「諸風土記の成立と性格・播磨国風土記」（『歴史公論』68号、一九八一年七月）。

（10）飯泉健司「〈褶墓〉〈十四丘〉伝承における地名起源の機能―播磨国風土記編纂者の文芸意識―」（『日本文学論究』46号、一九八七年三月。後『播磨国風土記神話の研究―神と人の文学』おうふう、二〇一七年三月所収）。

第三章　『肥前国風土記』佐嘉郡郡名起源説話の特質
――異伝記載の意図を考える――

はじめに

風土記の地名起源説話の中には、一つの地名に対して複数の由来を載せている場合がある。これまで第一章と第二章において、『常陸国風土記』と『播磨国風土記』に見られる地名起源異説並記の記事について検討してきたが、それぞれの風土記、若しくはそれぞれの記事において、複数の起源を記載する意図があったのではないかということを論じてきた。本章では、『肥前国風土記』に見られる異説並記の記事を検討し、その記載意図について考えたい。『肥前国風土記』において異説を並記するのは、佐嘉郡郡名記事のみである。「一云」という書式自体は、後述するようにもう一例あるのだが、それは異説並記の内容とは異なるものである。

一方で、風土記の記事配列についても考える必要がある。例えば『常陸国風土記』の場合、倭武天皇の記事を並べてみると、常陸国における巡行説話としてある程度の物語的配列意識が看取される。また『播磨国風土記』

の天日槍命と葦原志許男との国占め争いを繋げて行くと、天日槍命の播磨国上陸から但馬国定着までの流れがあることが把握出来る。(1) 風土記の各々の地名起源説話は、それぞれに独立した記事であり、断片的な記述の集合となっているわけだが、それぞれの記事は、ゆるやかに関係を持ちながら意図的に配列されているのではないか。そこには、編者の意図や工夫が見られるのではないかと思われるのである。本章ではそうした点も含めて考えて行きたい。

一　『肥前国風土記』の「一云」

検討対象となる佐嘉郡の記事を挙げる前に、先述のもう一つの「一云」について触れておきたい。


杵嶋郡《きしまのこほり》　郷は肆所。里は一十三。駅は壱所なり。

昔者《むかし》、纏向日代宮《まきむくのひしろのみや》に御宇《あめのしたしら》しめしし天皇、巡り幸《いでま》しし時、御船、此の郡の盤田杵《いはたき》の村に泊《は》てたまひき。

時に、船の牂戕《かし》の穴より冷《きよ》き水、自《おのづか》ら出でき。一《ある》いは云はく【一云】、船泊てし家、自ら一つの嶋と成りき。

天皇、御覧《みそなは》して、群臣《まへつきみたち》等に詔して曰はく、「此の郡は、牂戕嶋《かししま》の郡と謂ふべし」とのりたまひき。今、杵嶋
郡と謂ふは、訛《よこなま》れるなり。郡の西に、湯泉《ゆ》出づるところ有り。巌《いは》の岸峻《さ》極《か》々しくて、人跡罕《ひとまれ》に及《いた》る。

〈杵嶋郡〉


右の話、地名の由来自体は後半部の景行天皇の詔に拠っており、前半部には由来に直結する記述はない。前半部は地名「牂戕嶋（カシシマ）」の「牂戕（カシ）」の由来に関わり、後半部は「嶋」の由来に関わるというように、景行天皇に纏わる出来事を前後半に分けて、併せて「カシシマ」の由来となるという形となっている。通常「一

云」は異伝を記す際に使われるものではあるが、この例は異伝と言えるものにはなっていない。従って、佐嘉郡の記事は――現存する本文においてはという限定付きではあるが――『肥前国風土記』で唯一異伝を記しているということになる。ただ、杵嶋郡のような例があるということは、「一云」が単純に異説を並記するものではないことを示しているとも思われ、佐嘉郡郡名記事についても慎重に検討する必要があろう。

では、次に検討対象となる『肥前国風土記』佐嘉郡の記事を掲げる。

佐嘉《さか》郡　郷は陸所。里は一十九。駅は壱所、寺は壱所なり。

〔A〕昔者、樟樹《くすのき》一株《もと》、此の村に生ひたりき。幹枝《もとえ》秀高《たか》く、茎繁《くきしげ》茂れり。朝日の影は、杵嶋郡の蒲川山《かまかはやま》を蔽《おほ》ひ、暮日《ゆふひ》の影は、養父《やぶ》郡の草横山《くさよこやま》を蔽へり。日本武尊《やまとたけのみこと》、巡り幸《いでま》しし時、樟《くすのき》の茂り栄《さか》えたるを御覧《みそなは》して、勅《みことのり》したまひしく、「此の国は栄《さかえ》の国と謂ふべし」とのりたまひき。因《よ》りて栄《さかえ》の郡と曰ひき。後に改めて佐嘉郡と号《なづ》く。

〔B〕一《ある》ひと云へらく【一云】、郡の西に川有り。名を佐嘉川と曰ふ。年魚《あゆ》あり。其の源は郡の北の山より出で、南に流れて海に入る。此の川上に荒ぶる神有りて、往来《ゆきき》の人、半《なかば》を生かし、半《なかば》を殺しき。茲《ここ》に、県主等《あがたぬしら》の祖大荒田《おやおほあらた》、占問《うらと》ひき。時に、土蜘蛛《つちぐも》、大山田女《おほやまだめ》・狭山田女《さやまだめ》有り。二《ふたり》の女子《おみな》の云ひしく、「下田の村の土を取りて、人形・馬形を作りて、此の神を祭祀《まつ》らば、必ず応和《やはら》ぎなむ」といひき。大荒田、其の辞《ことば》の随に、此の神を祭るに、神、此の祭を歆《う》けて、遂に応和ぎき。茲に、大荒田云ひしく「此の婦《おみな》は、如是《かく》、実に賢女《さかしめ》なり。故、賢女を以ちて、国の名と為《せ》むと欲《おも》ふ」といひき。因りて賢女の郡と曰ひき。今、佐嘉郡と謂ふは、訛《よこなま》れるなり。

〔C〕又、此の川上に石神《いしかみ》あり。名を世田姫《よたひめ》といふ。海の神　鰐魚《わに》を謂ふ　年常《としごと》に、流れに逆《さか》ひて潜《くく》り上り、此の神の所に到る。海の底の小魚《ちひさきうを》多《さは》に相従ふ。或いは、人其の魚を畏めば殃《わざはひ》なく、或いは、人捕り食《くら》へば死ぬること有り。凡て、此の魚等、二三日《ふつかみか》住《とど》まり、還りて海に入る。

佐嘉郡の記事は、右に挙げたように〔A〕〔B〕〔C〕の三段に分けることが出来る。〔A〕は佐嘉郡の郡名由来前半部、〔B〕は佐嘉郡の郡名由来後半部、〔C〕は土地神に纏わる伝説・言い伝えとなっている。ところで、佐嘉郡は肥前国の国府があった郡である。(2) 風土記の地名由来譚を確認すると、国名由来譚には特殊な意識が働いていたことが窺えるのだが、実は国府のある郡の郡名由来にも、特殊な意識が込められているのではないかと思われる節がある。例えば『常陸国風土記』国名の場合は「或曰」として異説を並記するのに加えて「風俗諺」として「筑波岳に黒雲挂り、衣手漬の国というは是なり」という枕詞的詞章を伴う言い回しを記す。『出雲国風土記』の国名記事は短いが、こちらも「八雲立つ出雲」という、枕詞+地名の型を示す点で常陸国の場合と共通する。また、『常陸国風土記』の場合、茨城郡郡名由来記事にも異伝があるが、茨城郡は国府のある郡である。(3) 『出雲国風土記』では、国庁所在地である意宇郡は、この風土記の中で最も長大な国引き神話をその由来として記す。『肥前国風土記』の場合、国名由来には異伝はないが、由来譚となっている怪火伝承は崇神天皇の御世と景行天皇の御世との二代に亙る話となっていて、記事自体二重構成となっている点に特徴がある。他にこのような例は見えない。そして国府のある佐嘉郡郡名のみが由来の異説並記をしているのである。各国風土記の編述方針はそれぞれに異なるものの、やはり国名由来と国府所在郡の郡名由来には、特異な意識が働いているのは間違いないのではなかろうか。(4)

二　佐嘉郡郡名起源後半部の考察

佐嘉郡郡名記事の検討に入りたい。記載順からすれば逆となるが、まずは郡名由来の後半部である〔B〕の方から検討して行きたい。本来サカの地名由来として存在していたのはこの〔B〕の方の話であったのではないかと思われるからである。後半部は所謂交通妨害説話である。既に良く知られているように、この型の話は『肥前国風土記』にも他に二例見られ、また他の風土記にも幾つか類例が見られるものである。それぞれに地名起源記事となっている。以下に各記事の場所・神の名称・交通妨害の描写・祭祀などの幾つかの要素を挙げておくこととする。

1　『肥前国風土記』基肄郡姫社郷

山道川の西／荒ぶる神／「半は凌ぎ半は殺ぬ」／神意＝祭祀者の指定（筑前国宗像郡の人珂是古）／山道川の辺の田村に社を立てて祭る／以来殺害されず

2　『肥前国風土記』神埼郡総記

此の郡／荒ぶる神／「多に殺害されき」／景行天皇巡狩／神和平／以来殃なし

3　『播磨国風土記』賀古郡鴨波里舟引原

神前の村／「舟を半ば留めたまひき」／通行人迂回する

4　『播磨国風土記』揖保郡広山里意比川

枚方里神尾山／出雲の御蔭大神／「半ば死に半ば生く」／朝廷に申す／額田部連久等々を派遣・祭祀

5　『播磨国風土記』揖保郡枚方里佐比岡
神尾山／出雲の大神／「（出雲の国人）十人の中五人を留め、五人の中三人を留めたまひき」／河内国茨田郡枚方里の漢人／祭祀／和鎮
6　『播磨国風土記』神前郡埿岡里生野
此処／荒ぶる神／「往来の人を半ば殺しき」／応神天皇による地名改名（死野→生野）
7　「筑後国風土記逸文」国号（『釈日本紀』巻五）
筑後国と筑前国との境の上／麁猛神／「半は生き半は死にき」／筑紫君等が祖甕依姫　祭祀／以降神に害されず
8　「摂津国風土記逸文」下樋山（『本朝神社考』六）
此の山／天津鰐（鷲に化身）／「十人往く者五人は去き五人は留む」／久波乎という者／祭祀
9　「伊勢国風土記逸文」安佐賀社（『大神宮儀式解』二）
安佐賀山／荒ぶる神／「百の往人は五十人亡し、四十の往人は廿人亡す」／天皇に奏上／詔／天日別命の子孫大若子命に祭り平らげさせる／祭祀／平定／社を立てて祭る

これらの説話に共通するのは、道を通るもののおおよそ半数が殺され、半数が通過できるという型であり、その原因が「神」によるという点である。４・５の出雲の神を原因とするもの以外は、「荒ぶる神（麁猛神）」と表現する。３〜６は『播磨国風土記』なので、この型の話には『肥前国風土記』三例、『播磨国風土記』四例というように偏りが見られる。他は逸文で、筑後・摂津・伊勢とばらつきがある。８・９は古風土記として認定し得るか否か、問題のあるものなので、あまり参考とはならないかも知れない。７は、筑紫の国名由来を何通りか挙

げて説明する中の一つとしてこの型が記されているものである。筑前と筑後の国堺の、峠の麁猛神による交通妨害を、筑紫君らの祖甕依姫に祭らせたところ、神が鎮まったとされる。金井清一は、この話の場所が『肥前国風土記』の1と近接地であるとして、同一説話の別地における伝承といい得るとしている。[5] 堺の山が基山（現佐賀県三養基郡基山町・福岡県と隣接する地）であるとすると、確かに1と場所的には近いが、それよりも、筑前筑後の国堺には筑後川があり、1の舞台となる山道川（現在の山下川）が筑後川の支流であることが、類似した神話が両地に関わる要因となっているのかも知れない。後述するが、『肥前国風土記』の交通妨害説話は、川との関わりが深いのである。次に、『播磨国風土記』を確認する。3は海岸の原における航路妨害の神。迂回をすることで解決を図っているが、祭祀を行うなどの記述はない。4は山の神で、出雲御蔭大神による妨害。額田部連の祭祀が行われるが、結果は明記されていない。5も同じ神の話のようであるが、これによると4・5で祟りをなすのは女神であるということになる。男神を追いかけて来たが取り残され、怒った女神が祟りをなしたとする。河内国茨田郡枚方里の漢人によって祭られ、祟りが鎮まったという。6は地名改名に纏わる話になるが、天皇が地名の改名の勅を発する以外、特に展開はない。場所も野となっている。播磨は畿内と山陰、西海道をつなぐ交通の要衝である点で、交通に関する神話・説話が多いのだと思われる。

次に『肥前国風土記』の二例の検討を行う。

1　『肥前国風土記』基肄郡姫社郷

姫社郷《ひめこそのさと》　此の郷の中に川あり、名を山道川《やまぢがは》と曰ふ。其の源は郡の北の山より出で、南に流れて御井の大川に会ふ。昔者、此の川の西に荒ぶる神ありて、路行く人、多《さは》に殺害《ころ》され、半《なかば》は凌《しの》ぎ半は殺《し》ぬ。時に、祟る由《よし》を卜《うら》へ求《ま》ぐに、兆《うら》に云はく、「筑前国宗像郡《むなかたのこほり》の人、珂是古《かぜこ》をして、吾が社を祭らしめよ。若《も》し願《ねがひ》に合《かな》はば、荒き心を起《おこ》さじ」と云ひき。珂是古を覓《ま》ぎて、神の社を祭らしむ。珂是古、幡《はた》を捧げて祈禱《の》みて云はく、「誠に吾が祀《まつり》を欲《ほ》りするにあらば、此の幡風の順《まにま》に飛び往きて、吾を願ふる神の辺《へ》に堕ちよ」といひ、幡を挙げて、風の順に放ち遣《や》る。時に、其の幡、飛び往きて、御原《みはら》の郡の姫社の社に堕ち、更還《また》り飛び来て、此の山道川の辺の田村に落ちぬ。珂是古、自《おのづか》ら神の在《いま》す処を知りぬ。其の夜の夢《いめ》に見ぬ。臥機《くつびき》 久都毗枳と謂ふと絡垜《たたり》 多々利と謂ふと、儛ひ遊び出で来て、珂是古を圧《お》し驚かすと。是に、亦、女神《ひめかみ》と識《し》りぬ。社を立てて祭る。尓《それ》より已来《このかた》、路行く人、殺害《ころ》されず。因りて姫社と曰ふ。今以て郷の名とす。

1の用例は佐嘉郡の〔B〕と良く似た展開となっている。まず、書き出しの書式が〔B〕の場合とほぼ同一である。「此の郷の中に川あり、名を山道川と曰ふ」とあるのに対して〔B〕の場合も、「郡の西に川有り。名を佐嘉川と曰ふ」とある。姫社郷の標目地名を受ける形で「この郷に」とあるのに対し、〔B〕の場合も、佐嘉郡の由来として「郡の西に」と記す。ところが〔A〕の場合は、「昔者、樟樹一株、此の村に生ひたりき」という形で、郡名由来を説くのに「此の村」で受けている。国郡名の由来を記す説話の中に「村」が記載されるのは決して珍しくはないが、標目地名を受ける個所では、郡の場合は「此の郡」、郷の場合は「此の郷」で受けるのが通例である故、異質である。(6) 後述するように、「此の村」の記述は、佐嘉郡の記事の直後に載る小城郡郡名由来記事と関連するようである。ともあれ、本来は佐嘉郡の標目に続いて〔B〕の記事が記載されていた可能性を残す書式である点を確認した次第である。なお、〔B〕も1も、『肥前国風土記』の他の川の記述と同じ書式で記されている。

10三根《みね》郷　郡の西に在り。この郷に川有り。其の源は郡の北の山より出で、南に流れて海に入る。年魚《あゆ》あり。同じき天皇、行幸《いでま》しし時、御船、其の川の湖《みなと》より来て、此の村に御宿《やど》りましき。天皇、勅《みことのり》して曰はく、「夜裏《よる》は御寐《みね》甚安穏《いとやす》かりき。此の村は天皇の御寐安《みねやす》の村と謂ふべし」とのりたまひき。因りて御寐《みね》と名づく。

今寐の字を改めて根とす。〈神埼郡三根郷〉

11塩田川　郡の北に在り。此の川の源は、郡の西南のかた託羅峯《たらのみね》より出で、東に流れて海に入る。潮の満つる時、流れに逆《さか》ひて泝洄《さかのぼ》る。流るる勢《いきほひ》太《はなは》だ高し。因りて潮高満川《しほたかみつかは》と曰ひき。今は訛りて塩田川と謂ふ。川の源に渕有り。深さ二丈《つゑ》ばかりなり。石壁《いはかべ》は嶮峻《けは》しく、周匝《めぐり》は垣の如し。年魚多に在り。東の辺に湯の泉有りて、能く人の病を癒《いや》す。〈藤津郡塩田川〉

〔B〕・1・10・11ともに「源は……より出で、……に流れて……に入る（会ふ）」という同一の書式に従っており、川の説明記事として共通しているのである。そのうち〔B〕と1とは交通妨害説話によってその川に纏わる説明、及び地名の由来が記されているということになる。さて、1の話では占いによって神意が示され、祭祀者として珂是古が指名される。珂是古は幡を飛ばすことで神の居るところを突き止める。それによって、この神はもと筑後国御原郡の姫社社に祭られていた神であり、それがいま山道川の辺に来て祟りをなしていたことが分かる。

その1の荒ぶる神は「姫社」の神であったが、この神は「韓国から渡来した織姫神」[7]とされる。『古事記』『日本書紀』に見えるヒメコソ神も、やはり朝鮮半島から渡って来た神として位置付けられている。交通妨害神は、先の4・5などがそうであるように、外来の神の場合が見受けられる。例えば5の例で見れば、枚方里佐比岡の神を祭るのが河内国茨田郡枚方里の漢人となっているが、播磨の枚方里は、河内の枚方里から移住して来た人々が住んでいるので枚方里と名付けたとされる。通行人には行えない祭祀を、新たに移り住んできた人々が行ったということであろうが、漢人であるところから、最新の祭祀技術を担う者達であったろうと言われる[8]。

次に2の話を検討したい。

2　『肥前国風土記』神埼郡総記

神埼《かむさき》の郡　郷は玖所。里《こざと》は廾六。駅は壱所、烽《とぶひ》は壱所、寺は壱所。僧の寺なり。

昔者、此の郡に荒ぶる神有りて、往来《ゆきき》の人多《さは》に殺害《ころ》されき。纏向日代宮《まきむくのひしろのみや》に御宇《あめのしたしら》しめしし天皇、巡狩《めぐりみそなは》しし時、此の神和平《やはら》ぎき。尓《それ》より以来《このかた》、更《また》、殃《わざはひ》あることなし。因りて神埼の郡と曰ふ。

2の話は川が関わらないが、この説話と関係付けられる社の櫛田宮（佐賀県神埼市神埼町神埼）は、先述の10の川（現在の城原川）のすぐ近くであり、風土記の記事も2→10と並んで記されているもの故に、関連説話である可能性がある。10の内容の、「御寐甚安穏」というのも、2において荒ぶる神を和らげたことによると見るのは深読みに過ぎようか。さて、［B］と1・2と見た場合、2のみ、景行天皇が荒ぶる神を和したという内容となっている。当風土記は多くが景行天皇の巡幸説話となっているので、荒ぶる神の話にも天皇が関わるのは不自然ではない。しかし、天皇による荒ぶる神の鎮圧は、他の風土記の交通妨害説話には見られず異例と言える。但し、例えば『古事記』を参考とするならば、荒ぶる神を言向和平するのは、天皇家側の存在、特に、倭建命である。つまり、『古事記』的には景行朝は荒ぶる神を言向和平する時代として設定されていることになる。『古事記』においては荒ぶる神は、説明記事の中にしか見えず、説話的内容を記していないが、説話的に記すとするならば、2のような記事になるのではないか。

ところで、標目地名としてのものではないが、『肥前国風土記』の川の記事には次のようなものも見られる。

12日理《わたり》郷　郡の南に在り。昔者、筑後国の御井川の渡瀬《わたりぜ》、甚広く、人も畜《けもの》も渡り難し。茲《ここ》に、纏向日代宮に御宇しめしし天皇、巡狩しし時、生葉山《いくはやま》に就きて船山と為し、高羅山《かうらやま》に就きて梶山と為して、船を造り備へて、人物《ひとともの》を漕ぎ渡しき。因りて日理郷と曰ふ。　〈養父郡日理郷〉

景行天皇巡狩の時、御井川（現筑後川）を渡ることに難渋していた人と畜を、船を造って渡したという記事である。御井川は、肥前国と筑後国との国境を流れている。この記事のように渡り難い川を神話化した場合に、荒ぶる神による交通妨害の話となる可能性があるのではないか。実際、先の7の例は、場所的にかなり近い関係にある。12の場合は現実的な話、2は荒ぶる神和平による解決の話として伝わり、〔B〕と1とは土地の側による荒ぶる神祭祀の話として伝えられてきた。川と荒ぶる神との関係は、他の風土記の場合、不明瞭であるが、当国風土記に関しては、川を越えることに特別な意識を感じていたのかも知れない。(9)

祟り神を祭るには、その神の正体を知り、祭るべき場を特定しなければならないというのは、『古事記』『日本書紀』崇神天皇条の大物主神祭祀や、『古事記』垂仁天皇条の出雲大神祭祀等を参照すれば明らかである。1の場合は山道川の辺の田村という地が特定され、そこに社を立てて祭ることで交路妨害は止むこととなる。ところが〔B〕では肝腎の神の正体の特定もなされず、祭祀の場所も明記されてはいない。この違いは、〔B〕はあくまでも「賢女」からの地名由来が主眼であり、荒ぶる神祭祀の方に中心が置かれていないということを示していようか。命名の描写も、「賢女を以ちて国の名と為むと欲ふ」という積極的な命名に対し、1の場合は「因りて姫社と曰ふ。今以て郷の名とす」という形で、郷名となったのは後次的な事柄として説明されている。〔B〕の場合、荒ぶる神祭祀の情報が不足しているために、その後に〔C〕を加えることで荒ぶる神と世田姫とを関連付けることで荒ぶる神の正体と鎮座地を保証しようとしたものと思われる。つまり、〔B〕＋〔C〕によって一つの纏まりとなっていると思われるのである。荒ぶる神が女神として認識された可能性は、姫社郷の記事や『播磨国風土記』の記事から見れば充分にある。(10)年常に海の神（鰐魚）が訪れる際に従う小魚を畏むものは禍がなく、食べたものは死ぬという記述は荒ぶる神の祟りの記述に対応している。祭祀によって和らげられた神は、なお威力のある女神として、土地において存在感を示しているような内容である。こうした神を和らげるきっかけを与えたのが土蜘蛛であると語る。「土蜘蛛とは宗教性を帯びた地方の首長を指す言葉であった」という指摘(11)に従うならば、本来その土地においては蔑まれ嫌われる存在ではなく、この地を治める首長であったと見られる。土地の祭祀を知る土蜘蛛がその祭祀方法を教え、実際にそれを行うのが県主の祖であるということは、土地神の祭祀権が移行したということを語るのではなかろうか。在地の支配者が土蜘蛛から大荒田に移り、土地神の祭祀が行われなくなった後に、荒ぶる神と化し、そこで本来の祭祀者であった土蜘蛛が祭祀方法を教えたという過程が想定し得る。

土蜘蛛は、記紀風土記に散見されるが、特に『肥前国風土記』『豊後国風土記』に用例が多い。今、『肥前国風土記』に限ってみれば、次の十一例が挙げられる。

①『肥前国風土記』総記　討伐される　［崇神天皇世］
②『肥前国風土記』佐嘉郡　祭祀方法を知る　不　明
③『肥前国風土記』小城郡　誅殺される　［日本武尊］
④『肥前国風土記』松浦郡賀周里　誅殺される　［景行天皇］
⑤『肥前国風土記』松浦郡大家嶋　誅殺される　［景行天皇］
⑥『肥前国風土記』松浦郡値嘉郷　誅殺（命乞する）　［景行天皇］
⑦『肥前国風土記』杵嶋郡嬢子山　誅殺される　［景行天皇］
⑧『肥前国風土記』藤津郡能美郷　誅殺（命乞する）　［景行天皇］
⑨『肥前国風土記』彼杵郡速来村　捕獲される　［景行天皇］

⑩『肥前国風土記』彼杵郡浮穴郷　　　　誅殺される　　　〔景行天皇〕
⑪『肥前国風土記』彼杵郡周賀郷　　　　一行を救済する　〔神功皇后〕

右の①～⑪のうち、当該例以外はすべて巡行説話の中に登場し、⑪以外はすべて討伐の対象となっている。崇神天皇の御世の出来事、景行・日本武尊の巡行に纏わる話では土蜘蛛は征討の対象なのである。⑪のみが天皇一行を助ける話となっているのは、これが神功皇后の話となっていること、及び当国風土記の土蜘蛛関連最後の記事として位置付けられていることと関わるかも知れない。国名由来の①を別とすると、はじめに登場する②においては称揚されているのも、土蜘蛛を反朝廷的な蛮族としてのみは捉えないという態度の表明であろうか。

荒ぶる神祭祀の主体は県主等の祖大荒田であった。この人物については不明であるが、「県主の祖」とされる点からすれば、在地の支配者層として捉えられよう。祭祀の主体は、あくまでも大荒田なので、その意味では大荒田の功績を称える記事でもある。

以上〔B〕の話は、土地神の威力、祭祀方法を知るものの賢さ、祭祀を実行したものの力を示すものであり、また〔C〕の内容は、祭祀が行われてもなお威力のある神であることを表しているものとみられ、これらは土地に根ざす者の論理によって成り立つ話であると思われる。だが、国府所在地のある佐嘉郡の郡名由来譚は、やはり天皇側の巡行説話で説こうという意識が働いて〔A〕の由来譚が求められたのではないか。肥国がいつ頃肥前と肥後に別れ、肥前国府がいつ頃定められたのか、その時期とも関わる問題であるが、『肥前国風土記』編纂からそう遡らない時期にこの佐嘉郡郡名由来説話の〔A〕〔B〕〔C〕は纏められたのではなかろうか。

三　佐嘉郡郡名起源前半部の考察

そこで次に、佐嘉郡郡名起源前半部の〔A〕を検討して行きたい。〔A〕の内容は、所謂「大樹説話（巨木伝承）」となっている。この型の特徴を把握するために、他の大樹説話について確認しておきたい。まず、風土記のなかには、大樹が地名由来となっているものが見られる。

D昔者、此の村に洪《おほ》きなる樟樹《くすのき》有り。因りて球珠《くす》郡と曰ふ。

〈『豊後国風土記』球珠郡〉

E昔者、郡の東にある垂氷《たるひ》の村に、桑有りて生ふ。其の高さ極めて陵《たか》く、枝も幹《もと》も直《なほ》く美《うるは》し。俗《くにひと》、直桑《なほくは》の村と曰ふ。後の人、改めて直入《なほり》郡と曰ふは、是なり。

〈『豊後国風土記』直入郡〉

大きな木によって名付けられたとする由来譚としては、Dは最も素朴な形で、Eはそこに大きさ・美しさの説明も加わるという展開が見られる。但し、地名の由来として見た場合、改められた地名には肝腎の「桑」が欠けてしまっており、大樹による命名の意義が失われてしまっている。なお、D・Eは所謂大樹説話には含まれない。大樹説話は、次の話のような類型的な描写があるものを指すとされている。[12]

F公望《きむもち》の私記《しき》に曰はく、案ずるに、筑後国の風土記に云ふ。三毛《みけ》郡。云々。昔者、棟木一株《あふちひともと》、郡家の南に生ひき。其の高さは九百七十丈《つゑ》なり。朝日の影は肥前国藤津《ふぢつ》郡の多良《たら》の峯を蔽《おほ》ひ、暮日《ゆふひ》の影は肥後国山鹿《やまか》郡の荒爪《あらつめ》の山を蔽ひき。云々。因りて御木《みき》の国と曰ひき。後の人、訛りて三毛と曰ひて、今は郡の名と為《な》す。

〈『釈日本紀』巻十・筑後国風土記逸文〉

右の筑後国風土記逸文記事では、巨木讃美の形容として、「朝日の影は肥前国藤津郡の多良の峯を蔽ひ、暮日の影は肥後国山鹿郡の荒爪の山を蔽ひき」と表現される。このように樹木の影が「朝日は〜、暮日（夕日）は〜」という類型的な表現が文献や地域を越えて散見される故に、この表現を伴う説話が大樹説話（巨木説話）とされる。Eのような話に更に讃美表現が加わった形となっている。D・Eは、土地の樹木による命名ということで、素朴な土地の地名由来譚として見ることが出来る。Fの場合、途中に「云々」による省略があるため、地名を名付ける過程、名付けた人物等が特定出来ないものの、現在伝わる内容からすれば、その土地の大樹が讃美され、それが地名の由来となるという点で、在地の伝承としての要素しか見られない。

巨木は本来在地のシンボルとしての意味合いを持っていたと見られる。Fの記述等を参考としつつ、青木周平は以下のように説く[13]。

それらの樹は、地方に根づいた、その土地の占有権のシンボルとしての神聖な樹である。地名と結び付き、独立した伝承として存在する理由も、その点に認め得るのである。

しかし、こうした話が次のような天皇巡幸説話の中に組み込まれると、中央側の説話として機能するようになる。

G秋七月の辛卯の朔にして甲午に、筑紫後国《つくしのみちのしりのくに》の御木《みけ》に到り、高田行宮《たかたのかりみや》に居《ま》します。時に僵《たふ》れたる樹《き》有り。長さ九百七十丈なり。百寮《ももつかさ》、其の樹を蹈みて往来《かよ》ふ。時人《ときのひと》、歌《うたよみ》して曰《いは》く、

朝霜《あさしも》の　御木《みけ》のさ小橋《をばし》　群臣《まへつきみ》　い渡らすも　御木のさ小橋

といふ。爰《ここ》に、天皇問ひて曰《のたま》はく、「是《これ》、何の樹《き》ぞ」とのたまふ。一老夫《ひとりのおきな》有りて曰《まを》さく、「是の樹は歴木《くぬぎ》なり。嘗未《むかしいま》だ僵《たふ》れざる先に、朝日の暉《ひかり》に当りては、則ち杵島山《きしまのやま》を隠し、夕日の暉に当りては、亦阿蘇山《あそのやま》を覆《おほ》ひき」とまをす。天皇の曰はく、「是の樹は神木《くすしきき》なり。故、是の国を御木国《みけのくに》と号《なづ》くべし」とのたまふ。

〈『日本書紀』景行天皇十八年〉

右の『日本書紀』の話は、Fの記事と同じく御木国の地名由来に関わる話であるが、景行天皇の巡幸説話の中に位置付けられている。そして歌を伴い、倒れた後の巨木は群臣が行宮に行き通う際に踏み渡るものとして、言うなれば天皇に奉仕するものの一部として機能するということが描かれていることになる。このように、中央の歴史叙述に取り込まれることで、中央化されることになるとして、青木周平は以下のように説いている。(14)

在地性の強い巨木伝承が貴人の「巡狩」伝承に取り込まれ、それにさらに歌謡が含まれることによって宮廷伝承として定着するという、伝承の発展経路が考えられる。

その他、大樹説話には、大樹から船を造る話が見られる。

H此の御世に、菟寸河《とのきがは》の西に、一つの高き樹有り。其の樹《き》の影、旦日《あさひ》に当れば、淡道島《あはぢのしま》に逮《いた》り、夕日に当れば、高安山《たかやすやま》を越えき。故、是の樹を切りて作れる船は、甚捷《いとはや》く行く船ぞ。時に、其の船を号《なづ》けて枯野《からの》と謂ふ。故、是の船を以て、旦夕《あしたゆふへ》に淡道島の寒泉《しみづ》を酌みて、大御水《おほみもひ》を献りき。茲《こ》の船、破れ壊れて、塩を焼き、其の焼け遺《のこ》れる木を取りて、琴を作るに、其の音、七里に響きき。爾《しか》くして、歌ひて曰はく、

枯野《からの》を　塩に焼き　其《し》が余り　琴に作り　掻き弾くや　由良《ゆら》の門《と》の　門中《となか》の海石《いくり》に　振れ立つ　なづの
木の　さやさや

此は、志都歌《しつうた》の歌返《うたひかへし》ぞ。

〈『古事記』下巻・仁徳天皇〉

I播磨の国の風土記に曰ふ。明石の駅家。駒手《こまで》の御井は、難波高津宮《なにはのたかつのみや》の天皇の御世、楠《くすのき》、井の上に生《お》ひたりき。朝日には淡路嶋を蔭《かく》し、夕日には大倭嶋根《やまとしまね》を蔭しき。仍ち、其の楠を伐《き》りて舟に造るに、其の迅《はや》きこと飛ぶが如く、一檝《ひとかぢ》に七浪《ななみ》を去《ゆ》き越えき。仍りて速鳥《はやとり》と号く。ここに、朝夕に此の舟に乗りて、御食《おほみけ》に供《そな》へむ

として、此の井の水を汲みき。一旦《あるひ》、御食の時に堪《あ》へざりき。故、歌作《よ》みて止《や》めき。唱《うた》に曰はく、
住吉《すみのえ》の　大倉向きて　飛ばばこそ　速鳥《はやとり》と云はめ　何か速鳥
といふ。
〈『釈日本紀』巻八・播磨国風土記逸文〉

H・Iはともに大樹から船を造る話である。Hは船による天皇の大御水の運搬という奉仕を語り、船が壊れて後も琴となり、その琴の音の響きが天皇の統治領域の広がりを示すというように、どこまでも仁徳天皇の威徳と絡む形で記された話となっている。Iの話も基本は変わらないが、こちらは駒手の御井を主とする話となっている関係からか、役に立たなくなった速鳥（船）を非難する歌の記述で終わっており、大樹そのものを讃美するような話とはなっていない。やはりここにも中央説話と風土記説話との視点の異なりが多少は見て取ることが出来る。

さて、〔A〕の話であるが、単純に巨木を讃美し、それが地名の由来となっているという点においては、Fに近いものであると言えよう。その意味では風土記的な、在地的な説話ということも出来る。しかし、Fでは省略があって曖昧な形となっていたが、〔A〕の場合は明確に日本武尊の巡行説話として位置付けられている点において、中央的な視点を持っていると言える。しかし、巨木自体の天皇家への奉仕を語らない点においては、G程に中央的ということは言えない。そこは風土記の説話である所以であろう。ただ、本来はサカ郡の由来として〔B〕の説話があったところに、〔A〕の話を重ねて来たとするのであれば、国府のある郡名の由来として、天皇巡幸説話の枠内において説明をしようとする意図が強くあったことは想像される。では何故、景行天皇ではなく、日本武尊であったのか。ここで、佐嘉郡郡名記事の前後の記事を確認したい。

（1）琴木岡《こときのおか》　高さは二丈、周り五十丈なり。郡の南に在り。此の地は平原《はら》にして、元来岡《もと》なかりき。大足彦天皇《おほたらしひこのすめらみこと》、

勅して曰《のりたま》はく、「此地《このところ》の形は、必ず岡あるべし」とのりたまひて、群下《まへつぎみたち》に令《みことおほ》せて、此の岡を起《おこ》し造《つく》らしめたまひき。造り畢《を》へし時、岡に登りて、宴賞《うたげ》したまふ。興《さかり》、闌《す》ぎたる後、其の御琴を竪《た》てたまひしに、琴、樟《くすのき》と化為《な》りき。高さは五丈、周りは三丈なり。因りて琴木岡と曰ふ。〈神埼郡〉

（2）宮処郷《みやこのさと》　郡の西南に在り。同じき天皇、行幸しし時、此の村に行宮《かりみや》を造り奉《まつ》りき。因りて宮処郷と曰ふ。〈神埼郡〉

（3）―　佐嘉郡　―〔A〕〔B〕〔C〕

（4）小城郡《をきのこほり》　郷は漆所。里は廾。駅《うまや》は壱所、烽《とぶひ》は壱所なり。
昔者、此の村に土蜘蛛有り。堡《をき》を造りて隠《かく》り、皇命《おほみこと》に従はざりき。日本武尊《やまとたけのみこと》、巡り幸《いでま》しし日、皆悉《ことごと》に誅《つみな》ひたまひき。因りて小城郡と号く。〈小城郡〉

（1）～（4）と並べて見た時に、日本武尊が〔A〕（4）と連続して登場していることがわかる。[15]〔A〕（4）の記事を見ると、書き出しに共通性が見られることがわかる。〔A〕の記事は、「昔者、樟樹一株、此の村に生ひたりき。」で始まる。一方（4）の方は「昔者、此の村に土蜘蛛有り。」で始まっている。『肥前国風土記』の他の記載形式からすれば、ここの「村」の個所は、「この郡に」「この郷に」となるべきところであるが、この二つの話に限って「村」で記されているところから、この二つの記事には関連性が窺える。[16]〔A〕の記事が後から加えられたものであるとするならば、（4）の記述スタイルに合わせ、なおかつ登場する人物もそれに合わせて選択された可能性が考えられる。だが、それのみではなく、前の記事からの関連も考え得る。（1）の記述に注意したい。（1）は琴木岡の命名由来譚だが、既に指摘がある通り、この記事にはいくつかの特徴が見受けられる。ひとつには、『肥前国風土記』の中で唯一、人工的に自然を作り出したという記事である点、また天皇の名が、他が「纏向日代宮御宇天皇」、若しくは「纏向日代宮御宇大足彦天皇」であるのに対し、ここだけが単に「大足彦天皇」となっている点、この話が、天皇の立てた琴が樟に変わるという不可思議な力を説いている点である。それゆえ、この話は、他の巡行説話とは異質であり、前後の記事の間に挿入されたものであると説く見方があるが、その妥当性は高いと思われる。(17)そして、琴の変じた木が「樟」であるという点に注意したい。佐嘉郡郡名由来譚とは勿論場所自体が異なる故に、この樟と、日本武尊が讃美した樟とは別物と見ざるを得ないが、記事編纂のレベルにおいて、この両者の樟を重ね合わせるということを意識していたのではなかろうか。琴の変じた樟は、「高さは五丈、周りは三丈なり」というようにその太さ・長さが記されるが、これも、後の巨木讃美に繋げるための前提として記した物であるとするならば、その成長を印象付ける役割を果たすものと思われるのである。大足彦天皇が起てた琴から変じた樟が、後に日本武尊が巡行に訪れた際に巨木に成長している、そのようにイメージさせることで、本来的には在地のシンボルである筈の巨木の存在が、中央側の説話として機能しうるのであろう。琴木岡は具体的な場所が特定されていない。〔A〕の場合も、先述の通り「此の村」とあるのみで、具体的な土地を明記しない。巨木の影の広がりの様を見ても、「栄国」という讃美表現を見ても、これが佐嘉郡のみに関わる話とは考えづらいのではないか。そもそも大樹による命名ならば、D・Eのように木の名（種類）によって名付けられるか、F・Gのように樹木の存在そのものが名とされるのに対し、〔A〕の場合は、名付け方の質が異なっている。「栄国」は「豊国」と同次元の、一国を示すような讃美表現であろう。それゆえに、この巨木はその場所を特定化されることもなく、広い範囲に関わるシンボル足り得ているのではなかろうか。景行天皇が立てた琴が樟に変じ、後に日本武尊がそれを讃美するという流れがあるとした場合、その間に行宮造営の記事（2）があるというのも、偶然とは思われない。御木国の巨木伝承において、行宮への奉仕が記されていたこととも重なる要素である。行宮は各所に設置されていたであろうが、その行宮の存在がそのまま地名となるという記事は、『豊後国風土記』の直入郡宮処野と、この（2）の宮処郷のみなのである。このように、前後の記事とも関わりながら、この巨木伝承は単なる土地讃めではなく、王権讃美の伝承として形成され、位置づけられたものと思われる。

四　地名由来の重層性

これまで、佐嘉郡郡名起源の〔A〕〔B〕それぞれの説話の特質について考察してきた。ここで、両説話を並記する意味について、検討したい。地名起源の異説並記について、分かりやすく考えるならば、古い在地の伝承が、新しい中央側の伝承に取って代わられていくという考え方となるだろう。[18] 当該の場合も、より在地の視点で描かれた〔B〕が異伝の方に位置付けられ、中央側の視点による、日本武尊の巡狩説話として記される〔A〕の方を本伝として記しているという捉え方をするならば、旧から新へという展開を考えることは可能であろう。しかし、それならば、この場合は旧伝説を削除せずに掲載したまま残したということになるが、当国風土記においては他に一切そうした記載がないところから考えた場合、そう単純な問題ではないように思われるのである。意図的にこの両説が並記されていると考えるべきなのではなかろうか。

すでに述べた通り、本来は〔B〕の話がサカの地名由来として伝えられていた可能性がある。土着の土蜘蛛とその奉祭神、新たなる支配者層からの祭祀の依頼といった土地の歴史がそこには（事実かどうかはともかく土地の語りとして）込められているものと思われる。しかし多くを景行天皇の巡幸説話の中に位置付けていく当国風土記の編述方針に照らし合わせれば、佐嘉郡の郡名由来もその枠組みの中で起源を説こうとするのは当然ではある。ここに、地名に対する土地側の認識と、中央側の土地掌握の意識とが混在することになろう。しかしそれは新旧の起源の対立ということではなく、二つ並べることでより深く、重層的に地名の歴史を説こうとする意識が働いているということではなかろうか。〔A〕はその大樹の蔭の及ぶ範囲の広がりということを考えてみても、肥前国全体を称揚する「栄」による地名命名が記される。これは『豊後国風土記』において国名が「豊」の国と称揚されることと対応するような命名となっている。しかしそれが「佐嘉」と「改」められることで、一つの郡名として定位される。同時に、「佐嘉」という文字表記の由来を説明することになるが、「サカ」の意味内容についてはこの文字使いによって一端無化されることとなる。〔B〕の話は、肥前国全体に亙るような広がりは持たない。その由来が「賢女」であって、「訛」で「佐嘉」になったと語ることで、「佐嘉」の背後に「賢女」の意味を付与する役割を持つことになる。

ここで注意しなければならないのは、起源説明において名付けられた地名と、風土記現在の地名とのすり合わせが、〔A〕の場合は「改」によって、〔B〕の場合は「訛」によってなされているという点である。(19)「改」と「訛」との相違については、必ずしも明らかではない。(20)例えば小林信子は、『豊後』『肥前』両風土記の「訛」「改」形式の違いについて、「訛」形式は地名の権威付けを目的として意図的に解釈された合理的な記事として位置付け、「改」形式の方については、音韻変化に見られる特徴や、地域的な偏りなどを指摘した上で、行政区画に伴う強制的な変更を意味すると推察する。(21)また、大野まゆみは、「訛」「改」使用の意識の相違について論じている。(22)それによると、「訛」は伝承を根拠とした伝承地名を正当なものとする意識があり、「改」には伝承内容とは関わらず、伝承地名の表記をより良いものに改める好字意識が認められるとする。それぞれに首肯される見解であるとは思われるが、ではそれを組み合わせた佐嘉郡の記事はどう考えるべきか。

「訛」は『篆隷万象名義』に「譌字動覺」（「譌」については「五戈反化偽動覺」とあり）、『新撰字鏡』（天治本）の「訛譌」に「二字同又吪字同五和反平／別也動也覚也偽也謂詐偽也言也化也」とあり、偽りの意味を持つ。(23) 良く知られているように、『日本書紀』神武天皇即位前紀には、

方《まさ》に難波《なには》の碕《みさき》に到るときに、奔潮《はやなみ》有りて太《はなは》だ急《はや》きに会ふ。因りて名けて浪速国《なみはやのくに》と為《い》ふ。亦浪花《なみはな》と曰《い》ふ。今し難波と謂へるは訛《よこなま》れるなり。［訛、此には与許奈磨盧《よこなまる》と云ふ。］

とあるのによって、「訛」は「ヨコナマリ」と訓まれる。新編日本古典全集の頭注には「言語・音声の雅正（誤りのないこと）に対してヨコ（横）にナマル（鈍）意。」と説く。(24) 「訛」の字、「ヨコナマル」の語、ともに正しくないものを示すことになる。「改」は意図的に地名表記の変更がなされたということであり、それこそ行政区画上の必要によって記される表記ということになる。「訛」は、「ヨコナマリ」であることからすれば、正当性は元の名の方にあるということになる。だがその発音自体は土地人の発音によって、長い間に変化し、土地の言葉として定着したということを説いていると言えるのではないか。一回的、意図的な「改」とはその点で大きく異なるものと思われる。〔A〕では「栄」↓「佐嘉」という文字上の整備が行われ、〔B〕では更に「サカ」という音の背後に「賢女」という意味を負わせることで、より重層的にこの名の由来を説いたということではなかろうか。(25)

〔A〕〔B〕〔C〕の組み合わせを改めて確認すれば、〔A〕は王権を讃美、〔B〕は土地の支配者層と土着首長とを讃美し、〔C〕は土地神の威力を示すという内容となり、話の次元が〔A〕↓〔B〕↓〔C〕という順で絞り込まれているように思われる。逆にたどれば、〔C〕土地神↓〔B〕土着勢力↓〔A〕天皇家というように、讃美の対象を広げているという効果を示しているようにも思われるのである。

おわりに

上代文献において異伝は様々な形で記される。『日本書紀』一書、『万葉集』或本歌などを含めて考えれば、非常に重要な問題を孕んでいる。しかし、風土記の異伝記載については、あまり話題にされることがない。それだけ扱いにくい問題であるとも言える。

今回は、これまで他の風土記でも扱ってきた風土記地名起源の異伝記載について、『肥前国風土記』佐嘉郡郡名由来記事を対照として検討してみた。在地の視点による記事と、中央側の視点による記事との並記という見方をすれば、特に真新しい読み方でもない。しかし、並記することにどのような意図があったのか、またはどのような効果が期待されていたのかを問うことは、風土記の作品研究として—それが成り立ちうるのかどうかの問題を孕みつつではあるが—必要な考察であるように思われるのである。佐嘉郡郡名由来記事について言えば、在地の視点と中央の視点との対立ということではなく、その両者を記すことで、「佐嘉」という音と表記の背後に含まれた意義を重層的に示そうとする意図によるものであったと結論づけるものである。

【注】

（1）本書第二部第六章、第三部第十三章。

（2）『和名類従抄』元和三年古活字本巻五「肥前國」の項には、「小城［乎岐國府］」とあるが、小城郡域に国庁跡らしきものは見られず、発掘調査の結果、佐賀郡佐賀市大和町の地が現在国庁跡とされている。高瀬哲郎「肥前国府」（小田富士雄編『風土記の考古学5肥前国風土記の巻』同成社、一九九五年一〇月）参照。

（3）もう一例、香島郡角折浜の記事も異説を並記するが、この例では、「謂角折浜」という標目地名提示の後が、写本（菅政友本・武田本・松下本）では小書双行の形で「謂」「或曰」という他に見えない形となっており、単純に他の異説並記と同じようには扱えない例となっている（第一章参照）。

（4）『播磨国風土記』の場合は巻頭記事を欠いているので、国名由来がどういうものであったのか、不明である。国庁所在地については、『和名類聚抄』に「在飾磨郡」とあり（元和三年古活字本巻五）、これを現在の姫路市中心部と考えるならば、『播磨国風土記』飾磨郡十四丘説話の最後に記される丘が「日女道丘」である点、関連性があるのかも知れない。『豊後国風土記』の場合、国名起源や国庁所在の郡（大分郡）の地名由来譚に、特別な意識のようなものは、明確には窺えない。但し、国名由来譚は降臨した白鳥の餅・芋への変化と、土地の豊饒を描く点において非常に讃美意識が強いし、後述するように、「豊」という讃美は、『肥前国風土記』佐嘉郡の「栄」という讃美と性質として通うものがあるように思われる。

（5）金井清一「風土記の交通妨害説話について」『日本文学』（東京女子大学）31、一九六八年一〇月。

（6）『肥前』『豊後』両風土記の「村」の記述については、荻原千鶴に論がある。それによると、「村」は行政区画単位の「郡」や「郷」とは無関係に、標目当該の地域を漠然と指すもので、きわめて曖昧な語であるとする。制度としての地名意識とは異なる、話題となる舞台の地域をさす語であるという。「豊後・肥前国風土記の地名叙述」『國語と國文學』81巻11号、二〇〇四年一一月。

（7）小学館新編日本古典文学全集『風土記』（植垣節也校注・訳、一九九七年一〇月）316頁頭注。

（8）注（5）前掲金井論文。

（9）松下正和は、『播磨国風土記』の例も含めて、交通妨害神を川の女神として捉えている。「荒ぶる女神伝承成立の背景について」（武田佐知子編『交錯する知―衣装・信仰・女性―』思文閣出版、二〇一四年三月）。

（10）注（9）前掲松下論文。

（11）山﨑かおり「上代の土蜘蛛―その宗教性を中心に―」『古代文学』55号、二〇一六年三月。

（12）倉野憲司『古事記の新研究』至文堂、一九二七年三月参照。倉野は大樹の影が朝日夕日に……に及ぶという記述を大樹説話の第一要素とした。

（13）青木周平「巨木伝承の展開と定着」『青木周平著作集中巻古代の歌と散文の研究』（おうふう、二〇一五年一一月、初出は一九七八年一一月）所収。

（14）注（13）青木論文。

（15）それ以外に日本武尊が登場するのは、以下の藤津郡の郡名由来譚のみである。
昔者、日本武尊、行幸しし時、此の津に到りますに、日、西の山に没りて、御船泊てたまふ。明くる旦、遊覧すに、船の覧を大き藤に繋ぎたまひき。因りて藤津郡と曰ふ。

（16）小学館新編日本古典文学全集『風土記』（植垣節也校注訳、一九九七年一〇月）325頁頭注に、「次の小城郡とともに「此郡」の誤写か。あるいは原資料に村の記事があったのか。」と記す。注（6）荻原論文の指摘するように、制度としての地名意識とは異なる、当該地域を指す語として「村」は他にも数例見られる。だが、標目地名に続いて説話内容に入る際に「此の村」で続けるのは、当風土記ではこの二例であるところからすれば、この二つの記事がここに組み込まれた際に生じた共通性として見ることも出来るのではなかろうか。

（17）大鋸聡幸「「大足彦天皇」の姿―『肥前国風土記』神埼郡琴木岡条の記事から―」『風土記の表現　記録から文学へ』笠間書院、二〇〇九年七月。

（18）この点については、以下の論に説かれている。吉野裕・益田勝実「風土記の世界―郷土的連関性から―」『岩波講座日本文学史』第三巻、一九五九年六月。秋本吉徳「地名説話の新古―『風土記』の特質の理解のために―」『國語と國文學』56巻11号、一九七九年一一月。山田直巳「地名起源譚の行方―神話の終焉と歴史時間の成立―」『古代文学の主題と構想』おうふう、二〇〇〇年一一月（初出は一九八四年三月）。

（19）『肥前国風土記』内の「改」は以下の通り。霧之国↓基肄国（基肄郡）、永世社↓長岡社（基肄郡）、酒井泉↓酒殿泉（基肄郡）、鳥屋郷↓鳥樔郷（養父郡）、以上は「後人改」とあるもので、他に、御寐↓御根（神埼郡）で「今字改」とするものが一例見られる。従って佐嘉郡の「後改」という形は他にはないということになる。また、基肄郡・養父郡・神埼郡というように、使用する郡に偏りが見られるのも気になるところである。次に「訛」の例は以下の通り。犬声止国↓養父郡（養父郡）、分明村↓狭山郷（養父郡）、海藻生井↓米多井（三根郡）、囂郷↓蒲田郷（神埼郡）、希見国↓松浦郡（松浦郡）、霞里↓賀周里（松浦郡）、牂戕嶋↓杵島（杵島郡）、豊足村↓託羅

郷（藤津郡）、潮高満川→塩田川（藤津郡）、具足玉国→彼杵郡（彼杵郡）、救郷→周賀郷（彼杵郡）。

(20)「訛」などによる地名改名形式の記事の持つ意味合いや特質について論じたものには以下の論がある。永山勇「風土記における地名説話の種別と展開」『國語と國文學』39巻2号、一九六二年二月。秋本吉徳「風土記研究の地平―文学的研究の視点から―」『日本文学』30巻10号、一九八一年一〇月。近藤信義「地名起源譚と〈音〉―「訛」「誤」「改」をめぐって―」『枕詞論―古層と伝承―』おうふう、一九九〇年一〇月（初出は一九八六年三月）。

(21) 小林信子「九州風土記における地名起源説話の一考察―「訛」形式の記事と「改名」形式の記事の違いについて―」『皇學館論叢』16-1、一九八三年二月。

(22) 大野まゆみ「『肥前国風土記』地名改名記事―「訛」と「改」との差異―」『埼玉大学國語教育論叢』10、二〇〇七年三月。

(23)『篆隷万象名義』は高山寺古辞書資料第一（高山寺資料叢書第六冊、東京大学出版会、一九七七年三月）、『新撰字鏡』は京都大学文学部国語国文学研究室編（臨川書店、一九六七年一二月）による。

(24) 小学館新編日本古典文学全集『日本書紀』①（一九九四年四月）198頁頭注。なお、神武即位前紀の訓読文の引用も同書による。

(25) 重層的に地名由来を説くという意味においては、『播磨国風土記』の「一云」の用法とも通底する。が、より共通性がありそうなのは『常陸国風土記』の国名起源譚である。はじめに中央側との地理的関係によって「近通」→「常陸」の由来が説かれ、後に倭武天皇の巡行記事によって「袖を漬す義」によって国の名としたと記す。そして「風俗諺」として「筑波岳に黒雲挂り、衣袖漬の国というは是なり」とする。伝承上の国名は「衣袖漬国」であり、これが諺として土地に定着をしたと記す。行政上の整備された国名である「常陸国」の背後に、倭武天皇の説話を担った「漬国」という名が負わされ、かつ諺として土地に根付いていることを示そうとするという構成は、佐嘉郡郡名の場合に近いように思われるのである。本書第一部第一章、第二章、参照。

第二部　風土記の作品世界

第四章　『常陸国風土記』「風俗諺」の記載意義

はじめに

『常陸国風土記』には広く知られているように、「風俗諺」と呼ばれるものが記載されている。この「風俗諺」は、「諺」と表現されるものであると同時に、「修飾句＋地名」という構成を持つ故に「枕詞」とも密接な関わりを持つという二重性を有するものであり、また「枕詞」の発生基盤に「諺」の存在を想定する際の有力な資料ともなり得ている。

ところで、一口に「風俗諺」といっても、その形態は一様ではない。少なくとも三種に分類することが出来るが、ここで取り上げたいのは、その内、新治・筑波・茨城・行方・香島・多珂の各郡名について記された「風俗諺」の一群である。それを「風俗諺」のⅠ類として列挙しておくと、以下の通りである。

〈Ⅰ類〉

（1）風俗《くにひと》の諺《ことわざ》に、白遠《しらとほ》ふ新治国《にひばりのくに》と云ふ。
（2）風俗の説《ことば》に、握飯《にぎりいひ》筑波国《つくはのくに》と云ふ。
（3）風俗の諺に、水泳《みづくく》る茨城国《うばらきのくに》と云ふ。
（4）風俗に、立雨《たちさめ》零《ふ》り行方国《なめかたのくに》と云ふ。
（5）風俗の説に、霰《あられ》零《ふ》る香島国《かしまのくに》と云ふ。
（6）風俗の説に、薦枕多珂国《こもまくらたかのくに》と云ふ。

これらは総て地名（郡名）に関わる呼称であり、いずれも「枕詞＋地名」という構成を持っている。このうち、（2）（5）（6）の場合には「風俗説」とあり、（4）の場合には単に「風俗」としかないなど、表記の上で違いはあるのだが、内容的には全く同一のものを導き出す言葉であり、「風俗諺」の範囲に含まれるものである。[1]

本章においては、従来、枕詞論の中で扱われることの多かったこれらの詞章を、『常陸国風土記』の内部に引き戻し、これらの詞章がいかなる機能を果たしているのかを検討することによって、『常陸国風土記』の編者が「風俗諺」を取り込んできた意図を明らかにしたい。

一　「諺」の範囲

まず、これまで「諺」というものがどういうものとして捉えられてきたかを整理しておく必要があろう。「ことわざ」を「神授の詞章」とし、「神の威力」のこもった言葉であると捉えたのは折口信夫であった。[2] この折口の見解を継承する高崎正秀は、次のように述べている。[3]

ことわざはわざ言の逆語序であり後置修飾格であるから、それは神意の籠った詞であり、一語誤たず繰り返すことにより、言霊の発動が見られ、尊く無限の霊威を発揮する呪言であり得た訳である。

「ことわざ」に対するこのような見解は、最も基本となりうる考え方と言って良いであろう。更に折口は、「うた」というものが奇数句からなるのに対し、「ことわざ」の場合には、大体が偶数句であるということも述べている。[4] 小島憲之が、「諺」とは「口頭による表現の修辞」であるとする見方[5]とも通じるものであろう。

ところで、以上のような見解が導き出されてくるその過程には、もちろん「風俗諺」が資料として用いられているのだが、『古事記』『日本書紀』に記載されている「諺」もまた当然重要な資料として扱われているのである。

そこで、『古事記』『日本書紀』に記された「諺」の全用例を列挙してみると、以下の通りである。

雉《きぎし》の頓使《ひたつかひ》〈神代記〉
地《ところ》得《え》ぬ玉作《たまつくり》〈垂仁記〉
堅石《かたしは》も酔人《ゑひひと》を避《さ》る〈応神記〉
海人《あま》なれや己《おの》が物から泣《な》く〈応神記〉
神の神庫《ほくら》も樹梯《はしたて》の随《まにま》に〈垂仁紀八十七年二月〉
佐麼阿摩《さばあま》〈応神紀三年十一月〉
海人なれや己が物に因りて泣く〈仁徳即位前紀〉
鳴く牡鹿《しか》も夢相《いめあはせ》の随《まにま》に〈仁徳紀三十八年七月〉

それぞれ直接「諺」に該当する箇所だけを抜き出してみたのだが、一見してわかるように、『古事記』『日本書紀』において「諺」とされているものは、それぞれの詞章が短い。土橋寛によれば、「諺」とは、神話・伝説・コトワザ・古語・俗語の総称であり、枕詞を含む地名の呼び方もその中に含まれるということであるが、(6)『古事記』『日本書紀』においては、もっと限定された範囲内で「諺」という表記が使用されており、小島が言うところの、「「諺」を更に圧縮した形の『諺』」であり、「文学的律語的に凝縮されたことばの技術」である。(7) また、応神紀三年十月の「佐麼阿摩」の例を除けば、

キギシノ　ヒタツカヒ

トコロエヌ　タマツクリ

アマナレヤ　オノガモノカラネナク

というように、折口が説いた如くに総て偶数句、しかも二句から成っている。先のように「諺」をもっと広い意味で捉えた場合、前掲の用例以外にも「諺」と言えるものが『古事記』『日本書紀』の中から見出し得るであろう。例えば『日本書紀』中の、

此れ、世の人の所謂《いはゆる》「反矢畏《かへしやおそ》るべし」という縁《えに》なり。

世の人、生《いける》を以ちて死《しにたる》に誤つことを悪《い》む、此其の縁なり。〈共に神代紀下九段正文〉

などのように、「世の人」の言葉として記されているものの中にも、「諺」と見られる詞章が存在するのだが、実際には「諺」とは記されていない。その理由として小島憲之は次のように述べている。(8)

やはり「あや」としての不適確性の問題がひそむものではなからうか。「あや」は、長ければ長いだけ人の口より失はれやすく、従つてなるべく短くて最大の効力を生み出すものが生命を得、韻文の如く、一定の音数に整理される。

このように、『古事記』『日本書紀』において「諺」として認定されるためには、相当に厳しい条件を満たさな

ければならなかったもののようである。

二　『常陸国風土記』中の「諺」

では、『常陸国風土記』内においての「諺」はどうであろうか。先に挙げた「風俗諺（説）」のⅠ類六例は、いずれも律語的詞章であり、しかも偶数句（二句）であり、『古事記』『日本書紀』における「諺」と同様に条件を満たしている。だが、このような「枕詞＋地名」の形式を持つ詞章を「諺」という呼称で記す例は、『古事記』『日本書紀』をはじめとして他の上代文献には一切見当たらないということに、取り敢えずは注意しておきたい。

ところで、『常陸国風土記』中には、これ以外にも「風俗諺」として記されているものがあるわけだが、それらは一体どのような詞章であるのかも、ここで見ておく必要があろう。まず、常陸国名の地名起源説話に直結する形で次のような詞章が記されている。

〈Ⅱ類〉

（7）風俗の諺に、筑波岳《つくはね》に黒雲挂《かか》り、衣袖漬国《ころもでひたちのくに》と云ふは是なり。〈総記〉

これもやはり、枕詞的表現を含む地名の呼称を持つ「諺」であるが、先のⅠ類とは様々な点で異なりを見せている。なお、これについては次節で触れたい。

その他、Ⅰ・Ⅱ類と内容的には違いを見せてはいるが、「諺」とされるものが二例ほど見受けられる。

〈Ⅲ類〉

（8）俗の諺に云はく、「筑波峯《つくはね》の会《つどひ》に娉《つまどひ》の財《たから》を得ずあるは、児女《をとこをとめ》とせず」といへり。〈筑波郡〉

（9）風俗の諺に云はく、葦原の鹿は其の味《あぢはひ》爛《くさ》るが若《ごと》く、喫《くら》ふに山の宍《しし》に異なれり。〈信太郡〉

「諺」というものを、広い意味で捉えると、「社会的慣習、真理、教訓を内容とする言い慣わし」と受け取ることが出来る。(9)だが、『古事記』『日本書紀』における「諺」が、もっと限定された狭い意味でのものであることは、先にも述べた通りである。右に挙げたⅢ類の「諺」は、確かに世間通行の社会的慣習を表す言葉、しかも実生活に即したその土地独自の言葉として受け止められるが、決して律語的なものではなく、散文としての詞章である。つまり広い意味での「諺」であって、『古事記』『日本書紀』であれば、「諺」とは認定され得ない類のものなのである。

このように、『常陸国風土記』中の「諺」を見ると、「諺」という語で言い表されるものの内容が極めて広範囲にわたっているということは明らかであろう。逆に言えば、「諺」を広い意味で捉えているのは、『常陸国風土記』のみということになる。

とすると、必ずしも古代において、「諺」が神話・古語・俗語の総称であったとは言えまい。更には、枕詞が一般に「昔からの言いならわし」としての「諺」の一種として理解されていたのかどうかも疑わしく、むしろ『常陸国風土記』においてのみそのように捉えられていると見られるのである。特に「枕詞＋地名」の形態を持つ六例中、「諺」と記されたものが一例しかなく、「説」と記されたものが三例であり、何も記されていないものが一例であることから考えてみると、『常陸国風土記』の内部においてさえも、これらの詞章を「諺」として捉えるという共通の認識が、それほど浸透していたとは思われないのである。従って、枕詞的修飾語を伴う地名の呼称をこのように「風俗諺（説）」として取り込んで来たところに、編者の作為性が窺えるのである。

三　国名起源譚の特異性

次に、先ほどⅡ類として挙げた「風俗諺」の検討に移りたい。と言うのも、Ⅰ類の各詞章が「風俗諺」と呼ばれて来る発想の源がここにあると思われるからであり、なおかつ、このⅡ類の用例の特異性を見ることによって、Ⅰ類六例の性質も理解されてくると思われるからである。

先にも記したようにこの詞章は、常陸の国名起源説話に直結する形で記載されているものである。そこで、とりあえずは国名の起源に関する記事の全文を引用しておくと、以下の通りである。

然号《しかなづ》くる所以は、往来《ゆきき》の道路《みち》、江海《かはうみ》の津済《わたり》を隔《へだ》てず、郡郷《くにこほり》の境堺《さかひ》、山河《やまかは》の峯《を》谷《たに》に相続《あひつづ》く。近通の義《ことわり》を取りて、名称《な》と為《せ》り。或《あるひと》曰《い》はく、倭武《やまとたけ》の天皇、東《あづま》の夷《えみし》の国を巡狩《めぐりみそな》はして、新治《にひばり》の県《あがた》を幸過《すぎいでま》す。国造《くにのみやつこ》毗那良珠命《ひならすのみこと》を遣はして、新に井を掘らしむるに、流泉《いづみ》浄《きよ》く澄《す》み、尤好愛《いたくうつく》し、時に、乗輿《みこし》を停《とど》めて、水を翫《もてあそ》び、手を洗ひたまふ。御衣《みけし》の袖、泉に垂《た》りて沾《ひ》づ。袖を漬《ひた》す義によりて、此の国の名と為り。風俗の諺に、筑波岳に黒雲挂り、衣袖漬の国といふは是なり。

常陸国名の由来について、「然号くる所以は」としてまず「近通」説をあげ、その後「或曰」として別伝を記している（「近通」については第一部第一章参照）。この「或曰」の方の「袖を漬す義によりて、此の国の名と為り」と記された箇所と、「衣袖漬の国」とを関わらせて「風俗諺」が記載されている。

この様に、「風俗の諺に……といふは是なり」として、伝承や説話に「諺」の由来を求めるという記載形態は、『古事記』『日本書紀』の「諺」の総てに関して見られるものである。だが、こうした伝承と「諺」との関係というものが本来的なものではなく、大抵の場合は、ある物語から遊離独立した「諺」が、意味もよくわからなくなり、後にそれを再解釈して二次的三次的な伝承と結びつくという経路をとったものであろうということは、既に折口信夫によって説かれているところである。[10]

この「衣袖漬国」の場合にも、「風俗諺」の方では、「筑波山に雨雲がかかり、雨が降って来て袖をぬらす」[11]と言った意味合いになっているのに対し、説話部では「泉に垂りて沾ぢぬ」とあり、不整合を生じているのである。やはり後次的な結びつけによるものであろう。同じく地名にまつわる詞章でありながら、Ⅰ類の六例の場合には、それぞれの地名起源説話と「諺」とを結びつけようという意図は全くみられないだけではなく、六例総てが注記として記されているわけだが、何故このような違いが生じて来ているのであろうか。

その理由として考えられることは、国名と郡名との違いである。つまり、国名に対しては、他の地名とは異なる特別な意識があると思われるのである。

この常陸の国名に関する地名起源と「風俗諺」との関係の類例としてよくあげられるものに、「伊勢国風土記」逸文の記事がある。伊勢の国号起源説話の中に、次のように記載されているものである。

　古語《ふること》に、神風の伊勢国、常世の浪寄する国と云ふは、蓋《けだ》し此れ、これを謂ふなり。

国号の起源説話の方を見ると、「国は宜しく国神の名を取り、伊勢と号くべし」とあり、伊勢の国号は、天皇側によって征服された国神である伊勢津彦の名を取って命名したことになっており、右に挙げた「古語」とは直接的な関わりを持っていない。その上、これと同様の詞章が、『日本書紀』垂仁天皇二十五年三月条に天照大神による神託として、

「是の神風の伊勢国は、則ち常世の浪の重浪《しきなみ》帰《よ》する国なり。傍国《かたくに》の可怜国《うましくに》なり。是の国に居《を》らむと欲《おも》ふ」と

　　のたまふ。

とあり、先に記した「古語」が説話から見れば、独立した浮遊的なものであることがわかる。にも関わらず、このように国名を含む律語的詞章を、国名起源説話に取り込んでくるという方法は、常陸国名の場合に近いと言えるであろう。(12)

　更に、国名「ヤマト」に関しても、次の様な記述が残されている。

　　饒速日命《にぎはやひのみこと》、天磐船《あめのいはふね》に乗りて太虚《おほぞら》を翔行《かけめぐ》り、是の郷《くに》を睨《のぞ》みて降《あまくだ》りたまふに及至《いた》りて、故、因《よ》りて目《なづ》けて、
　　「虚空《そら》見つ日本《やまと》の国」と曰《のたま》ひき。〈神武紀三十一年四月〉

　この記述は「ヤマト」に「ソラミツ」という枕詞がかかることの由来をあとから説明した起源譚にすぎないものとも言われているが(13)、そこまで言い切ることが出来るかどうか定かではないにせよ、「ソラミツヤマト」という詞章の発生母体がこのような伝承であったとは考えがたいであろう。

　また、出雲の国名起源に関しても、簡単な内容となってはいるが、『出雲国風土記』に次のような記述がある。

　　八雲《やくも》といふ所以《ゆゑ》は、八束水臣津野命《やつかみづおみづののみこと》、詔りたまひしく、「八雲立つ」と詔りたまひき。故、八雲立つ出雲《いづも》と
　　云ひき。

　これもやはり「八雲立つ出雲」という定型的な詞章の由来を、八束水臣津野命の行為（発語）に結びつけることによって説話に仕立てたものと捉えられよう。なお、『出雲国風土記』の中には、これと同様に神の発した言葉によって地名が名付けられたとする起源説話が多く目に付くのだが、そのうち、一例だけ枕詞的表現を含んでいるものがある。楯縫郡久潭郷の記事である。

　　久潭郷《くたみのさと》。郡家の正西五里二百歩。天の下造らしし大神の命、天の御飯田《みいひた》の御倉《みくら》造《つく》り給はむ処を、覔《ま》ぎ巡行《めぐ》り

給ひき。その時、「波夜佐雨《はやさめ》、久多美《くたみ》の山」と詔り給ひき。故、忽美《くたみ》と云ひき。

この説話と、出雲国名の場合との違いは、出雲の方では、「八雲立つ出雲」と言う詞章を引き出すことを目的として説話が形成されているのに対し、この説話の場合には、あくまでも「クタミ」という地名の起源を語ることを目的として、説話の中に枕詞的表現を含む詞章が用いられているということである。

以上ここに挙げた用例を見てわかるように、枕詞的表現を含む地名の呼称である詞章と、それに関わっている説話との間には、不整合もあり、この両者は後次的に結びつけられたり解釈されたりしていると見られるのだが、このように、地名起源説話の中に、枕詞的表現＋地名という詞章を取り込んでくるのは、ほぼ国名の場合に限られていると言って良いであろう。(14) 要するに国名にはそれだけ特別な意識が込められているのであり、『常陸国風土記』中の地名に関わる「風俗諺」の中で、国名の場合のみが例外的な記載形態を取っているのも、かような国名意識によるものである。

では、常陸国名における「特別な意識」と言うものについて、この「風俗諺」の成り立ちをも考え合わせた上で、多少触れておきたい。現在見る形では、「筑波岳に黒雲挂り、衣袖漬国」という部分が「風俗諺」とされているが、本来は「……衣袖漬」の部分までが「諺」だったのではなかろうか。「漬」の下に何か詞句が続いていたかも知れないが、それを推測する手立ては何もない。ともあれ、本来的には地名（国名）とは関わりを持たない、ある「昔からの言い慣わし」としての「諺」であったと見ることは出来ないであろうか。と言うのも、「漬国」を「ヒタチノクニ」と訓むことに問題があるからである。「漬」の字の訓み方は、例えば『新撰字鏡』（天治本）に「漚（漬也、浮也、奈津久、又比太須、又比留保須也）」とあり、一応「ヒタス」と訓むことが出来る。その他には、『万葉集』に、「漬而奴礼計礼」（巻二・一一八）、「霑者漬跡裳」（巻三・三七四）などがあり、「ヒツ・ヒチ」とも訓めるのだが、「ヒタツ」

「ヒタチ」などと訓む確例はない。従って、説話部の「漬袖之義」の場合に「ヒタス」と訓むのは良かろうが、「衣袖漬国」は、「ヒタシノクニ」ということになろう。『万葉集』には、「安佐都由尓毛能須蘇比都知《あさつゆにものすそひづち》」（巻十五・三六九一）という例もあり、「ヒヅチノクニ」とも訓めるかも知れぬが、それでも「ヒタチ」とはかなり懸け離れている。
高橋六二も、「漬」について検討しているが、

> 「袖を漬す義」と「衣袖漬ちの国」と、「漬」字に訓読上の相違ある点を国語学的に明断し得なければ、国号の由来ひいてはこの風俗諺の解明もなしえないであろう。

と述べている。[15] そこで先ほど述べたように、この「風俗諺」が本来は「常陸」という地名に関わるものではなく、この地方独自の「言い慣わし」としての「諺」であったのではないかと思うのである。それを「ヒタシ」「ヒタチ」の音の類似によって、地名に関わる詞章にしたのではあるまいか。「風俗諺」の表記が、「衣袖常陸国」とはなく、「漬国」となっているのもそのような理由による可能性があろう。

　地名起源説話は、中央の側の人物の事績として語られているが、それに対して、地方の（つまりは風俗の）「諺」を地名に関わるものに仕立て、記すことによって、中央的なるものと、地方的なるものの融合を図ったのではあるまいか。このように、元々「諺」であったものが地名に結びつけられることによって、「枕詞的詞章＋地名」という形態をとる他の詞章もまた、「諺」として記載されるようになった、と見ることが出来よう。

四　本文と注記との関係

　それでは、ここで本章の最初に提示した問題、Ⅰ類六例の各郡名にまつわる「風俗諺・説」の検討に戻ること

にする。「風俗諺・説」をもつ郡、新治・筑波・茨城・行方・香島・多珂の各郡は、それぞれ郡名の起源説話を持っている。その内容を見ると、まず説話の主人公たる人物がおり、①その人物の人名によって、②その人物の行為によって、③その人物の発した言葉によって、地名が付けられるという、地名起源説話としては、よく見受けられる型を持って語られている。ところが、「風俗諺・説」として記される詞句は、同一の地名に関わるということを除けば、内容的には全く関わりを持たないものとして記されている。これは、例えば先に見た常陸の国名起源の場合と比較してみれば、その違いは明らかであろう。一例として、新治郡の記事を引用すると、次の通りである。

古老《ふるおきな》の曰はく、昔、美麻貴《みまきの》天皇 馭宇《あめのしたしら》しめしし世《みよ》に、東夷《あづまのひな》の荒ぶる賊《あた》 俗《くにひと》、あらぶるにしものと云ふ。を平討《たひら》げむとして、新治の国の造が祖、名は比奈良珠命《ひならすのみこと》と曰ふを遣はす。此の人、罷《まか》り到りて、新しき井 今新治里に存り。随時《ときどき》に祭を致す。を穿《ほ》る。其の水浄く流る。仍《よ》りて井を治《は》りしを以ち、因りて郡の号《な》に着く。尓《そ》れより今に至るまで、其の名を改めず。風俗の諺に、白遠ふ新治国と云ふ。以下は略く。

右に記した如く、新治という郡名は、比奈良珠命が、新たに「井を治りしに因りて」命名されたものと説明されており、「風俗諺」とは全く関わりを持たない。他の郡に関しても同様である。筑波郡は、筑箪命の名によって命名され、茨城郡は、黒坂命が国巣《くにす》征伐に用いた茨棘によって、行方郡は倭武天皇が巡狩の時にこの土地の形状を褒め称えた言葉によって、香島郡は、香島の天の大神の名によって、多珂郡は、この地を見た建御狭日命の言葉がもとになって、それぞれ名付けられている。そしていずれも「風俗諺・説」は、それらの説話と内容的な関わりを持たない。何故このように、唐突な形で、断片的に記されるのであろうか。

地名起源説話は、言うまでもなく地名の由来を説くことを目的としている。それに対し、「風俗諺・説」は、地名の起源とは関わらないものである。つまり、地名起源説話とは全く異なる目的で記されていると言うことになろう。

そこでまず、これらの「風俗諺・説」が総て注記として記されているということを問題とし、本文と注記との関係という視点から検討してみたい。

『常陸国風土記』の中に見られる注記としては、各郡の四至を記すものや、産物、地形の広さを記すもの、更には歌などがあるが、最も用例が多く、特徴的なのは、「俗」字によって導かれる形をとっているものである。そこで以下に「俗云（曰）」として記載されている注記を分類した上で列挙して行くと、次のようになる。

〔A〕

①俗《くにひと》云はく、「疾《と》き鬼《もの》も鏡に面《むか》へば、自《おのづか》らに滅ぶ」といふ。〈久慈郡〉

〔B〕

②俗云はく、蛇《へみ》を謂ひて夜刀神《やとのかみ》と為《い》ふ。其の形は、蛇の身にして頭《かしら》に角あり。率引《ひきゐ》て難《わざはひ》を免《まぬか》るる時、見る人有らば、家門《いへ》を破滅《ほろぼ》し、子孫《うみのこ》継《つ》がず。凡て、此の郡の側《かたはら》の郊原《の》に甚多《さは》に住めり。〈行方郡〉

〔C〕

③俗の説に、猿の声を謂ひて「ここ」とす。〈久慈郡〉

④俗の語に、鮭の祖を謂ひて「すけ」とす。〈久慈郡〉

〔D〕

⑤俗、「あをに」と云ひ、或は「かきつに」とも云ふ。〈久慈郡〉

⑥俗、「たぎたぎし」と云ふ。〈行方郡〉

⑦俗の語に都知久母《つちくも》、また、夜都賀波岐《やつかはぎ》と云ふ。〈茨城郡〉
⑧俗、加味乃乎止古《かみのをとこ》・加味乃乎止売《かみのをとめ》と云ふ。〈香島郡〉
⑨俗、宇太我岐《うたがき》と云ひ、又、加我毗《かがひ》と云ふ。〈香島郡〉

〔E〕

⑩俗、「よくたまれるみづかな」と云ふ。（能渟水哉）〈茨城郡〉
⑪俗、「あらぶるにしもの」と云ふ。（荒賊）〈新治郡〉
⑫俗、「かみるみ・かみるき」と云ふ。（諸神天神）〈香島郡〉
⑬俗、「いつの」と曰ふ。（器杖）〈信太郡〉
⑭俗、「のり」と云ふ。（海苔）〈信太郡〉
⑮俗の語に、「さち」と曰ふ。（祥福）〈多珂郡〉

〔F〕

⑯俗云はく、「豊葦原水穂国《とよあしはらのみづほのくに》を依《よ》せ奉《まつ》らむと詔《の》りたまへるに、荒振《あらぶ》る神等《かみたち》、……〈香島郡〉
⑰俗曰はく、「美麻貴《みまき》天皇の世《みよ》に、大坂山の頂に、白細《しろたへ》の大御服《おほみそ》に坐して、……〈香島郡〉

以上、六種十七例である。〔A〕〔B〕は共に、その土地における言い伝えとして記されており、〔A〕の方は広い意味での「諺」ともとれそうである。〔C〕は、この地における独特の言い回しを記すもので、それぞれ「古々邑」「助川」の名称に関わらせ、補足的に説明する役割を持っている。〔D〕も、地方語を一字一音表記によって説明しているのだが、⑦⑧⑨など特に常陸地方に限定されるとは思われない言葉もある。〔E〕は単に漢語に対する和語の訓を示したものに過ぎない。〔F〕の二例は、香島天之大神の降臨と祭祀の由来について記されたものである。本文の記載内容を補足する神話となっている。[16]

以上のように、「俗」字によって導かれる詞章は実に多様である。佐藤四信は、「俗」と「風俗」との違いについて、「俗は都の人士より考へる地方一般であり、風俗はその地方の慣習や伝統を指すやうに受けとられる」と述べているが、[17]枕詞的表現を持つ地名の呼称が殊更に「風俗」の「諺・説」とされるのは、このように「その土地独自の慣習や伝統」に基づくものという意識が込められているからであろう。

だが、「風俗」にせよ、「俗」にせよ、どちらも本文に対する注記であるという意味においては同様であり、両者には共通する機能がある筈である。

こうした本文の伝統と「俗」字によって導かれる注記表現との対応関係を、山田直巳は「中心と周縁」の関係として捉えている。[18]山田は、

右の注記のあり方は、漢文表現に掬い取ろうとして、竟になしきれなかったところに施されたものであり、その質を尋ねれば、実に中央的世界に認定されていない言葉であった。つまり、地方的要素なのであり、中央的基準観（＝書くこと）からは、異質にして、かつ留意しなければならないものを、注記として、当地にあるが儘として、残したものと言うことが出来よう。

と述べ、個々の「風俗」「俗」詞章を検討している。そしてその結論として、本文が〈中心＝公的表現＝漢文表現＝文字言語〉であるのに対して、注記は〈周縁＝私的言語＝一字一音表現＝音声言語〉という対応関係を持つ、と説かれている。確かに、本文による伝えには中央的な性質が認められ、それに対して「風俗」「俗」として記されたものは地方的なものであるから、本文と「風俗」「俗」によって導かれる注記との関係を、「中心と周縁」として捉えるこの論理には納得させられる。

ところで、「風俗諺・説」の場合には、一つとして一字一音では記されていない。先ほども紹介したが、高崎正秀が説いている如くに、これらの詞章が「神意の籠つた詞であり、一語誤たず繰り返すことにより、言霊の発動が見られ、尊く無限の霊威を発揮する呪言」であったとすれば、「風俗諺・説」は、他の注記の表現形式に多く見られるような、一字一音であって然るべきところであろうが、実際にはそうなっていない。山田もこの点を問題にしているが、明解な解答は与えられていない。

しかし、注記表現自体が一字一音表記を基本としていることは、歌の記載のしかたを見てもわかる。例えば、新治郡には、「俗歌曰」として、注記の形で次の歌が記載されている。

許智多祁波　乎婆頭勢夜麻能　伊波帰尓母　為弖許母郎牟　奈古非叙和支母

（こちたけば　をはつせやまの　いはきにも　ゐてこもらむ　なこひそわぎも）

一方、筑波郡には、本文中に次の歌が記されている。

愛乎我胤　巍哉神宮（はしきかもわがこ　たかきかもかむみや）

天地並斉　日月共同（あめつちとならび　ひつきとともに）

人民集賀　飲食豊富（ひとくさつどひほき　をしものゆたかに）

代代無絶　日日弥栄（よよにたゆることなく　ひにひにいやさかえ）

千秋万歳　遊樂不窮者（ちあきよろづよに　たのしびつきじ）

一見してわかるように前者は一字一音表記、後者は漢文表記である。石塚晴通氏の説くように、(19)これらは「本文の叙述の一部分であり、語句・文の理解を助けるための注記という性格のものではなく、その叙述自身を目的とした表記」とみられるものである。それがなぜ一方で注記として記されているのかは、国井丈士の言うように

「和文脈と漢文脈という全く撞着する文体を融合させるための苦肉の策」であろう。[20]このように、本文と注記との関係が、基本的には〈漢文表現〉対〈一字一音表現〉であるとするならば、「風俗諺・説」が注記形式で記されるのは何故であろうか。もちろん、先ほど紹介した山田論の如くに、「中心」対「周縁」という関係にもよるであろう。しかし更に、「地名起源説話」対「風俗諺・説」という関係から捉えると、「風俗諺・説」にはどのような意味付けがなされるであろうか。それは、例えば「地名起源説話」が、地名の始原を語ろうとするものであるならば、「風俗諺・説」は、始原から現在へと繋げる役目を果たしているのではあるまいか。「風俗諺・説」は、現在の視点から語られているものと思われる。このような考え方にあてはまる例として、

故、今諺に雉の頓使と曰ふ本是なり。〈神代紀〉

などがあげられるであろうし、更に、

故、俗人古より今に至るまで、黄泉の坂黄泉の穴と号くなり。〈『出雲国風土記』出雲郡〉

などの例もある。これらは、古伝承を現在に結び付けているものである。

注記というものが編者の手になるものであると考える以上、現在の視点から記されるのは当然であるかも知れぬが、『常陸国風土記』中の「俗」字によって導かれる注記も、やはり現在の視点から記されているであろう。「風俗諺」のⅡ・Ⅲ類ももちろん、今現在に通用する、しかも古くからの常陸地方独自の言い習わしであろうし、地方語や、漢語に対して付された和語も、当然「今」生きている言葉である。また、行方郡記載の夜刀神伝承も、本文においては夜刀神の退治及び祭祀起源が語られているのとは別に、「俗」伝承として、土地の人々にとって今現在恐れられる夜刀神＝蛇の脅威が語られているのである。

以上、「地名起源説話」と「風俗諺・説」との間には、「中心」と「周縁」という関係の他に、「過去の出来事」

と「過去と現在とを繋ぐもの」という関係も存在することを見たわけだが、実は、〈本文＝中心＝過去〉という側に立つ伝承の総合体が、「古老伝承」であり、それに対応するものが、「風俗」「俗」の詞章だと考えられるのである。そこで次にその「古老伝承」について考えてみたい。

五　古老伝承と「俗」詞章との対応

『常陸国風土記』の本文の記載の特徴は、「古老曰」として記されるものが数多くみられるということである。それのみならず、全記事の冒頭に、「常陸国の司、解す。古老の相伝ふる旧聞を申す事」とあることからすれば、本文における伝承は、その総てが「古老伝承」と見ることも出来る。とすると、本文と注記との関係を、「古老伝承」と「俗詞章」との対応と見ることが可能となるであろう。では、この「古老伝承」と「俗詞章」とは相互にどのような位置関係を持つのであろうか。それを検討することによって、「風俗諺・説」の位置付けも可能になるであろう。

『常陸国風土記』中において、「古老曰」と直接記されている記事は、全部で二十四例見出される。その内で特に注目すべきことは、二十四例中十七例までが、天皇代を明記していることである。そこで、「古老曰」として記されている全用例の中から、まず天皇代を明示しているものを列挙してみると、次のようになる。

	[天皇代]	[行為者]	[記事内容]	
1	孝徳天皇世	高向臣・中臣幡織田連等	常陸国の沿革	〈総　記〉
2	崇神天皇世	比奈良珠命	郡名起源	〈新治郡〉

3	崇神天皇世	筑箄命	郡名起源	〈筑波郡〉
4	孝徳天皇世	壬生連麿・壬生直夫子等	行方郡の沿革	〈行方郡〉
5	継体天皇世	箭括氏麻多智	夜刀神伝承	〈行方郡〉
	孝徳天皇世	壬生連麿	同　右	
6	崇神天皇世	建借間命	荒賊の征伐	〈行方郡〉
7	孝徳天皇世	中臣子・中臣部兎子等	香島郡の沿革・郡名起源	〈香島郡〉
8	倭武天皇世	天の大神・中臣巨狭山命	神の舟の管理奉仕の由来	〈香島郡〉
9	垂仁天皇世		地名起源（白鳥里）	〈香島郡〉
10	成務天皇世	建御狭日命	郡名起源	〈多珂郡〉

その他、天皇自身を行為者として語るものが七例（景行天皇が一例、倭武天皇が六例）ある。そして残る七例が「昔」「古」或いは「神世」「天地の権輿、草木言語ひし時」などとあるものである。

ここに示されている天皇、或いは天皇代が、史実をそのまま記したものかどうかは別として、少なくとも史実を指向していることは確かであろう。つまり漠然とした「昔」からの伝承としてではなく、歴史的な時間の中に伝承を位置付けようとしているのである。伝承に歴史性を与えることが、即ち伝承の正当性を保証することとなっているもののようである。「古老伝承」という言い方を素直に受け取るならば、いつとも知れない不特定な昔からのものではあるが、内容的には伝統に根付いた正統なる伝承、ということになろうか。そして「古老」とは、そうした伝承を受け継ぎ、後代に伝えて行く存在として捉えられるであろう。だが『常陸国風土記』においては、既に山田直巳が指摘しているように、「古老伝承」は「史実を指向」し、「史実としての時間、確かな時点に足を常に掛けながら記述して行こうとの態度を読み取ることが出来」るのである。[21]そして「古老」は、「規範として」存在し、伝承の「統一者の眼を備え」た存在として登場しているのである。

次に注意すべきことは、「古老曰」として語られる中の地名起源説話は、殆どが中央からやってきた天皇、または天皇の命による派遣者の事跡として語られていることである。元々、『常陸国風土記』には中央から派遣された人物が、国巣や土蜘蛛を征伐するという伝承が多く記されており、中央権力に対する服属の歴史を語ることに主眼がおかれている。

では、そうした「古老伝承」に対して、「風俗」「俗」詞章はどのように捉えられるだろうか。「古老伝承」が歴史意識をもって語られるのに対し、「風俗」「俗」詞章は、先に述べたように、今現在通行している言葉としての意識があると言えよう。「諺」にせよ地方語にせよ、過去のある時点のみにおいて通用するというものではあるまい。文献に記載された時点においてもなお息づいている言葉と捉えることが出来よう。

共に常陸地方に伝わる伝承・詞章でありながら「古老曰」「俗曰」と、質の異なるものが並存しているのは一見矛盾したことではあるが、それは今述べたように、両者が全く異なる意識によって記されていたためである。「風俗諺・説」が注記として記されている理由も、中央的な、そして史実としての確かな時を指向する本文（古老伝承）には含めることの出来ないものとして捉えられていたからに他なるまい。

おわりに

以上の点から、「風俗諺・説」と「地名起源説話」との関係を整理してみたい。結局のところ、本文において

「古老曰」として語られる「地名起源説話」は、歴史的な時間の中で中央側の人物によって名付けられるという形を取ることによって、その土地の歴史を語り、中央への服属を語るという内容を持っているのである。そして、それとは別に中央的なものに対する地方的なものとして、地名の起源を語るのとは異なる次元の詞章として取り込まれて来たものが、「風俗諺・説」であろう。枕詞的表現を含み持つ地名の呼称は、それ自体には称辞としての意味があろう。『常陸国風土記』の編者は、それを殊更に「風俗」の言い伝えとして、地名起源伝承に並記し、かかる重層表現をとることによって、ひとつの地名にまつわる伝承を完結させるという方法をとっているのである。

そしてそれがいかに機能しているかと言えば、歴史的な時間の中で、中央側によって付けられた地名が、「風俗」の「諺」として、枕詞的表現を伴った詞章としてその土地に定着し、現在まで継承されて来ていることを強調し、それによって中央支配の浸透、及び正統性を主張しているものと見られるのである。

【注】

（1）用例（4）の「風俗に」について、角川ソフィア文庫は「諺」の語を補って「風俗の諺に」としているが、写本に「諺」の字は見えないので、「風俗に」のままとして扱った。

（2）折口信夫「日本文学の発生序説・詞章の伝承」（『折口信夫全集』第七巻、中央公論社、一九五五年五月）初出は一九四七年一〇月。

（3）高崎正秀「枕詞の発生―その基礎論―」（『文学以前』桜楓社、一九五八年）初出は一九五五年八月。

（4）注（2）に同じ。

（5）小島憲之『上代日本文学と中国文学』上巻（塙書房、一九六二年九月）第一章（二）「古代に於ける修辞」。

（6）土橋寛『古代歌謡論』（三一書房、一九六〇年一一月）第九章「枕詞の概念と種類」。

（7）注（5）に同じ。

（8）注（5）に同じ。
（9）注（6）に同じ。
（10）注（2）に同じ。
（11）日本古典文学大系『風土記』（岩波書店、一九五八年四月）35頁頭注の解釈によった。
（12）常陸・伊勢の国号起源譚と、「風俗諺」「古語」との間に断層が認められるということについては、既に指摘がなされている。近藤信義「枕詞の発生―名辞と意識―」（シリーズ古代の文学3『文学の誕生』一九七七年一〇月。後『枕詞論―古層と伝承―』おうふう、一九九〇年一〇月所収）。駒木敏「枕詞と地名の始原―主として風土記について―」（『同志社国文学』26号、一九八六年三月）。
（13）土橋寛『古代歌謡全注釈・古事記編』（角川書店、一九七二年一月）274頁。
（14）例外としては次のものがあげられるかも知れない。
　葬具の儀、赤旗・青幡、交雑り飄颺りて、雲と飛び虹と張り、野を瑩らし営路を耀かせり。時の人、「赤幡垂る国」と謂ひき。後世の言に、便ち改めて信太の国と称ふ。〈『常陸国風土記』信太郡〉
しかしこれも結局は「信太国」という名称を引き出すことを目的としているという点では、『出雲国風土記』楯縫郡玖潭郷の場合と同様であると言えよう。
（15）高橋六二「『衣袖漬国』の名義」（『跡見学園国語科紀要』16、一九六八年三月）。
（16）本書第三部第十一章参照。
（17）佐藤四信「常陸国風土記の風俗諺」（『語文（日大）』21、一九六五年六月）。
（18）山田直巳「中心と周縁の文学史―事物起源考（五）―」（『国文学ノート（成城短大）』22、一九八五年三月。後『古代文学の主題と構想』おうふう、二〇〇〇年一一月所収）。
（19）石塚晴通「本行から割注へ文脈が続く表記形式」（『国語学』70、一九六七年九月）。
（20）国井丈士「常陸国風土記の注記形式」（『古代研究』17、一九八四年一一月）。
（21）山田直巳「規範としての『古老』―事物起源考（四）―」（『国文学ノート（成城短大）』21、一九八四年三月。後『古代文学の主題と構想』おうふう、二〇〇〇年一一月所収）。

第五章　『常陸国風土記』倭武天皇の時代認識

はじめに

現存する五ヶ国の古風土記研究に関しては、古風土記を総体として捉える研究方法と、各国風土記の特質を考察する立場の双方がある。場合によっては、総論か各論かの立場の違いが、結論の相違に繋がることもあるが、その際には両者を重ね合い補いつつ研究を深化させていくべきものと思われる。本章では、『常陸国風土記』のみを取り上げ、その記事内容の特質を考えることとする。『常陸国風土記』の場合には、多くの記事において天皇代を記し、時代を明示している。その一方で、「昔」「古」とのみ記して明確な時代設定をしていないように見受けられる場合もある。風土記は『古事記』『日本書紀』と異なり、過去から現在へと直線的に時間が流れてくるわけではなく、個々の話のなかで現在から過去へ遡り、そして現在へと帰ってくる。総論として見た場合、重要なのは諸々の起源を過去に求めるということであって、その時代の正確さは問われないという性質を持つともいえる。それはつまり風土記の記事を整理して年表をつくろうとしても無理であり、また無意味であるということになろうか(1)。しかし、例えば地名の由来を語る際、その命名主体に各国風土記ごとの偏りがあるということは、当然誰でも良かったわけではなく、特定の時代、特定の人物をそれぞれの風土記が指向していると言える。特に『常陸国風土記』の場合には、中央との関わりにおいて描かざるをえない歴史的な記述が多く見られ、それらの記事内容はもちろん個々に独立に存在するものではあるが、他国の風土記に比べて記事相互の関連性・繋がりは強いと言える。そしてその歴史認識は、その成立時代から考えても当然の如く『古事記』『日本書紀』の直線的歴史認識と無関係ではない筈であるが、しかし全く同じではない。『常陸国風土記』独自の時代認識があるのではないか。

本章では、『常陸国風土記』の記事全体に統一的な時代認識が存在したのか否かについて考えて行きたい。

一　時代と人物との対応

『古事記』や『日本書紀』のような直線的に過去から現在へと流れてくる時間の中に神話・説話・系譜を記してくる書物とは異なって、風土記の場合はひとつひとつの短い記述を集めたものである。従って一つ一つの記事内容がそれぞれに完結したものであるならば、『古事記』と『日本書紀』との間に様々な違いがあるように、風土記の中の各々の記述同士においても様々な相違が見出されることになるだろう。具体的に言えば、『常陸国風土記』総記には、

倭武《やまとたけ》の天皇《すめらみこと》、東《あづま》の夷《えみし》の国を巡狩《めぐりみそな》はして、新治の県《あがた》を幸過《すぎいでま》す。国造《くにのみやつこ》毗《ひ》那《な》良《ら》珠命《すのみこと》を遣はして、新

に井を掘らしむるに、流泉《いづみ》浄く澄み、尤好愛《いたくうつく》し。

とあるのに対し、新治郡の郡名由来の記事には、

古老《ふるおきな》の曰はく、昔、美《み》麻《ま》貴天皇《きのすめらみこと》馭宇《あめのしたしら》しめしし世《みよ》に、東の夷の荒ぶる賊《あた》俗、あらぶるにしものと云ふ。を平討《たひら》げむとして、新治の国造が祖、名は比奈良珠命と曰ふを遣はす。

とある。「毗那良珠〈比奈良珠〉の命」という人物が、総記では倭武天皇によって派遣され、新治郡では崇神天皇によって派遣されている。[2]『古事記』『日本書紀』で見ると時代が異なる故に、一つ一つのお互いの記述の整合性に欠けるということになる。が、それは、あくまでも中央的な時代認識を当て嵌めるからこそ不整合になるのである。中央的な天皇代とは異なる『常陸国風土記』の認識によると考えるならば、時代設定に無頓着であったとは言えない。

なお、この「毗那良珠〈比奈良珠〉の命」以外では、同一人物が記事によって時代が異なるということはない。当国風土記で、天皇代が明記されて登場する人物は以下の通りである。

【崇神朝】筑簟命〈筑波郡〉、建借間命〈行方郡〉、大中臣神聞勝命〈香島郡［分注］〉、長幡部遠祖多弖命〈久慈郡〉

【倭武天皇】大橘比売命〈行方郡〉、橘皇后〈多珂郡〉、中臣臣狭山命〈香島郡〉

【成務朝】建御狭日命〈多珂郡〉

【神功皇后時】古津比古〈行方郡〉、多祁許呂命〈茨城郡［分注］〉

【継体朝】箭括氏麻多智〈行方郡〉

【孝徳朝】高向臣・高向大夫〈総記・行方郡・香島郡・多珂郡〉、中臣幡織田連〈総　記・行方郡〉、壬生連

麿〈行方郡〉、壬生直夫子〈行方郡〉、中臣子〈香島郡〉、中臣部兎子〈香島郡〉、石城直美夜部〈多珂郡〉、石城評造部志許赤〈多珂郡〉
【天智朝】藤原内大臣〈久慈郡〉、軽直里麿〈久慈郡〉
【天武朝】建部袁許呂〈行方郡〉、麻績王〈行方郡〉
【文武朝】（慶雲元年）采女朝臣〈香島郡〉、（慶雲元年）鍛佐備大麿〈香島郡〉

総記・行方郡・香島郡・多珂郡等は、建国建郡記事に関わって孝徳朝の記事の中に人物名が多く現れる。その他は崇神朝が比較的多い。孝徳朝の人名以外には複数の記事に同一人物が登場することがないということもあるが、同一人名が複数の時代に跨っているという例は見出せない。言い換えれば、時代が異なれば人物も異なるということである。「毗那良珠（比奈良珠）の命」の一例によって、時代の認識に無頓着であったとは言えまい。むしろ逆に崇神天皇の時代と倭武天皇の時代とはそれほど隔たりがないと見られていた可能性もある。

二　「古」「昔」の時代と天皇の時代

さて、冒頭にも述べたが、以下に示す通り『常陸国風土記』では、多くの記事においてその時代が各天皇の御世のこととして設定される。

崇神天皇四例［分注一］／垂仁天皇一例／倭武天皇一例／成務天皇一例／
息長帯比売一例［分注一］／応神天皇［分注一］／仁徳天皇［分注一］／
継体天皇一例／孝徳天皇五例／天智天皇二例［分注一］／天武天皇二例［分注一］

その他、直接天皇の行動として記される記事に大足日子（景行）天皇二例、倭武天皇十七例がある。また一方で「昔」「古」と記される場合もある。

「古」十九例（含、「古昔」一、「古人」一、「自古」二、「上古」三）

「昔」八例

「古」や「昔」と記されるのは一体何時の時代であろうか。古風土記の「古」「昔」の使用状況を調査した橋本雅之は、「古」「昔」によって記される時代が崇神・倭武・景行・推古など多岐にわたっている点を捉え、「古風土記においては、各天皇の時代は通時的な時間軸にそって存在しているのではなく、昔・古で表される相対化された〈過去〉に横並びに置かれているのである」と説く。そして「歴史そのものを語ることを目的としたものではなく、現在の地名説明のための方法として歴史が存在している」のが古風土記であり、それは自覚的な方法としてあるという。「時間軸にそって記述する態度とは異なって」おり、「時間軸から切り離されている」という。(3)が、果たして本当にそうだろうか。総論として古風土記全体を調査対象とした場合には、かような結論が導き出せるであろうし、風土記編纂の理念とは全体的にはそのようなものであるのかも知れない。だが、『常陸国風土記』に限定して考えるならば、時間軸（通時性を持つ歴史認識）が存在するのではなかろうか。例えば〈香島郡総説〉に記された香島天の大神に関わる記述を見ると、「天地草昧已前」の神々の時代に始まり、崇神天皇の時代、天智天皇の時代というように、通時的に記事が記され、現在に及ぶ。〈久慈郡長幡部社〉の記事においても「珠売美万命、自天降時」という神世の時代から崇神朝へと話が展開している。また、〈行方郡〉の夜刀神説話では、継体朝から孝徳朝へと時代が流れて行く。これらは同一記事の範囲内において見られる歴史的展開であるので、これらをもって『常陸国風土記』全体に通時性があるとは言い切れないが、神の世から人の世へという流れ、また天皇代の流れというものを意識しているのは確かであろう。そして多く天皇代を明記する態度からすれば、単に「古」「昔」とする場合にも、ある程度の時代認識があるのではないか。そこで、以下当国風土記の「古」「昔」を具体的に見てみたい。

【古】

A 古《いにしへ》は、相摸《さがむ》の国足柄の岳坂《やまさか》より 東《ひむがし》の諸の県《あがた》は、惣べて我姫国《あづまのくに》と称ひき。〈総記〉

B 古山の賊《あた》有りき。名を油置売命《あぶらおきめのみこと》と称ふ。〈白壁郡・笠間村〉

C 筑波《つくは》の県は、古に紀国と謂ひき。美万貴《みまき》天皇の世《みよ》に、采女臣《うねのおみ》の支属《やから》、筑簞《つくは》の命を紀国の国造に遣はしき。〈筑波郡〉

D [謂はゆる茨城郡《うばらきのこほり》は、今、那珂郡の西に存《あ》り。古者《いにしへ》、郡家《こほりのみやけ》を置けり。茨城郡の内なり。風俗の諺に水《みつ》泳《くく》る茨城国といふ。]〈茨城郡 [注記]〉

E 古、佐伯《さへき》有りき。手鹿《てが》と名づく。〈行方郡・提賀里〉

F 古に佐伯有りき。名をば曾禰毗古《そねびこ》と曰ふ。〈行方郡・曽尼村〉

G 古、佐伯、小高《をたか》有り。〈行方郡・男高里〉

H 古き伝に曰はく、大足日子《おほたらしひこ》天皇、下総国の印波《いには》の鳥見丘《とみのをか》に登り坐して、〈行方郡・香澄里〉

I 古、国栖、名を寸津毗古《きつびこ》・寸津毗売《きつびめ》と曰ふ二人有り。〈行方郡・藝都里〉

J 南のかたに、童子女《わらは》の松原あり。古、年少き童子《わらは》ありき。〈香島郡・童子女松原〉

K [古に大蛇《おほきへみ》有りと謂ふ。東の海に通《かよ》はむと欲《おも》ひて、浜を掘りて穴を作るに、蛇の角折れ落ちき。因りて名づく。]〈香島郡・角折浜 [注記]〉

L古に国栖《くにす》有りき。名をば土雲と曰ふ。爰《ここ》に、兎上命《うなかみのみこと》、兵《いくさ》を発《おこ》して誅《ころ》し滅《ほろぼ》しき。〈久慈郡・薩都里〉

M古昔、麻、猪水《ぬま》の涯《ほとり》に生《お》ふ。〈行方郡・麻生里〉

N上古の時に、海鯨《くぢら》、匍匐《はらば》ひて来たり臥せり。栗家《くりや》の池有り。〈行方郡・鯨岡〉

O上古、人あり。躰《み》は極めて長大《たけたか》し。身は丘壟《をか》の上に居《お》き、手は海浜《うみべた》の蜃《うむぎ》を摎《と》る。〈那賀郡・大櫛岡〉

P上古の時に、綾を織る機を、此れ知る人在らず。〈久慈郡・静織里〉

Q郎子《いらつこ》を奈美松《なみまつ》と謂ひ、嬢子《いらつめ》を古津松《こつまつ》と称ふ。古より名着けて、今に至るまで改めず。〈香島郡・童子女松原〉

R凡て、諸の鳥の経《わた》り過《すぐ》るは、尽《ことごと》に急《すみやか》く飛び避けて、峰の上に当ることなし。古より然為《しかし》て、今も同じ。〈久慈郡・賀毗礼之高峯〉

S古の人常世国と云へるは、蓋し疑ふらくは此の地か。〈総記〉

【昔】

a古老の曰はく、昔、美麻貴《みまき》天皇駁宇《あめのしたしら》しめしし世に、東夷《あづまのひな》の荒ぶる賊《あた》　俗、あらぶるにしものと云ふ　を平討《たひら》げむとして、新治の国の造が祖、名は比奈良珠命と曰ふを遣はす〈新治郡〉

b古老の曰はく、昔、神祖《みおや》の尊《みこと》、諸神《もろかみ》たちの処に巡り行でまして、駿河国福慈岳《するがのくにふじのやま》に到り、卒《つひ》に日暮に遇ひて、過宿《やどり》を請欲《こ》ひたまひき。〈筑波郡〉

c古老の曰はく、昔、国巣《くにす》　俗の語に、都知久母《つちくも》、また、夜都賀波岐《やつかはぎ》といふ。山の佐伯・野の佐伯あり。〈茨城郡〉

d昔、倭武天皇、岳《やま》の上に停留《とど》まりたまひき。〈茨城郡・桑原岳〉

e其の地に、昔、水の沢有りき。今も霖雨《ながあめ》に遇へば、庁《まつりごとどの》の庭に湿潦《いさらみず》す。〈行方郡〉

f東の山に石の鏡あり。昔、魑魅《もの》在り。萃集《あつま》りて鏡を翫《もてあそ》び見る則ち、自《おのづか》ら去る。〈久慈郡・河内里〉

g昔は遇鹿《あふか》と号《なづ》く。古老曰はく、倭武天皇、此《ここ》に至りたまひし時に、皇后《おほきさき》、参り遇ひたまふ。因りて名づく。〈久慈郡・助川駅家〉

h昔、倭武天皇、舟に乗り海に浮びて、島の磯を御覧《みそこな》はしき。種々《くさぐさ》の海藻《め》、多《さは》に生ひ茂榮《しげ》る。因りて名づく。今も然《しか》なり。〈多珂郡・藻島駅家〉

多くの場合、具体的な時代を設定しないのだが、「古」の場合、崇神朝（C）・景行天皇（H）・倭武天皇（I）に関わるのがそれぞれ一例ずつ、「昔」の場合は神が一例（b）、崇神朝一例（a）、倭武天皇に関わるのが三例（d・g・h）である。つまり、「古」「昔」において表される時代の中で、それが天皇・天皇代と結び付けられた例を参考にするならば、「古」「昔」で表される時代は、天皇代で言えば崇神・景行・倭武天皇の時代を指すということになる[4]。『常陸国風土記』においては、崇神・景行・倭武天皇の時代とそれ以後の時代との間に境界線を設定しているのではなかろうか。『常陸国風土記』の天皇関連記事について論じた横山佳永子は、

> 近つ代の天皇代を記すのにも「昔」という語句を併記している播磨国風土記などと比較すると、編述者が時代の遠近を把握している、時間を意識して編纂している姿勢が伺える。

と指摘している[5]。

また、崇神・景行・倭武天皇の時代とそれ以降の時代との隔たりは、地名起源説話の状況とも重なってくるものである。『常陸国風土記』の中には四十九の地名起源説話が見られるが[6]、その内容は以下の通りである。

※土地の状勢・地形等＝八例

機を織る行為＝一例　　「古」のP

蛇＝一例　　　　　　　　「古」のK
鯨＝一例　　　　　　　　「古」のN
躰長大人＝一例　　　　　「古」のO
佐伯・国栖の名＝四例　　「古」のEFGI
黒坂命＝二例　　　　　　「昔」のc
兎上命＝一例　　　　　　「古」のL

崇神朝（ヒナラス命）＝一例
（筑箪命）＝一例
（建借間命）＝四例
伊久米（垂仁）天皇の世＝一例
倭武天皇＝十七例
大足日子（景行）天皇＝一例

成務朝＝一例
息長足日売皇后時＝一例
孝徳朝＝一例
国宰・久米大夫の時＝一例

国宰・川原宿祢黒麻呂の時＝一例

時代のはっきりしないものが十九例あるが、その内、土地の状勢・地形等に該当する八例を除くと、すべて先の「古」「昔」の例の中にあるものである。つまり時代は明示していなくとも、何らかの存在によって地名が名付けられる場合、その時代は「古」「昔」で表されていることになる。崇神・垂仁・景行・倭武天皇が二十五例。「国宰」の二人の時代は明確ではないが、「国宰」が「国司」を意味するところから大化以後の人物だと考えると、成務朝以降が五例となる。倭武天皇の例が圧倒的に多いせいもあろうが、おおかた地名起源の時代としては「古」「昔」の時代若しくは崇神天皇・倭武天皇の時代を中心とするという傾向にある。とするならば、やはり「古」「昔」の時代と崇神天皇・倭武天皇、加えて大足日子（景行）天皇・伊久米（垂仁）天皇の時代には重なりが感じられる。

三　征討の時代から巡行の時代へ

それでは、崇神・垂仁・景行・倭武天皇の相互の時代的前後関係はどう考えれば良いのだろうか。垂仁・景行は用例が少ない故、とりあえず崇神天皇と倭武天皇とで考えてみたい。先に見た「毗那良珠（比奈良珠）の命」の例から考えてわかるようにこの両天皇の時代は極めて近いものとして認識されている。また、〈香島郡総説〉香島天の大神鎮座由来記事を参照すると、崇神朝は大神による託宣があった時代として設定されているが、倭武天皇の世も、「津の宮」への御舟献上の由来譚として、大神が中臣臣狭山命に託宣を下したという説明がなされている。この話は、倭武天皇が話のなかに登場せず、唯一「世」として記される例であり、重要な意味をもつ。『常陸国風土記』は省略本であるが、志田諄一の意見を参照するならば、倭武天皇に関わる記述と神社に関わる記述は省略しないという方針があったのではないかという。(7) とするならば、これ以外に倭武天皇の時代を描いた記述のあった可能性は少ない。唯一「世」の記事があることが何故重要かと言えば、倭武天皇が『常陸国風土記』の中で、単なる巡行者として描かれるだけではなく、はっきりと世代、御代が存在したものとして認識されていたということを示すからである。そしてその時代は、香島天の大神による託宣の時代として位置づけることで、やはり崇神朝と近い時代として設定されていると思われるのである。では両者は同一時代の存在として認識されているのであろうか。両者ともに天皇として描かれる以上、同時代の存在として認識されていたとは考えにくい。

まず、先述の神世から天皇の世への流れで見ると、〈香島郡総説〉では、「天地草昧已前」という神々の時代の次に崇神天皇の時代の記述が来ており、また、〈久慈郡長幡部社〉の記事においても、「珠売美万命、自天降時」という神世の時代から崇神朝へと話が展開している。つまり、神世に続く天皇の世の初めに崇神朝を設定しているのである。

次に注意されるのは、「古」「昔」の記事には国巣・佐伯等の異族関連の記事が多く見られることである。「古」のB・E・F・G・I・L、「昔」のa・cの八例、その内、「古」I・L、「昔」a・cの四例は征討記事である。明確な事は言えないが、行方郡板来郷の「建借間命」による異族征討記事、及び「昔」aの征討記事が崇神朝のこととして記されていることを考慮するならば、崇神朝は国巣や佐伯征討の時代として位置付けられていると考えて良いのではないか。つまり、『古事記』『日本書紀』、とりわけ『日本書紀』において日本武尊の功績とされる蝦夷征伐に関わる出来事は、『常陸国風土記』では崇神朝に設定されていると思われるのである。そして倭武天皇の時代は、征伐を終えた後の、巡行の時代として位置付けられていると見られる。

先の香島郡の「世」の例を除くと、倭武天皇が行動する記述は十七例に及ぶ。「倭武天皇」と明確に記されるのは十四例。単に「天皇」とあるのが二例、主語を示さないのが一例あるが、前後の文脈から倭武天皇の行為であると判断される。それらの記事の行為の内容を確認すると、以下のようになる。

（1）巡狩・井を掘らせる。　国名起源〈総記〉
（2）巡幸。　地名起源〈信太郡・能理浜村〉
（3）岳上停留。御膳進奉。　地名起源〈茨城郡・田余里〉
（4）巡狩。海北征平。清水頓幸。　井泉起源〈行方郡・総記〉
（5）幸。御膳進奉。四望。　郡名起源〈行方郡・総記〉
（6）幸。　河名起源〈行方郡・無梶河〉
（7）鴨を射る。　地名起源〈行方郡・鴨野〉
（8）巡幸。佐伯略殺。　地名起源〈行方郡・当麻〉
（9）幸。国栖斬滅。　地名起源〈行方郡・芸都里〉
（10）停宿。　地名起源〈行方郡・波須武野〉
（11）宮に坐す。　地名起源〈行方郡・大生里〉
（12）后に遇う。　地名起源〈行方郡・相鹿里〉
（13）停宿。御膳を進める。　地名起源〈香島郡・角折浜〉
（14）命名行為。　郡名起源〈久慈郡・総記〉
（15）皇后に遇う。　旧名（遇鹿）起源〈久慈郡・助川驛家〉
（16）巡。頓宿。皇后と海山の幸を競う。　地名起源〈多珂郡・飽田村〉

（17）舟に乗り海に浮かぶ。島磯を御覧す。　地名起源〈多珂郡・藻島驛家〉

全体が地名起源説話となっている点については先にも触れたが、ここで確認すべきなのは、一見して明らかなようにその殆どが巡幸記事であるということである。（4）には「海の北を征平《ことむ》けたまふ」とあるが、実際には平定記事はなく、清水で手を洗ったと記すのみである。（8）（9）では、佐伯・国栖を殺害する話を載せるが、その内容は以下の通りである。

（8）倭武天皇、巡り行《いでま》して此の郷を過ぎたまふ。佐伯有り。名を鳥日子《からすひこ》と曰ふ。其の命《みこと》に逆《さか》ひしに縁《よ》りて、随便《やす》く略殺《ころ》したまふ。

（9）古、国栖《くにす》、名を寸津毗古《きつびこ》・寸津毗売《きつびめ》と曰ふ二人有り。その寸津毗古、天皇の幸《みゆき》に当り、命に違《たが》ひ化《おもぶけ》に背き、甚《いた》く粛敬《ゐや》無し。爰《ここ》に御剣を抽《ぬ》く登時《すなは》ち斬《き》り滅《ころ》したまふ。

ともに佐伯・国栖の「逆命」「違命」が理由で殺されている。始めから征討のためにやってきたのではなく、あくまでも巡幸途中の出来事として語られているのである。

倭武天皇以前は、天皇が直接常陸国にやってくることはなく、派遣された人物が異族を征伐するという形を取る。天皇自身は動かない存在としてある。倭武天皇は、常陸に直接やってきた最初の天皇の位置にいる。要するに段階として〈征討の時代→巡行の時代〉という推移が描かれているということではあるまいか。

ところで、大王行幸の目的という点について、仁藤敦史は、以下のように述べている[8]。

> 第一に、在地首長層がそれ以前に執行してきたさまざまな機能を大王に委譲する儀礼の場として行幸がまず利用されたことが確認できる（服属儀礼）。第二に、行幸は在地首長層から委譲された権能を大王自らが確認、行使する場であったといえる（国見・国讃め・狩猟・征旅）。ともあれ、大王行幸が単なる「御遊覧」の場でな

いことだけは明らかである。大王の有するさまざまな権能の多くは在地首長層から委譲されたものである以上、彼らとの関係を維持することなしに自己の支配は完結しないのであり、定期的な大王行幸はその関係を維持する必須の行事であったと考えられる。大王の支配があくまで「首長制の生産関係」に規定される以上、「移動する大王」という性格は在地首長層との関係を維持しなければならない大王の支配形態にとって本質な要素であったといえる。

歴史事実と歴史叙述を混同することには問題があるが、叙述は歴史認識に基づいて展開されるという前提で、右の解説、とりわけ第二の意義を参考とするならば、崇神朝の征討事業の完成のためには天皇自らによる行幸が必要不可欠であったものと考えられ、『常陸国風土記』ではその役割を倭武天皇に与えたということになろう。展開としては征討の後に巡行があり、そして更に動かない天皇の時代へと移行してゆくと思われるのだが、この点は天皇の名称の記載方法と関係してくるのではないか。以下に天皇の表記を並べて見る。

【天皇表記一覧】（○は御世、◎は直接の行動、［　］は分注記事であることを示す）

崇神天皇○美麻貴天皇馭宇之世〈新治郡〉

○斯貴瑞垣宮大八洲所馭天皇之世〈行方郡・板来村〉

○初国所知美麻貴天皇之世〈香島郡〉

○［俗曰美麻貴天皇之世］〈香島郡〉

○美麻貴天皇之世〈久慈郡・太田郷・長幡部社〉

垂仁天皇○伊久米天皇之世〈香島郡・白鳥里〉
景行天皇◎大足日子天皇〈信太郡〉
　◎大足日子天皇〈行方郡・香澄里〉

成務天皇○斯我高穴穂宮大八洲照臨天皇之世〈多珂郡〉
神功皇后○［息長帯比売天皇之朝／品太天皇之誕時］〈茨城郡〉
仁徳・天武○［本八戸難波天皇之世／飛鳥浄見原大朝］〈香島郡〉
継体天皇○石村玉穂宮大八洲所駁天皇之世〈行方郡・椎井池〉
孝徳天皇○難波長柄豊前大宮臨軒天皇之世〈総記〉
　○難波長柄豊前大宮駁宇天皇之世癸丑年〈行方郡〉
　○難波長柄豊前大宮臨軒天皇之世〈行方郡・椎井池〉
　○難波長柄豊前大朝駁宇天皇之世己酉年〈香島郡〉
　○難波長柄豊前大宮臨軒天皇之世癸丑年〈多珂郡〉
天智天皇○淡海大津朝〈香島郡〉
　○［謂淡海之世］〈香島郡・寒田〉
　○淡海大津大朝光宅天皇之世〈久慈郡〉
天武天皇○飛鳥浄御原大宮臨軒天皇之世〈行方郡・麻生里〉
　○飛鳥浄見原天皇之世〈行方郡・板来村〉

これも一見して分かるように、成務朝以前と以後とでは大きく変化している。「古」「昔」の時代である崇神朝の場合、宮名記載のあるのは一例、その他かなり表記にばらつきがある。崇神朝の次の時代に属すると思われる垂仁・景行、それに倭武天皇の場合には宮名記載は一切見あたらず、逆に成務朝以降となると、殆どの場合に宮名が記される。この顕著な傾向については、既に橋本雅之に指摘があり、その意義付けについては、「あるいは、これら多様な表現を、編者の潤色と考えることも出来るかもしれないが、その様な潤色を施す必然性は低いように思われる」と述べている。(9)しかし、征討の時代・巡幸の時代、動かない天皇・移動する天皇という観点から考える時、天皇号の記載方法についても意識的な書き分けがなされていると考えられる。(10)

四　倭武天皇の問題

景行天皇・倭武天皇の時代が、巡行の時代として認識されている点は間違いあるまいが、肝腎なのは何故景行天皇ではなく倭武天皇かという点であろう。『肥前国風土記』のように景行を中心としたり、『豊後国風土記』のようにすべて景行の巡行とすることも可能であったはずだ。巡行の主体が「天皇」である必要があるのならば、当国風土記中にも二例見られるように「大足日子天皇」の事跡として記すことは可能であったろう。これについては、例えば倭武天皇が『古事記』『日本書紀』の「ヤマトタケ〔ル〕」と同一人物であるとした場合、何故『常陸国風土記』では天皇とされるのか、という問題とはひとまず切り離して考えてみる必要があるのではないか。

理由はいくつか考えられる。中央側の歴史記述において、景行天皇が東国へ巡行した記載が乏しいこと。(11)『古事記』のように「動かない天皇」としてのイメージの強い伝えが存在すること。逆にヤマトタケ〔ル〕は「動く王」としてのイメージが強くあり、『古事記』『日本書紀』では東国征討の主役とされていることなどである。だが、ここでより重要なのは、『常陸国風土記』内部からの要請という視点で考えるということである。その場合、最も大きな理由として考えられるのはその名前である。「移動する天皇」という意味合いにおいて、景行天皇・倭武天皇には宮名記載がない。この両者の内、特に倭武天皇の場合、その名はヤマト王権そのものを示し得るものと思われる。つまり倭武天皇（と表記される人物）の巡行は、ヤマト王権の勢力の、常陸国への浸透を示すものであり、〈ヤマト〉対〈ヒタチ〉の関係から〈ヤマト〉＝〈ヒタチ〉、若しくは〈ヤマト〉に含まれる〈ヒタチ〉という関係へと変質していく過程を描くものなのではあるまいか。天皇として来臨するヤマトタケ（ル）は、ヤマト王権の外部化、具体的表象に他ならないのである。

『古事記』の場合の倭建命は、暴力的に描かれ、父景行天皇に疎まれるが、これは天皇家の秩序、王権の論理の範囲内に収まりきらない人物であることを意味している。『日本書紀』では、王権の論理・秩序の範囲内において行動する人物として描かれている。その点において『常陸国風土記』に近い。だが『古事記』『日本書紀』においてはあくまでも征討の時代の存在であるが故に天皇として描かれる必然性はない。『常陸国風土記』ではヤマト王権の論理・秩序を体現し、浸透させる存在として描く必要から「天皇」として位置付けられているのではないか。倭武天皇は、「倭武」という名を背負い、地名の起源に関わっていくことでヤマト王権の浸透を果たしていく。そのように描くのが『常陸国風土記』の編述方針であり、筆録方法であったと考えられる。

おわりに

本章では、『常陸国風土記』の記事全体に統一的な時代認識が存在するか否かを検討してきた。倭武天皇の問題はなお考えるべき点はあるが、「古」「昔」の用例や各天皇関連の記事を通して見れば、時代認識の存在は確認されるのではないか。問題として提起したかった点は、風土記の記事内容を個々ばらばらに検討・分析するのみではなく、各国の風土記それぞれの統一性、記事相互の関連性を考えることによって、風土記の新たな作品世界が見えてくるのではないかということであった。多少なりともその可能性が示し得ていれば幸いである。

【注】

（1）橋本雅之は、風土記の基本認識は各記事を叙事的に記述するという点にあり、編年を指向しないことを指摘している。（「古風土記がめざしたもの―「古老相伝」を手がかりとして―」『上代語と表記』西宮一民編、おうふう、二〇〇〇年一〇月。後『古風土記の研究』和泉書院、二〇〇七年一月所収）。

（2）『先代舊事本紀』巻十「国造本紀」には「新治国造　志賀高穴穂朝御世。美都呂岐命児比奈羅布命定賜国造」と見え、成務朝の人物とされる。

（3）橋本雅之「古風土記における過去と現在―古風土記編纂の視点―」（『古事記年報』43号、二〇〇一年一月。後『古風土記の研究』和泉書院、二〇〇七年一月所収）。

（4）神の一例は所謂「福慈と筑波」の話であるが、この話の中では神祖尊の言葉として「人民不登」「人民集賀」等と見えており、時代認識としては「神世」とは異なるものと思われる。

（5）横山佳永子「『常陸国風土記』における天皇関連記事―定型句「古老曰」との関わりから―」（『古事記年報』43号、

二〇〇一年一月）。

（6）この用例数は、「或曰」の場合の数え方や、地名起源説話の認定のしかたによっては異なるものである。

（7）志田諄一「『常陸国風土記』の省略事情」（『常陸国風土記』と説話の研究』雄山閣出版、一九九八年九月）。

（8）仁藤敦史「古代王権と行幸」（『古代王権と祭儀』黛弘道編、吉川弘文館、一九九〇年一一月）。

（9）橋本雅之「『常陸国風土記』注釈（一）総記」（『風土記研究』19号、一九九四年一二月）。

（10）ただ、この点については他国の風土記も合わせて考える必要があるかも知れない。例えば景行天皇の場合、常陸・播磨ではオホタラシヒコ天皇（または命）とあるのに対し、出雲・豊後・肥前では宮名「纏向日代宮」を記す傾向にある。これは所謂和銅風土記と天平風土記との違いである可能性も考えられる。また播磨の場合、例えば仁徳天皇は宮名「難波高津宮」が記されるが、応神天皇に関しては「品太天皇」とあるのみで、宮名は記されない等、各天皇による相違が見られる。これらの点については、今後更に考えて行きたい。

（11）景行天皇の東国巡幸は『古事記』には見えない。『日本書紀』では、景行天皇五十三年秋八月から十二月にかけて東国巡幸の記事を載せる。その目的については「冀はくは、小碓王（日本武尊）の平けし国を巡狩まく欲し」と語っている。

※付記　倭建命（『古事記』）・日本武尊（『日本書紀』）・倭武天皇（『常陸国風土記』）の訓み方について付言しておきたい。角川ソフィア文庫監修の中村啓信は、「ヤマトタケと訓むべき論」（『古事記の本性』おうふう、二〇〇〇年一月。初出は一九八七年六月）において主張しているように、一貫して「ヤマトタケ」と訓んでいる。しかし筆者は、それぞれの書に描かれた「ヤマトタケ（ル）」の人物像、及び文字表記の相違により、倭建（ヤマトタケル）、日本武（ヤマトタケ）、倭武（ヤマトタケ）と訓み分けている。

第六章　『常陸国風土記』多珂郡「サチ争い」説話の意義

はじめに

『常陸国風土記』の倭武天皇の捉え方については、『古事記』の倭建命、『日本書紀』の日本武尊との関係において、論者によって立場の相違が見られる。大まかに言えば、『記』『紀』とは異なる、常陸独自の在地伝承を想定する立場や、『記』『紀』以前の歴史認識、若しくは歴史叙述の残存とする立場などがある。また、『記』『紀』の記述との関連を見る立場では、『常陸国風土記』から『記』『紀』へという流れ、『記』『紀』から『常陸国風土記』へという流れ、双方向の影響関係の可能性が考えられるし、『記』『紀』そのものではなく、原資料との関わりも想定する必要も出てくる。その関係も、反発する関係、利用する関係など、考え方は様々にあり得る。また、関係の仕方を具体的に検証するには、双方の成立時期、成立過程も検討する必要が出てくる。本論の目的は、『常陸国風土記』という固有の文献内における倭武天皇の位置付けや存在意義について考える点にある。また、断片的記事ではあっても、その配列にはある種の構成意識を見ることが出来ると考えられるので、その点からも検討して行きたい。従って厳密に言えば、『記』『紀』を参考とするのは、方法的に問題があるのかも知れない。が、『常陸国風土記』の倭武天皇は、中央側の歴史叙述、とりわけ『日本書紀』、若しくは『日本書紀』の原資料を参考としつつ、独自に形成された記事が多いのではないかという見通しを立てている。『記』『紀』に記載されたような説話や文章を参考としつつ、在地の伝承を基としながらも特定の意図を持って記された、作為的な記事があるものと思われるのである。今回は多珂郡飽田村の記事を中心に、その点について考えてみたい。

一　記事内容の検討（1）狩への誘い

多珂郡飽田村には次のような話がある。

其《そ》の道前里《みちのくちのさと》に、飽田村《あきたのむら》あり。古老曰はく、倭武天皇、東《ひむがし》の垂《ほとり》を巡らむとして、此の野に頓宿《やど》りたまふ。人有り、奏して曰さく、「野の上に群るる鹿、数無く甚《いた》く多し。其の聳《そび》ゆる角は、枯れ蘆の原の如く、其の吹気《いぶき》を比《たと》ふれば、朝霧の立つに似《の》れり。又、海に鰒魚《あはび》有り。大きさ八尺《やさか》の如し。并諸種《くさぐさ》の珍しき味《あぢは》ひ、遊《すな》漁《どり》の□多し」とまをす。是に、天皇、野に幸す。橘皇后を遣して、海に臨みて漁《すなど》らしめたまふ。捕獲《えもの》の利《さち》を相競ひて、山と海との物を別き探りたまふ。此の時に、野の狩は、終日《ひねもす》駈り射つれども、一つの宍《しし》をだに得たまはず。海の漁《すなどり》は、須臾《しまし》がほとに才《よ》く採りて、尽に百の味を得たまふ。猟《かり》と漁《すなどり》と已に畢《を》へて、御膳《みけつもの》を羞《すす》め奉る時に、陪従《まへつきみ》に勅して曰りたまはく、「今日の遊《あそび》は、朕《あれ》と家后《きさき》と、各、野と海とに就きて、同《とも》に祥福《さち》俗の語に、佐知と曰ふを争へり。野の物は得ずといふとも、海の味は尽に飽き喫《くら》ひつ」とのりたまふ。後の代に跡を追ひて、飽田村と名づく。

右の話は、倭武天皇と橘皇后が、土地人の進言を受ける形で、それぞれ山と海とに分かれて所謂「サチ争い」を行うという内容になっている。そして倭武天皇は全く獲物を得られず、橘皇后は僅かの間に無数の海の幸を得たという話である。基本的には地名起源説話であるから、海の味わいを飽きるほど食べたという内容が「飽田」という土地の名の起源となるという話なので、その結末に至る過程には、さほど問題はないという見方も成り立ち得る。しかし、いかにして名付けられたのか、その所以は名付けられた地名及び土地の本質に関わるであろうから、由来の内容が何でも良かったと考えることは出来まい。何故天皇と皇后はサチ争いをしたのか（サチ争いを記すことの意義）、また、何故倭武天皇は獲物を得られなかったという展開となるのか（狩猟の失敗を描くことの意味）、これらの問題は、この話の舞台である多珂郡飽田村の位置付けとも関係していよう。

まずは内容を検討して行きたい。この説話は後に触れるように、土地の伝えとみる向きもあるが、説話内容にみる類型的な表現や型からするならば、全体としては独自の伝承となってはいるものの、文章から見れば、他の説話により、風土記編纂に近い段階で作成・整理された話である可能性が高い。まず、倭武天皇を狩へ誘う部分から見ていきたい。この表現には以下のような類型が見出される。

①『日本書紀』景行天皇四〇年是歳

是の歳に、日本武尊、初めて駿河に至りたまふ。其の処の賊、陽《いつは》り従ひて、欺きて曰く、「是の野に、麋鹿《おほじか》甚だ多し。気《き》は朝霧の如く、足は茂林《しきはやし》の如し。臨《いでま》して狩りたまへ」【是野也麋鹿甚多。気如朝霧、足如茂林。臨而応狩。】といふ。日本武尊、其の言を信《う》けたまひ、野中に入りて覓獣《かり》したまふ。賊《あた》、王《みこ》を殺さむといふ情有りて　王とは、日本武尊を謂ふ。　火を放《つ》けて其の野を焼く。王欺かえぬと知ろしめして、則ち燧《ひうち》を以ちて火を出《うちいだ》し、向焼《むかひづ》けて免るること得たまふ。

②『日本書紀』雄略天皇即位前

冬十月の癸未の朔に、天皇、穴穂天皇《あなほのすめらみこと》の曾《かつ》て市辺押磐皇子《いちのへのおしはのみこ》を以ちて、国を伝へて遥に後事を付嘱《ゆだ》ねむと欲ししを恨みて、乃ち人を市辺押磐皇子に使して、陽《いつは》りて校猟《かり》せむと期り、郊野《の》に遊ばむと勧めて曰はく、「近江の狭狭城山君《ささきやまのきみ》韓帒《からふくろ》の言《まを》さく、『今し近江の来田綿《くたわた》の蚊屋野《かやの》に、猪《ゐ》・鹿《か》多に有り。其の戴ける角、枯樹《かれき》の末《うれ》に類《たぐ》へり。其の聚《つど》へる脚、弱木《しもと》の林の如し。呼吸《いぶ》く気息《いき》、朝霧に似《の》れり』【猪・鹿多有。其戴角類枯樹末。其聚脚如弱木林。呼吸気息似於朝霧。】とまをす。願はくは、皇子と、孟冬陰《まうたういん》を作《な》せる月、寒風粛然たる晨《あした》に、郊野《の》に逍遥《あそ》びて、聊に情を娯《たの》しびしめ騁《は》せ射む」とのたまふ。市辺押磐皇子、乃ち随ひて馳せ猟す。

③『古事記』安康天皇

玆《これ》より以後《のち》に、淡海《あふみ》の佐々紀山君が祖、名は韓帒が白ししく、「淡海の久多綿《わた》の蚊屋野《かやの》は、多た猪鹿《しし》在り。其の立てる足は、莪原《うはぎはら》の如し。指し挙げたる角《つの》は、枯松の如し」【多在猪鹿。其立足者、如莪原、指挙角者、如枯松】とまをしき。此の時に、市辺之忍歯王を相率て、淡海に幸行して、其の野に到れば、各異に仮宮を作りて宿りき。

既に中村啓信の指摘にあるが、[1]この誘いの部分の類型表現の中では『日本書紀』の記事の方が関わりが強いようである。表現上、『日本書紀』の①②にある「朝霧」の描写は風土記と共通するが、③にはそれが見られない。②と③はどちらも市辺忍歯王が大長谷皇子に討たれる事件に繋がる話であるが、②の『日本書紀』では明らかに騙し討ちの目的で市辺忍歯王を誘い出すための口実として鹿狩りへと誘いかけているのに対し、③の『古事記』の場合は明確ではない。そして飽田村と同じくヤマトタケ（ル）が関わる①の景行紀の話でも、鹿狩りへの誘いはヤマトタケ（ル）を騙し討ちにすることが目的であり、狩の成功・失敗はそもそも始めから問題とされていない。というよりも、始めから狩の成功という展開はあり得ないパターンの話であると言える。飽田村の話において倭武天皇の鹿狩りが成功しない所以も、こうした話の類型性と無縁ではあるまい。或いは話の根底には、土地人に欺される倭武天皇という要素があったのかも知れない。征討伝承の枠組みの中では、欺した土地人を征伐するという展開が予想されるが、『常陸国風土記』における倭武天皇の説話は、巡行説話という枠組みのなかにあり、倭武天皇は征討者ではない(2)。騙し討ちの展開を取るか否かは、説話の趣旨の相違と関連しているのであろう。

さて、しかし「鹿狩りへの誘い」が、この話では「サチ争い」へと展開しているがために、結果的に倭武天皇は狩猟に失敗する天皇として描かれることになってしまっている。以下、狩猟の失敗という点について考えて行きたい。

二　記事内容の検討（2）狩猟の失敗

この話の中で特に分かりづらいのは、倭武天皇の狩猟失敗を語る意義である。先述のように、騙し討ちのパターンを引きずるためであると見ればその通りであろうし、また単純に、説話の目的は地名の起源を語ることにあるのであり、この村の地名起源としては海のサチを得るという内容さえあれば土地称揚になるので、山のサチは特に問題ではなかった、と考えることも可能であろう。しかし、やはり天皇が狩猟に失敗するという内容を語る点に、どうしても引っかかりを覚えてしまうのである。

そこで、他の狩猟失敗といえるような記事を挙げてみると、以下のものを挙げることができる。

【『日本書紀』允恭天皇】

十四年の秋九月の癸丑の朔にして甲子に、天皇、淡路島に獦《みかり》したまふ。時に麋鹿《おほしか》・猿《さる》・猪、莫々紛々《ありのまがひ》に山谷に盈《み》ち、焱《ほのほ》のごと起《た》ち蠅のごと散《さわ》く。然れども、終日に一獣をだに獲たまはず。是に、獦止めて更に卜《うら》ふ。島の神、祟りて曰く、「獣を得ざるは、是我が心なり。赤石の海底に、真珠有り。其の珠を我に祠《まつ》らば、悉に獣《しし》を得べし」といふ。爰《ここ》に、更に処々の白水郎《あま》を集へて、赤石の海底を探らしむ。海深くして、底に至ること能はず。唯し一海水《ひとりあま》有り。男狭磯《をさし》と曰ふ。是、阿波国の長邑《ながのむら》の海人なり。諸の海人に勝れたり。是、腰に縄を繋《つ》けて海底に入る。差頃之《ややしばらく》ありて出でて曰さく、「海底に大鰒《おほあはび》有り。其の処光《て》れり」とまをす。諸人、皆曰く、「島の神の請《こは》する珠、殆《ほとほど》に是の鰒の腹に有るか」といふ。亦入りて探る。爰《ここ》に男狭磯、大鰒を抱きて泛《うか》び出で、乃ち息絶えて浪の上に死《みまか》る。既にして縄を下して海の底を測るに、六十尋《むそひろ》なり。則ち鰒を割くに、実に真珠、腹中に有り。其の大きさ、桃子の如し。乃ち島の神を祠りて獦したまひ、多に獣を獲たまふ。唯男狭磯が海に入りて死《みまか》りしことをのみ悲びたまひて、則ち墓を作りて厚く葬りたまふ。其の墓、猶し今に存《のこ》れり。

【『出雲国風土記』秋鹿郡大野郷】

大野郷《おほののさと》。郡家の正西一十里廾歩。和加布都努志能命《わかふつぬしのみこと》、御狩為坐《みかりしま》しし時、即ち郷の西の山に、待人《まちひと》を立て給ひて、猪犀《ゐ》を追ひて、北の方に上りたまひしに、阿内《くまうち》の谷に至りて、その猪の跡亡失《う》せき。その時、詔りたまひしく、「自然《おのづから》なるかも。猪の跡亡失《う》せき。」と詔りたまひしく。故れ、内野《うちの》と云ひき。然して、今の人猶し誤りて大野と号《なづ》くるのみ。

【『播磨国風土記』飾磨郡】

英馬野《あがまの》と号けし所以は、品太天皇、此の野に狩したまひし時、一馬走り逸《に》げき。勅して云ひたまひしく、「誰が馬ぞ」といひたまひき。侍従等《おもとびとら》対《こた》へて云ひしく、「朕《あがきみ》の御馬《みうま》なり」といひ、我馬野と号けき。是の時、射目《いめ》を立てし処は、目前《いめさき》と号け、弓折れし処は、檀丘《まゆみおか》と号け、御立《みたち》せし処は、御立丘《みたちおか》と号けき。是の時、大き牝鹿《めじか》、海を泳《くく》りて島に就《いた》りき。故れ、伊刀嶋と号けき。

【『播磨国風土記』揖保郡】

伊刀嶋。諸嶋の総名《すべな》なり。右、品太天皇、射目人《いめひと》を飾磨の射目前《いめさき》に立てて、狩したまひき。是に、我馬野より出でし牝鹿《めじか》、此の阜《おか》を過ぎて海に入り、伊刀嶋に泳り渡りき。その時、翼人等《おもとびとら》、望み見て相ひ語りて云ひしく、「鹿は既に彼《そ》の嶋に到り就きぬ」といひき。故、伊刀嶋と名づけき。

允恭紀の話では、淡路嶋の神の祟りによって山の猟が失敗する。神は海底の真珠を献れば、獣を与えようという。狩猟の成否が神の意志によることを示すものであり、また山の神の霊威と海の玉が関わる例でもある。『出雲国風土記』は、和加布都努志能命なる神が狩をするが、獲物の足跡を見失うという話。『播磨国風土記』の二例は、いずれも品太天皇が鹿狩に失敗する話である。この話の意味につき、飯泉健司は「天皇の力を土地神の霊威より下位に位置付けた伝承として解釈できる」と説く[3]。確かに右の例についていうならば、天皇の霊威が土地神の霊威にかなわなかったという意味合いを持つのかも知れない。国家的な神祇政策、または事業拡大に対して妨げとなるような在地信仰については、国家権力の発動によって一掃されてしまうという構図は、風土記や『日本書紀』に屡々見られるが、『播磨国風土記』の場合、天皇を絶対視するとは限らない傾向も窺える。飯泉は、例えば、『記』『紀』と「出雲国造神賀詞」との天の菩比命の描き方の違いなどを参考として、中央側とは異なる信仰や神話を許容する神祇政策のありかたを説いている[4]が、許容し得る範囲、許容し得ない範囲の区別は、地域の相違、氏族の相違も絡んでなかなか判別しがたいのではないか。

さて、『常陸国風土記』の場合であるが、行方郡・夜刀神の話などを例に挙げれば、在地の信仰よりも国家的な神祇政策の方を重んじているということが窺える。倭武天皇の巡行・巡狩はヤマト政権による常陸国支配の確立を語る意義を有すると見られるのだが、倭武天皇の狩猟の失敗を、仮に倭武天皇が土地の神の承認を得ることが出来なかった、もしくは土地神の霊威に勝てなかった、と理解するならば、この地においてはいまだ倭武天皇ひいてはヤマト王権の力は及んでいないということになる。この地はアヅマの北限、境界の地である故に、倭武天皇の力の及ぶ範囲の終焉の地という意味合いで、狩猟の失敗を語る話が設定されたと考えることも出来るかもしれない。しかし、陸奥国の蝦夷制圧の重要拠点であるこの地において、倭武天皇の力の及ぶ範囲が既に終わっている等と語るのみで終わるわけにはいかなかったのではないか。むしろこの話は橘皇后による漁猟の成功を語ることで、積極的に倭武天皇の力の浸透を語り得ているのではなかろうか。そう語るための一つの方法として選ばれたのが、海幸山幸神話のサチ争いの話型であり、もうひとつが橘皇后を登場させることであったと思われる。

海幸山幸神話では、山神の霊威を持つ山幸が、海神の霊威をも身につけ、より完全な形で皇統を継承していくことを語る内容になっている(5)。海幸の霊威が山幸に献上されるというような展開となっている。幸替えをした段階では、基本的にどちらも相手の力を手に入れてはいないゆえに、狩も漁も失敗する。山幸は海の霊力をもたないものである。この話は、結局のところ、海の幸をいかに手に入れるかが問題であって、はじめから山の幸のことは問題とされていない。土地の伝承ということであるならば、その土地土地の特性によって、海の幸が問題とされたり、山の幸が問題とされたりするであろうが、もし仮に『記』『紀』に見られる海幸山幸神話を土台として説話が形成されていくとするならば、やはり海の幸の入手がポイントとされることになる。恐らくは倭武天皇の場合も、要点は海の幸を手に入れることにあったのであろう。幸争いの型を持って描かれる必然性も、海の幸の獲得を語るという目的があってのことと思われる。さて、山幸彦は海神の娘と婚姻関係を結ぶことが、海の幸獲得に大きな意味をもつ訳だが、倭武天皇の場合もその型を踏襲しているのではないか。以下、橘皇后の問題に移りたい。

三　橘皇后と常世国

『記』『紀』のヤマトタケル関連の話においてタチバナを名に持つ女性は、走水にて荒波を静めるために入水したことが記されている。

【『日本書紀』景行天皇四〇年是歳】
亦相模に進《いでま》して、上総に往かむと欲ひ、海を望みて高言《ことあげ》して曰《のたま》はく、「是小海のみ。立跳《たちはしり》にも渡りつべし」とのたまふ。乃ち海中《わたなか》に至り、暴風《あらきかぜ》忽に起り、王船《みふね》漂蕩《ただよ》ひて渡るべくもあらず。時に、王に従ひまつる妾《をみな》有り。弟橘媛と曰ふ。穂積氏忍山宿禰が女なり。王に啓《まを》して曰《まを》さく、「今し風起り浪泌《なみはや》くして、王船没まむとす。是、必ず海神の心なり。願はくは賤しき妾が身を以ちて、王の命《みいのち》に贖《か》へて海に入らむ」とまをす。言《まをすことをは》訖りて、乃ち瀾《なみ》を披《おしわ》けて入る。暴風即ち止み、船《みふね》岸に著くこと得たり。故、時人、其の海を号けて、馳水《はしりみづ》と曰《い》ふ。

【『古事記』景行天皇】
其《そこ》より入り幸《いでま》して、走水海《はしりみづのうみ》を渡りし時に、其の渡の神、浪を興し、船を廻せば、進み渡ること得ず。爾《しか》くして、其の后、名は弟橘比売命、白《まを》ししく、「妾《あれ》、御子に易《かは》りて、海の中に入らむ。御子は、遣《つかは》さえし政《まつりごと》を遂げ、覆奏《かへりことまを》すべし」とまをしき。海に入らむとする時に、菅畳八重・皮畳八重・絁《きぬ》畳八重を以て、波の上に敷きて、其の上に下り坐しき。是に、其の暴浪《あらなみ》自ら伏《な》ぎて、御船、進むこと得たり。爾くして、其の后の歌ひて曰はく、

さねさし　相模《さがむ》の小野に　燃ゆる火の　火中《ほなか》に立ちて　問ひし君はも

故、七日の後に、其の后の御櫛、海辺に依りき。乃ち其の櫛を取り、御陵を作りて、治め置きき。

タチバナヒメは、『古事記』では入水して七日の後に、櫛は海辺に寄って来て、それを取って御陵を作ったとあるが、『日本書紀』にはその記述はない。また、次の例を見るかぎり『古事記』における入水の表現には、明らかに婚姻の要素が込められている。

【『古事記』神代】

爾《しか》くして、海《うみ》の神、自ら出で見て、云はく、「此の人は、天津日高《あまつひたか》の御子、虚空津日高《そらつひたか》ぞ」といひて、即ち内に率て入りて、みちの皮の畳を八重に敷き、亦、絁《きぬ》畳を八重に其の上に敷き、其の上に坐せて、百取《ももとり》の机代の物を具《そな》へ、御饗《みあへ》を為《し》て、即ち其の女豊玉毘売《とよたまびめ》に婚《あ》はしめき。

【『古事記』神武天皇】

葦原《あしはら》の　穢《しけ》しき小屋《をや》に　菅畳《すがたたみ》　弥清《いやさや》敷きて　我が二人寝し（十九番歌）

つまり、海を荒れさせる海神の心を静めるために入水するというのは、見方を変えれば海神に神妻として嫁ぐという意味合いを持っているということである。新編古典全集『日本書紀』の頭注には、[6]「橘」から不老長生と常世国と入水が一連の物語を形成しているともみられる」と記しているのが参考となる。神武即位前紀には、東

征の途上、船が暴風に遭って難渋したときに、稲飯命が「嗟乎《ああ》、吾が祖は則ち天神、母は則ち海神なり。如何《いかに》ぞ我を陸《くが》に厄《たしな》め、復我を海に厄むる」と嘆いて海に入り、鋤持神になったといい、また三毛入野命が、「我が母と姨《をば》とは、並びに是海神なり。何為《いかに》ぞ波を起《た》てて灌溺《おぼほ》れしむる」と恨んで、波の穂を踏んで常世郷に往ったと記す。かように荒れた海を静める行為は海神の世界と深く関わり、また〈常世〉の世界とも関わっている。海神を静めたタチバナヒメは、海神と深く関わる存在として認識されているとみても良いであろう。尚かつ、『記』『紀』の垂仁天皇条、タヂマモリの話にあるように、タチバナは〈常世国〉と関連深く、そして常陸国は『常陸国風土記』冒頭部において、「古の人、常世の国と云へるは、蓋し疑はくはこの地ならむか」とあるように、〈常世国〉に擬せられている。このタチバナという名と、『常陸国風土記』冒頭部の記事との関わりについて、三浦佑之は次のように説いている(7)。

付記すれば、そのタチバナという名前が、『常陸国風土記』の冒頭に記された、「古、常世の国と云へるは、蓋し疑ふらくは此の地ならむか」という記述を引き出してきたのかもしれない。タチバナという植物は、常世の国に育つ木なのだから。

また、香島郡の香島社関連の記事の中には、「神仙の幽り居む境」という表現が見られ、香島社の北の沼尾の池に関する記述の中に、「多に橘を蒔《う》う。その実味し。」とある。この点につき、増尾伸一郎は、ここにも常陸を〈常世国〉として叙述しようという姿勢が見えると指摘している(8)。いずれにせよ、常陸国を〈常世国〉として描くことと、橘皇后の存在とが無関係であるとは考えがたい。

ところで、『常陸国風土記』におけるタチバナの皇后は、『記』『紀』で走水の海に沈むのとは異なって、倭武天皇とともに常陸国に渡っているということで、問題とされることが多いが、『常陸国風土記』においても、倭武天皇と一緒に渡ってきたのではなく、常陸国において、遅れてやってきた后と出逢うという話が二回に渡って記されている。一度は行方郡相鹿里であり、もう一度が久慈郡助川駅家である。どちらも水際の場所であることが注意される。

　また、倭武天皇の后、大橘比売命《おほたちばなひめのみこと》、倭より降り来て、此の地に参遇《まゐあ》ひたまひき。故、安布賀之邑《あふかのむら》と謂ふ。

〈行方郡・相鹿・大生里〉

　此より艮卅里に、助川《すけがは》の駅家あり。昔は遇鹿《あふか》と号く。古老曰はく、倭武天皇、此に至りたまひし時に、皇后、参《まゐ》り遇《あ》ひたまふ。因りて名づく。

〈久慈郡・助川駅家〉

どちらもアフカという地名の起源に関わる話である。地名表記には「鹿」の字が含まれている。アフカという地名は『肥前国風土記』松浦郡にも見える。

　逢鹿駅《あふかのうまや》。郡の西北に在り。曩者《むかし》、気長足姫尊《おきながたらしひめのみこと》、新羅を征伐《う》たむと欲《おもほ》して、行幸《いでま》しし時に、この道路《みち》に鹿《か》ありて遇へりき。因りて遇鹿駅と名づく。

やはり地名には「鹿」の字が含まれており、こちらの方はその起源が「鹿」と関わっている。地名表記が起源の古い姿を示すものとは限らないが、「鹿」が古風土記に多く登場することから見れば、こちらのほうが本来的な感じがする。逆に『常陸国風土記』のほうは新たに作られた感が強い。特に、行方郡の場合は、郡内における倭武天皇巡幸説話の作為性や配列の意識が指摘されており[9]、相鹿里で皇后と出逢うと語る意義は別個に検討する必要もあるかも知れない。

　一方、助川の駅家の地は、陸路を通って畿内からやってきた場合に、ちょうど海に出るところである。つまり、海に出逢ったところでタチバナの后とも出逢っているのである。房総半島の東側をぐるっとまわって海路からきた場合にも、この地が上陸の地とおぼしく、陸路と海路とが出逢う場所としてふさわしい。極端なことをいえば、一度海の世界に入ったタチバナヒメが、常世国たる常陸国にたどり着き、倭武天皇と出会った、というニュアンスが背景にあるのではないか。ただし、『日本書紀』的な話が背景にあったとしても、もちろん『日本書紀』を踏まえて、あるいはその内容を直接的に反映させて読む必要はなく、あくまでも『常陸国風土記』内部で独立した説話として読むべきではあるのだが、これらの説話の成立の要因・背景として、『日本書紀』に載る話を参照して読むことも可能ではないかと思わせる。

いずれにせよタチバナの皇后は、海神の霊威を身につけた存在であり、また〈常世〉の性質をも備えた存在として、海の幸を得るのにふさわしい人物であったといえる。そして、山幸（ホヲリ）が、海神の力を借り、その娘を妻とすることで、天神御子の継承者たり得たのと同じく、タチバナの女性との幸争いを描くことで、倭武天皇の存在意義が確立されるのではなかろうか。

四　記事配列の意識

このようにして描かれた飽田村の記事を、『常陸国風土記』の構成という点で考えたとき、次の井上辰雄の指摘(10)は重要である。

『常陸国風土記』の巻頭に「海山の利ありて、人々自得《やすらか》に、家々足饒《にぎわ》へり」とあるのをうけ、結びの章とするのには、まことにふさわしい山と海の幸（祥福）争いの物語である。山と海の幸争いは、有名な山幸、海幸の物語をひくまでもなく、古来から好んで語り伝えられたものである。もともと東アジアからインドネシアにかけて広く分布する物語であるが、日本の幸争いは、山寄りの村と、海辺の村の宗教的な豊穣を争う神事と解することもできる。つまり、山寄りの村が勝利をおさめれば、そちらが豊作であり、仮に海辺の村が勝てば豊漁であるという、神占いの宗教儀礼がその背景にあるのである。（中略）『常陸国風土記』においては、天皇は山幸を、皇后は海幸の役を演じたことになるが、おそらく海辺の村である飽田の村での伝承であるから、当然、飽田の村の勝利を伝え、皇后の方に軍配をあげる結果になったのかもしれない。

『常陸国風土記』冒頭の記述を意識しつつ、倭武天皇巡幸伝承の閉じめとして意識され、構成された説話という見方の成り立つ可能性を示唆する見解である。

但し、『常陸国風土記』の記事は飽田村で終わるわけではない。飽田村の説話の後には次の二つの話が記載されている。

【1】国宰《くにのみこともち》川原宿禰黒麿《かはらのすくねくろまろ》の時に、大海の辺の石壁《いはぎし》に、観世音菩薩の像《かた》を彫《ゑ》り造る。今も存《あ》り。因《よ》りて仏浜《ほとけのはま》と号《なづ》く。　以下は略く。

【2】郡の南卅里に、藻島《めしま》駅家あり。東南の浜にある碁《ごいし》の色、珠玉《たま》の如し。謂はゆる常陸国に有る麗しき碁子は、唯、是の浜にのみあり。昔、倭武天皇、舟に乗り海に浮びて、島の磯を御覧《みそこなは》しき。種々の海藻《め》、多に生ひ茂榮る。因りて名づく。今も然なり　以下は略く。

【1】の観世音菩薩の彫像、【2】の駅家の記事は、この地が蝦夷征討に関わる重要な地であったという観点から説かれることもあり、[11] この地の特殊な位置付けも記事内容と無縁ではなかろう。【2】は、倭武天皇関連の最後の記事であり、『常陸国風土記』の最後の記事でもある。倭武天皇が海に船を浮かべて遊覧する話となっている。記事の後に、〔以下略す〕があるので、本来的にこの話が『常陸国風土記』の最後の記事であったのか否かは分

からない。しかし、志田諄一が説くように、現存『常陸国風土記』が倭武天皇と神社に関する説話を中心に遺したものであるとしたならば、(12)倭武天皇関連記事の最後に位置していた可能性は高い。飽田村の記事が、『常陸国風土記』冒頭部の記事を意識し、対応関係を持つものであるとしたならば、その後に記された藻島の駅家の話は、倭武天皇説話の終焉として位置付けられるものということになろう。そうすると、この話は、皇后橘比売によって海の霊威を手に入れた倭武天皇が、海を遊覧し、かつ海藻の繁茂する様を見ることで、常陸国の繁栄と、海の霊威の保証された倭武天皇の姿を描く意図を持っていたと言えるのではなかろうか。そもそも倭武天皇の記事を見ると、水の力を得ていない姿がこれまで見られた。

其の岡高く敞《あらは》る。敞るるを現原《あらはら》と名づく。此の岡より降りて、大益河《おほやかは》に幸《いでま》し、艖《ふね》に乗りて上りたまふ時に、棹梶《かぢ》を折る。因りて、其の河の名を無梶河《かぢなしかは》と称《い》ふ。〈行方郡〉

或に曰く、倭武天皇、此の浜に停宿《やど》りたまふ。御膳《みけつもの》を羞《すす》め奉る時に、都《かつ》て水《みもひ》無し。鹿の角を執りて地を堀《くつかえ》すに、其《それ》折れぬ。この所以に名づく。〈香島郡（分注）〉

倭武天皇の巡幸説話の中では、右の二つの話が、行為が成功しない内容となっており、一方は河、一方は浜辺での出来事となっている。行方郡の記事は、先述の通りその郡内の記事においてのまとまりが見られると言われるが、(13)その行方郡内において皇后と出会うのは、倭武関連の最後の記事となっている点も、無梶河における倭武天皇の行為失敗と関わりがありそうである。香島郡の話の方は、この前に、蛇が東海に通おうとして浜を掘って穴を作ったが、その角が折れて落ちたという話を伝えているにもかかわらず、「或曰」としてわざわざ別伝として載せているのは、倭武天皇が海神の霊力を身につけていないことを暗示する意図があったからではなかろうか。やはり橘皇后との出逢いが海の神の承認という内容を呼び、【2】の話でそれが確認されていると読める。

おわりに

以上の内容を、『常陸国風土記』の構成意識という点からまとめ、飽田村のサチ争い説話記載の意図するところを考えてみたい。最後の藻島駅家の話も併せて飽田村の説話は、巻頭の国名起源説話から始まる倭武天皇巡幸説話の閉じめという意識を持って記されており、総記で常陸国を「常世之国」に擬え、山海の利の得られる地であることを記した内容と、この話は呼応している。総記では農耕生産が強調され、多珂郡では海の利が強調される。橘皇后は、「常世之国」と「橘」との繋がりを意識させ、利を得るのに相応しい存在として位置付けられている。そして、常陸国内を巡行してきた倭武天皇が最後に妻の力によって海の霊威を身につけることを描く。

以上のように、飽田村の説話では、現実世界の中の「常世之国」に相応しい内容を描くことで常陸国のイメージを完成させているといえよう。また、今回触れることは出来なかったが、この地が陸奥国（蝦夷）制圧の拠点としての位置付けを担っていることも、記事の内容と絡んでいるものと思われるのである。

【注】

（1）中村啓信『風土記探訪事典』東京堂出版、二〇〇六年九月。
（2）本書第二部、第五章、参照。
（3）飯泉健司「播磨国風土記・餝磨「伊刀島伝承」考―天皇の狩猟失敗を語る意義―」（『立正大学文学部論叢』103号、一九九六年三月。後『播磨国風土記神話の研究―神と人の文学』おうふう、二〇一七年三月所収）。
（4）飯泉健司「アメノホヒの「媚」―八世紀初頭神祇政策の視点から―」（古事記研究大系5Ｉ『古事記の神々・上』

高階書店、一九九八年六月）。
（5）吉井巌「海幸山幸と神話の系譜」（『講座日本文学・神話上』至文堂、一九七七年一一月）、松本直樹「大和王権と隼人・阿曇」（『古事記神話論』新典社、二〇〇三年一〇月）等、参照。
（6）新編日本古典文学全集『日本書紀』①（一九九四年四月）376頁頭注。
（7）三浦佑之「英雄伝説の行方―『常陸国風土記』の倭武天皇―」（『講座日本の伝承文学10口頭伝承〈ヨミ・カタリ・ハナシ〉の世界』三弥井書店、二〇〇四年八月）。
（8）増尾伸一郎「神仙の幽り居める境―常世国としての常陸と藤原宇合―」（井上辰雄編『古代東国と常陸国風土記』雄山閣、一九九九年一一月）。
（9）兼岡理恵「『常陸国風土記』行方郡説話」（『風土記受容史研究』笠間書院、二〇〇八年二月）。
（10）井上辰雄『常陸国風土記にみる古代』学生社、一九八九年八月。
（11）志田諄一「『常陸国風土記』にみえる駅家」（『『常陸国風土記』と説話の研究』雄山閣、一九九八年九月）。増尾伸一郎、注（8）前掲論文、参照。
（12）志田諄一「『常陸国風土記』の省略事情」（注（11）前掲書）。
（13）兼岡理恵、注（9）前掲論文。

第七章　『出雲国風土記』「古老伝云」の内と外

はじめに

周知の通り、風土記撰進の官命とされる『続日本紀』和銅六年五月二日の記事には、その五項目として、「古老相伝旧聞異事」の史籍言上が挙げられている。従って、現存古風土記の中には、それと明示することはなくとも、古老伝承の類が載せられているものがあると思われる。実際、播磨・豊後・肥前の各古風土記には、「古老」の語は一度も使われていないが、だからといってそれらの風土記に載せられた記事がすべて古老伝承と言える類いのものではないということは言えまい。常陸と出雲には古老の語が散見する。要するに「古老」の扱いについては、それぞれの風土記において異なりを見せているのである。常陸の場合、その冒頭部に「常陸国司解す。古老の相伝ふる旧聞を申す事。国郡の旧聞を問ふに、古老答へて曰はく」とあるのは官命に対応させてのことであると見られる。『常陸国風土記』の古老については、「俗」による記事と対応させて、既に論じたところであるが、

「古老曰はく」で始まる記事（二十四例）には記録的、歴史叙述的なものが多く、在地特有の伝承的なものには逆に「古老曰はく」の書き出しが殆どないという特徴があった。(1) これは、中央側の関与する記述、もしくは中央官人によってまとめられた記述内容を、土地の伝えとして記そうとする地誌としての装いが意識されてのことであったと考えられる。

『出雲国風土記』にも「古老伝云」で始まる記事が十六例見られるが、「古老」が付く記事と付かない記事に相違はあるのかどうか、これまでのところ、明確に説かれてはいないし、実際、記事を見比べてみても、そこに内容上の相違を認めることは出来ない。では単に適当に「古老」の語は付いたり付かなかったりしているものなのだろうか。本章では、主として大原郡の記事の検討を通して、従来不明確であった『出雲国風土記』における「古老」意識について考えてみたい。

一　『出雲国風土記』の「古老」

まず、『出雲国風土記』に「古老」の語が付される箇所を、その記事に見られる神人名等と併せて列記すると、以下のようになる。

①島根郡蜛蝫嶋　　蜛蝫（嶋名起源）
②島根郡蜈蚣嶋　　蜈蚣（嶋名起源）
③秋鹿郡恵曇浜　　嶋根郡大領社部臣訓麻呂が祖、波蘇等（水路の起源）
④楯縫郡神名樋山　　阿遅須枳高日子命之后、天御梶日女命（石神を生む）

⑤飯石郡熊谷郷　久志伊奈太美等与麻奴良比賣命（子生み）
⑥飯石郡琴引山　所造天下大神之御琴（山名起源）
⑦仁多郡布勢郷　大神命之宿坐処（郷名起源）
⑧仁多郡横田郷　郷中の田の説明（郷名起源）
⑨仁多郡玉峯山　玉作の神（山名起源）
⑩仁多郡恋山　和迩・玉日女命（山名起源）
⑪大原郡神原郷　所造天下大神（郷名起源）
⑫大原郡屋裏郷　所造天下大神（郷名起源）
⑬大原郡佐世郷　須佐能袁命（郷名起源）
⑭大原郡阿用郷　目一鬼（郷名起源）
⑮大原郡海潮郷　宇能治比古命（郷名起源）
⑯大原郡高麻山　神須佐能袁命御子青幡佐草日子命（山名起源）

その記載の傾向について、例えば田中卓は、「「古老伝云」の用法は厳密ではなく、編者の手際によって左右される点が多かったと思はれる」と述べているように(2)、その使用基準には曖昧さが窺え、また伝承収集の実態の反映として捉えるということもなされていない。但し郡ごとの使用頻度や傾向については明らかな偏りがある。意宇・出雲・神門郡には見られず、島根半島の三郡、楯縫・秋鹿・島根郡には四例ほど見られるが、郷名由来には記載がない。残る山間部の三郡、飯石・仁多・大原郡になると使用頻度が上がり、郷名にも使用されるようになる。とりわけ大原郡では多くの郷名由来が「古老伝云」によって記されている。『出雲国風土記』の場合、各郡の記事の執筆分担者が異なるわけなので、郡ごとにその記載方針も異なるためにこのような偏りが生じているという可能性もあり得るが、『出雲国風土記』全体の記事の統一性を考えた場合に、単に各郡の執筆者の相違による現象として捉える訳には行くまい。これはむしろ各郡の記事採集の実情と関係すると見るべきなのではなかろうか。結論を先取りして言うならば、意宇・出雲・神門郡とその他の郡とでは、中央政府との関わりの度合いに異なりがあり、それが記事採集の実情、若しくは記事内容の差異に関わっているのではないかということである。国庁のある意宇郡、杵築大社のある出雲郡は勿論中央神話と関わりが深いであろうし、神門郡の場合もその郷名由来譚を見るならば、殆どが中央神話に登場する神々を主体とする話となっている。

さて、「古老」記載の傾向について、荻原千鶴は次のように述べている。[3]

『出雲国風土記』で、「古老伝云」と表記される記事のみが、古老の伝えた話かどうかは不明であり、それ以外にも古老の話に取材したもののあることは充分想像されるものの、「古老伝云」の標示の存在は、『出雲国風土記』の、記事の性格を示そうとする意図の存在を伺わせるものであり、標示の有無に意味をおいて扱うことを保証する

そして楯縫郡神名樋山条の記事（先述④に該当）を取りあげ、これが地名の由来とならない点に着目し、「地名起源叙述に整序される以前の神々の譚は、こうしたものではなかったろうか」と述べている。[4] これは例えば松本直樹が、

「古老傳云」は出雲国風土記の編纂よりも一段階前の、出雲国内における価値観の統一という段階の伝承の記録ではないだろうか。

とする指摘と重なり合う面を持っているであろう。[5]

これらの指摘に見る通り、「古老伝云」によって導かれる記事とそれ以外とでは、何かしらの相違があるには違いないのだが、実際に古老の伝えとする記事（以下、古老系と称する）と、特にそれを記さない記事（以下、非古老系と称する）との相違は、明確ではない。しかし荻原のいうように、標示の有無にはなにかしらの意味があるはずである。それは『出雲国風土記』の記事の成り立ちの問題や、記事内容の質の問題をも含み込むものであるはずである。その相違を検討することは非常に困難ではあるが、今回試みとして、大原郡の記事を取り上げて検討してみたい。大原郡では郷名記事に最も多くの古老系の記事を載せており、非古老系との相違を判断し得る可能性を有していると思われるからである。

二　大原郡における古老系と非古老系

以下に大原郡の総記と、各郷名由来記事を載せる（丸数字は先掲の古老の用例番号に対応する。それ以外の記事にはA・B〜を付す）。

A大原《おほはら》と号《なづ》けし所以《ゆゑ》は、郡家《こほりのみやけ》の正西一十里一百一十六歩《あし》なる田、一十町許《まちばか》りは平原《はら》なり。号けて大原と曰ひき。往古《いにしへ》の時、此処《ここ》に郡家有り。今も猶旧《なほふる》きを追ひて大原と号く。今、郡家有る処は、号けて斐《ひ》伊の村と云ふ。

⑪神原郷《かむはらのさと》。郡家の正北九里。古老《ふるおきな》の伝へて云はく、天の下所造らしし大神の御財《みたから》を積み置き給ひし処なり。則ち神財《かむたから》の郷と謂ふ可《べ》きを、今の人猶誤りて、神原の郷と云ふのみ。

B屋代郷《やしろのさと》。郡家の正北一十里一百一十六歩。天の下所造らしし大神の垜《あむづち》立て射たまひし処なり。故、矢代《やしろ》と云ひき。神亀三年、字を屋代と改む。即ち正倉有り。

⑫屋裏郷《やうちのさと》。郡家の東北一十里一百一十六歩。古老伝へて云はく、天の下所造らしし大神、笑《や》を殖《た》て令《し》め給ひし処なり。故、矢内《やうち》と云ひき。神亀三年、字を屋裏と改む。

⑬佐世郷《させのさと》。郡家の正東九里二百歩。古老の伝へて云はく、須佐能袁命《すさのをのみこと》、佐世《させ》の木の葉を頭刺《かざ》して、踊躍《おど》り為《せ》し時、刺させる佐世の木の葉、地《つち》に堕《お》ちき。故、佐世と云ひき。

⑭阿用郷《あよのさと》。郡家の東南一十三里八十歩。古老の伝へて云はく、昔、或る人、此処《ここ》に山田を佃《つく》りて守《も》りき。その時、目《め》一つの鬼《もの》来て、佃人《たひと》の男を食ひき。その時、男の父母《かぞいろ》、竹原《たかはら》の中《うち》に隠《かく》りて居る時、竹の葉動《あよ》きき。その時、食《くら》はるる男、「動々《あよあよ》」と云ひき。故、阿欲《あよ》と云ひき。神亀三年、字を阿用と改む。

⑮海潮郷《うしほのさと》。郡家の正東一十六里三十三歩。古老の伝へて云はく、宇能治比古命《うのぢひこのみこと》、御祖須義祢命《みおやすぎねのみこと》を恨みて、北の方、出雲の海潮《うしほ》を押し上げて、御祖の神を漂《ただよ》はすに此の海潮至りき。故、得塩《うしほ》と云ひき。神亀三年、字を海潮と改む。

C来次郷《きすきのさと》。郡家の正南八里。天の下所造らしし大神命詔《の》りたまひしく、「八十神《やそかみ》は、青垣山《あをかきやま》の裏《うち》に置かじ」と詔りたまひて、追ひ廃《はら》ひたまふ時、此処《ここ》に迨次《きす》き坐しき。故、来次《きすき》と云ひき。

D斐《ひ》伊郷《のさと》。郡家に属く。樋速日子命《ひはやひこのみこと》、此処に坐す。故、樋《ひ》と云ひき。神亀三年、字を斐伊と改む。

大原郡の郷名起源は八つあるが、そのうち五つに「古老伝云」がある。これは他の郡にくらべて最も多い。それではその五つの記事と他の三つの記事とに何か違いはあるかというと、一見したところまったく違いは見られない。特にB屋代郷と⑫屋裏郷とを見比べてみればそれがはっきりする。「古老伝云」があるかないかを除けば、どちらも全く共通する記事のありかたを示しているのである。それでは「古老伝云」は気まぐれに付されているのか、或いは書式の不統一という問題なのであろうか。「古老」の記事十六例はすべて「古老伝云」という四文字の形を取っていて例外はない。少なくとも書式の面では郡の相違に関わらず『出雲国風土記』全体で統一が図られているのがわかる。それを記すか記さないかについては適当であったとは考えがたい。やはり何らかの基準はあったと見るべきであろう。では何故B屋代郷と⑫屋裏郷とで相違が生じるのであろうか。少なくともこの場合にはその記事の内実とは異なるところにその基準がありそうである。それを探る手掛かりとして、大原郡後半部の自然地形説明部の河川記事について、確認をしておきたい。

（1）『出雲国風土記』大原郡

ア斐伊《ひ》の川。（中略）西へ流れて出雲の郡多義《たけ》の村に入る。年魚《あゆ》、麻須《ます》有り。

イ海潮《うしほ》の川。源は意宇《おう》と大原と二つの郡の堺なる笑村山《のむらやま》より出で、北へ流る。年魚少々《すこ》しく有り。

ウ須我《すが》の小川《をがは》。源は須賀山より出で、西へ流る。年魚少々しく有り。

エ佐世《させ》の小川。源は阿用《あよ》山より出で、北へ流る。魚无《な》し。

オ幡屋《はたや》の小川。源は郡家の東北幡箭《はたや》山より出で、南へ流る。魚无し。

　四つの水（イ〜オ）合ひて西へ流れ、出雲の大川に入る。

カ屋代《やしろ》の小川。源は郡家の正北除田野《よきたの》より出で、西へ流れて斐伊《ひ》の大河に入る。


大原郡の河川記事を見ると、まず斐伊川の記載（ア）があり、その後五つの小川（イ〜カ）の記述がある。イ〜オの小川は「出雲の大川」に合流すると記すが、カのみは別個に「斐伊の大河」に流れるとする。しかしこの「出雲の大川」と「斐伊の大河」は同じ川を指している。なぜそれが言い分けられているのであろうか。次に他の郡に見える「出雲大川」「斐伊川」を確認したい。

（2）『出雲国風土記』仁多郡

キ横田《よこた》川。（中略）鳥上山《とりかみやま》より出で、北へ流る。所謂《いはゆる》斐《ひ》伊の河の上なり。
ク室原《むろはら》川。（中略）室原山より出で、北へ流る。此は所謂斐伊の大河の上なり。
ケ灰火《はいひ》の小川。源は灰火山より出で、斐伊の河の上に入る。
コ阿伊《あい》川。（中略）遊託《ゆた》山より出で、北へ流れて斐伊の河の上に入る。
サ阿位《あゐ》川。（中略）御坂山より出で、斐伊の河の上に入る。
シ湯野《ゆの》の小川。源は玉峯《たまみね》山より出で、西に流れて斐伊の河の上に入る。

（3）『出雲国風土記』飯石郡

ス三屋《みとや》川。（中略）多加《たか》山より出で、北へ流れて斐伊の河に入る。

（4）『出雲国風土記』出雲郡

セ河内《かふち》郷。（中略）斐伊の大河、この郷の中を北へ流る。故、河内と云ひき。

（5）『出雲国風土記』出雲郡・出雲大川

ソ出雲の大川。源は伯耆《ははき》と出雲と二つの国の堺なる鳥上山より流れ、仁多《にた》の郡横田の村に出で、横田、三《み》処《ところ》、三沢《みさは》、布施《ふせ》等の四つの郷を経て、大原の郡の堺なる引沼《ひきぬ》の村に出で、来次《きすき》、斐《ひ》伊、屋代《やしろ》、神原《かむはら》等の四つの郷を経て、出雲の郡の堺なる多義《たけ》の村に出で、河内《かふち》、出雲の二つの郷を経て、北に流れ、更に折れて西へ流れ、伊努《いぬ》、杵築《きづき》の二つの郷を経て、神門《かむど》の水海《みづうみ》に入る。此は、所謂斐伊の河の下なり。

出雲大川の名称を確認すると、川の上流の仁多郡・飯石郡ではすべて「斐伊川」の名称が使われ、中流域の大原郡では両方使われている。下流域の出雲郡においては、総称として（5）ソで「出雲大川」と呼ばれているが、その説明に際しては「所謂斐伊の川の下」という説明がなされるのみならず、出雲郡内の上流に当たる（4）セの河内郷では「斐伊の大河」と呼ばれている。上流域から下流域にかけて、ある地点で「斐伊川」から「出雲大川」へと名称が変わるとする見方があるが、そうした場合、（1）カの屋代の小川のみが「斐伊の大河」に入るとする記述の説明がつかず、また（4）セの出雲郡河内郷に「斐伊の大河」と記すことの説明もつかなくなる。そこで野々村安浩は、全体の名称としては斐伊川であるとし、出雲郡出雲郷を堺に斐伊川から出雲大川へと名称が変わると説き、大原郡における「出雲大川」の名称は、本来「斐伊川」とあったものが『出雲国風土記』編纂の最終段階で調整された記述ではないかと述べている。[6] しそれならば何故（1）カの屋代の小川のみ調整がなされなかったのか。ここに情報源の相違という可能性が孕まれているように思われる。

先にみた大原郡の郷名起源譚における「古老」の有無を改めて確認すると、神原・屋裏・佐世・阿用・海潮郷が古老系、残る屋代・来次・斐伊郷が非古老系となっていた。この古老系と非古老系との関係が、河川の名称の出雲大川系と斐伊川系とで対応しているのである。海潮と佐世とは郷名と川名が一致しており、阿用はその佐世の小川の水源の山とされる。須我の小川は海潮川の更に上流に位置し、幡屋の小川は屋裏郷を流れている。ここまでが古老系＝出雲大川系である。非古老系の屋代郷と同じ名を持つ屋代の小川のみが「斐伊の大河」に流れ込むと記述されている。その斐伊川と同名の斐伊郷も非古老系である。先述の通り、屋代郷と屋裏郷の地名由来記事はその内容、登場する神ともに同じであり、一方にのみ「古老伝云」が付される理由が全くわからないものであったが、河川の記事を併せ考えてみた場合に、それは情報源の相違という、記述の表面からは見えない事情が存在していた可能性を指摘し得るのである。[7] 情報源が異なる可能性があったとしても、それが記事内容の質の相違にまで及ぶ問題であるのかどうか、明らかではない。しかし、更に他の非古老系を検討することで、記事内容の性格の相違にまで踏み込んで考えていくことが出来るのではないか。そこで次に非古老系である来次郷の郷名由来譚について検討したい。

三　来次郷——八十神と青垣山——

C来次郷《きすきのさと》。郡家の正南八里。天の下所造《つく》らしし大神命詔りたまひしく、「八十神《やそかみ》は、青垣山《あをかきやま》の裏《うち》に置かじ」と詔りたまひて、追《お》ひ廃《はら》ひたまふ時、此処《ここ》に迨次《きす》き坐《ま》しき。故、来次《きすき》と云ひき。

右の記事で特徴的なことと言えば、所造天下大神（＝大穴持神）による「八十神」の追放が話題となっていることと、「青垣山」の記述が見えることである。「八十神」という表現自体にどこまで固有性を持たせられるのか定かではないが、大穴持神による追放という内容からするならば、これが『古事記』に見える大国主神の庶兄・八十神を指していると見ることは可能であろう。『古事記』には次のように見える。

故、其の大刀・弓を持ちて、其の八十神を追ひ避《さ》りし時に、坂の御尾《みを》ごとに追ひ伏せ、河の瀬ごとに追ひ撥《はら》ひて、始めて国を作りき。（『古事記』上巻・根之堅州国訪問）

大穴牟遅神は稲羽の八上比売を得たことで兄神＝八十神からの恨みを買って二度殺され、その後根之堅州国訪問を経て右のように八十神を追放し、国作りを始めるという展開である。『古事記』で言うところの「坂の御尾」「河の瀬」が何処を指しているのか明確ではないが、来次郷にこの話があるということは、ここを青垣山の内と外との境界の地とする認識があったとも考えられる。記事中の「追ひ廃ひたまふ時、此処に迨次き坐しき。」は、諸注で「追い払われた時に、ここで追いつきなさった」と理解されている。「迨」は写本類では「迢」となっているところ、「来次」の由来となることを勘案して現行テキスト類は「迨」を採用している（「迨」は『新撰字鏡』

天治本に「及也願也」とあって、及ぶ、至るの意を持つ）。「追いつきなさった」という展開は少々無理があるようにも思われるが、今のところそれ以外の案は持っていない。現状の解釈によるならば、ここを青垣山の境界であると判断することは出来ないが、この地が隣の飯石郡との郡境である点、またそれ以上に斐伊川に隣接する地であるという点は注意されるところであろう。Ｄの斐伊郷の地名起源記事が非古老系であるのも、斐伊川との関わりによるのかも知れない。斐伊川は『古事記』で肥河として八岐大蛇退治神話・垂仁記ホムチワケの出雲大神祭祀・景行記の倭建命による出雲建討伐の話の舞台として登場し、『日本書紀』でも簸川として八岐大蛇退治神話の舞台となっているように、中央の神話・説話と深く関わる地であり、良く知られた名であったと思われるからである。先述の河川の引用記事中に、「所謂」という語が冠された例が数例見られたのも、その点と関わるであろう。(8)

ところで、「八十神」の記述は『出雲国風土記』の中にもう一例だけ見えている。それもやはり大原郡内である。

Ｅ城名樋山《きなひやま》。郡家の正北一里百歩。天の下所造《つく》らしし大神、大穴持命、八十神を伐たむと為《し》て城《き》を造りき。故、城名樋と云ひき。

城名樋山は現在の雲南市来次町里方の同名の山を指すとされており、位置的には斐伊郷に含まれるようであるが、来次郷とも近接している。来次郷の記事と併せてひとまとまりの話と取ることは出来よう。右の城名樋山の記事の直後に高麻山の山名由来譚が記されているのだが、こちらの方には「古老伝云」が付されている。

⑯高麻山《たかあさやま》。（中略）古老の伝へて云はく、神須佐能袁命《かむすさのをのみこと》の御子《みこ》、青幡佐草日子命《あをはたさくさひこのみこと》、是の山の上に麻蒔《あさま》き給ひき。故、高麻山と云ひき。此の山の岑《みね》に坐すは、其の御魂《みたま》なり。

Ｅと⑯とを比較して見た場合に、城名樋山条に「古老」が見えないのは、やはりこの話に「八十神」と闘う内容が含まれているからなのではないか。つまり、来次郷や城名樋山の話は、『古事記』の大穴牟遅神の神話と関わるものとして認識されており、土地の古老の伝えとは異なる情報源を元にして成立した、若しくはそう判断されたのではないかということである。

もう一つ、青垣山という表現にも注目したい。この語は、『出雲国風土記』の中にもう一例見られる。

F母理郷《もりのさと》。郡家の東南三十九里一百九十歩。天の下所造《つく》らしし大神、大穴持命、越《こし》の八口《やくち》を平《たひら》げ賜ひて還《かへ》り坐しし時、長柄山《ながえやま》に来坐して詔りたまひしく、「我が造り坐して命《し》らす国は、皇御孫《すめみま》の命《みこと》、平《たひら》けく世知《みよし》らせと依《よ》せ奉《まつ》る。但、八雲立つ出雲国のみは、我が静まり坐す国と、青垣山廻《あをかきやまめぐ》らし賜ひて、玉珍《たまお》置き賜ひて守《も》らむ」と詔りたまひき。故、文理《もり》と云ひき。神亀三年、字を母理と改む。（意宇郡）

これも所造天下大神の話であり、『古事記』『日本書紀』の国譲り神話を彷彿させる神話内容となっている。この母理郷は大原郡の東隣にある意宇郡の東端、伯耆国に接するところにある点が注意される。つまり意宇郡母理郷と大原郡来次郷とは、両郡の東西の隅に該当する地であり、それ故に青垣の内ということが意識される地として選ばれている可能性があるということである。しかも大原郡の西端は斐伊川と接している。中央神話との関わりはこうした立地条件と不可分に関わっているものと思われる。『古事記』において大穴牟遅神が八十神に殺された地は、「伯伎国の手間の山本」であったが、これもまた出雲国と伯耆国との国境、意宇郡の東端に位置しているのである。それは『古事記』で伊耶那美命が葬られた「出雲国と伯伎国との堺の比婆山」にも近い。古老系の話が意宇郡に見えないのは、やはり中央神話に現れる神話の舞台と無縁ではなかろう。

「青垣」についてもう少し検討しておく。以下に上代文献に見える青垣を確認しておく。

1……出雲の國の青垣山の内に、下《した》つ石《いは》ねに宮柱《みやばしら》太知《ふとし》り立て、高天《たかま》の原に千木《ちぎ》高知《たかし》ります、いざなきの日まな子、かぶろき熊野の大神、くしみけのの命、國作りましし大なもちの命二柱の神を始めて、百八十六社に

坐す皇神等《すめがみたち》を、……（出雲国造神賀詞）

2爾《しか》くして、大国主神の曰《い》ひしく、「然《しか》らば、治《をさ》め奉《まつ》る状《さま》は、奈何《いか》に」といひしに、答へて言ひしく、「吾をば、倭《やまと》の青垣の東《ひむかし》の山の上にいつき奉れ」といひき。此は、御諸山《みもろやま》の上に坐す神ぞ。（『古事記』上巻）

3倭は　国の真秀《まほ》ろば　たたなづく　青垣　山籠《やまごも》れる　倭し麗《うるは》し（『古事記』30番歌）

4抑又《はたまた》、塩土老翁《しほつちのをぢ》に聞きき。曰《まを》ししく、「東《ひむかしのかた》に美地《うましつち》有り。青山四周《よもにめぐ》れり。其の中に、亦天磐船《あまのいはふね》に乗りて飛び降《くだ》る者有り」とまをしき。（『日本書紀』神武即位前）

5倭は　国のまほらま　畳《たたな》づく　青垣　山籠《やまこも》れる　倭し麗《うるは》し（『日本書紀』22番歌）

6淡海《あふみ》は　水渟《みづたま》る国　倭は　青垣《あをがき》　青垣の　山投《やまと》に坐《ま》しし　市辺《いちのへ》の　天皇《すめらみこと》の　御足末《みあなすゑ》　奴津良麻《やつこつらま》（『播磨国風土記』美嚢郡志深里）

7やすみしし　我が大君　神ながら　神さびせすと　吉野川　激《たぎ》つ河内《かふち》に　高殿《たかどの》を　高知《たかし》りまして　登り立ち　国見をせせば　たたなはる　青垣山　やまつみの　奉《まつ》る御調《みつき》と　春へには　花かざし持ち　秋立てば　黄葉《もみち》かざせり　行き沿ふ　川の神も　大御食《おほみけ》に　仕へ奉ると　上つ瀬に　鵜川《うかは》を立ち　下つ瀬に　小網《さで》刺し渡す　山川も　依《よ》りて仕《つか》ふる　神の御代《みよ》かも（『万葉集』巻1・三八）

8やすみしし　わご大君の　高知らす　吉野の宮は　たたなづく　青垣隠り　川並《かはなみ》の　清き河内そ　春へには　花咲きををり　秋へには　霧立ち渡る　その山の　いやますますに　この川の　絶ゆることなく　ももしきの　大宮人は　常に通はむ。（『万葉集』巻6・九二三）

9たたなづく　青垣山の　隔《へな》りなば　しばしば君を　言問《ことと》はじかも（『万葉集』巻12・三一八七）

1は右の中では唯一出雲に関する「青垣」であり、讃美表現と見られるもの。2は、舞台は出雲であるが、倭の青垣を表したもので、神が斎き祀られる場として指定されているのであるから、やはり讃美性を持つ。3・5は、歌われた状況は全く異なるが、それぞれ伊勢・日向から故郷ヤマトを偲んで詠んだ歌であり、国讃めの意義を持っている。6も播磨という他国で身を潜める皇子の思いを表す詞章の中に見えるものである。7・8は、吉野賛歌の中での国讃めの表現である。9については具体的にどこを指すかは不明としか言えない。4は「青垣」の例ではないが、ヤマトを「青山が周囲を廻らしている地」と言い、天下を治めるのに適した「美地」として捉えているものであり、ヤマトの「青垣」を表す例に加え得るものとして挙げておいた。

以上の用例、及び『出雲国風土記』を見る限り、「青垣」は出雲国と大和国に限定的に使われる讃美表現であると思われる。佐佐木隆は、出雲の用例が「神に守られた国」であるという考えを背景にしていると捉え、それ以外の場合は天皇による国土支配を称える表現として使われているとし、表現内容に明らかな違いがあると説いた(9)。そして明言はしていないが、基本的には神を主体とするものの方が古いとしているので、それに従えば出雲の「青垣」の方が元にあったと考えられることになる。どちらが元であるかということは、一概には言えまいが、ヤマトの「青垣」は出雲・日向・伊勢・播磨といった様々な場所から思い描かれるのに対して、『出雲国風土記』の場合には国譲り神話（母理郷）、八十神追放（来次郷）といった中央神話と関わり、「出雲国造神賀詞」は朝廷に奏上される詞章であるから、対ヤマトを意識した描写と見られ、また『古事記』大国主神の国作り神話においては、出雲の地から倭の青垣を表しているというように、出雲の青垣は常に中央の神話、対ヤマト、対朝廷を意識しているもののようである。つまり、「青垣」という表現も、来次郷の地名起源譚が非古老系である理由と関わっているると見られるのである。

ここで、非古老系についてまとめておくならば、例えば「国引き神話」のような、出雲国のはじまりに関わる神話、出雲国造家が関わるような神話は、古老伝承とはならない。意宇郡忌部神戸の記事のように、神賀詞奏上に関与する地の記述も、古老伝承とはならない。仁多郡では布勢郷・横田郷の郷名由来が「古老伝云」を伴うが、三津郷のもの言わぬ御子アヂスキタカヒコの話が「古老伝云」でないのは、これも神賀詞奏上儀礼と関わる話であるからではなかろうか。今挙げた例は皆はっきりそれと分かるものであるわけだが、表面上には全く差異の見られない古老系と非古老系との相違は、中央神話との関連、朝廷側の認知度、情報源の相違といったところにその要因があるものと一応結論付けたい。特に朝廷側の認知度と情報源の相違については、記事の表面には現れにくいところであるが、立地条件がそこには深く関わってくるが故に、郡ごとの使用頻度に相違が表れるということなのであろう。

おわりに

『古事記』序文に次のような一文がある。

故《かれ》、太素《もと》は杳冥《くら》けれども、本《もと》つ教《をしへ》に因《よ》りて土《くに》を孕《はら》み島を産《う》みし時を識《し》れり。元始《はじめ》は綿邈《とほ》けれども、先の聖《ひじり》に頼《よ》りて神を生み人を立てし世を察《さと》れり。

世界の始めは暗く遠いけれども「本教」「先聖」によって知ることが出来るというのである。天地のはじまりの時を見た者は誰もいない。にも関わらずなぜそれが今に伝えられるのか。神話・説話を読む際にあまりそのことにこだわりを持つことはないし、それについての解説もあまり見かけることはない。しかし、誰が、どのようにして今に伝えているのか、それをどのように認識するのか、というのは、神話・説話のありかたそのものに繋がる重要な問題を孕んでいるのではないか。『古事記』序文はそれを「本教」「先聖」で説明しているわけであるが、天之御中主神の出現から始まって歴代天皇へと連綿と続く皇統を伝える『古事記』であるからこそそうした捉え方が可能であると思われる。

『出雲国風土記』の場合、出雲国造家によって、国引き神話を中心としてある種の神話の体系化が図られていたということが考えられよう。しかしそうした神話を伝えるのは古老の役割ではなかったようである。古老の用例の内、①②③⑧については神が関わらない人の世界の話であり、現実的に今に伝えられ得る出来事として理解し得る。それは実は他の神が関わる古老伝承においても同じであるのかも知れない。古老系の話ではないが、例えば秋鹿郡大野郷条では、和加布都努志能命という神が狩を行った時に「待人」に獲物を待ち構えさせたという話があり、神門郡古志郷に、古志国の人がやって来て池の堤を造ったのは伊奘彌命の時であるとするなど、神と人とが共にある世界が描かれる。古老が神の事績を語ることが出来るのは、神々の行為を直に見ていた人が語り伝えたという認識によるのであって、それゆえ『古事記』序文のような「本教」「先聖」といった理屈づけをする必要はないのかも知れない。逆に体系化された神話については、人が語り伝えたという記述はむしろ不要なものとして排除されたということなのではなかろうか。「老、枝葉を細しく思ひ、詞源を裁り定む」という『出雲国風土記』総記の宣言は神話の体系化と無縁ではあるまい。筆録の総責任者を指す自称と見られるこの「老」と、他の「古老」とは、両極に位置する存在なのかも知れない。

【注】

（1）本書第二部第四章、参照。なお、『常陸国風土記』の「古老」については、山田直巳が、「史実としての時間、確かな時点に足を常に掛けながら記述して行こうとの態度」を読み取ることが出来ると指摘している（「モデルとしての「古老」」『古代文学の主題と構想』おうふう、二〇〇〇年一一月、初出は一九八四年三月)。これは「古老」の持つ外部性と関わる指摘であると思われるが、「古老」の外部性について論じたものに、斉藤英喜「古老―語り手・伝承者論のために―」(『古代文学』26号、一九八七年三月)がある。

(2)田中卓「出雲国風土記の成立」『出雲国風土記の研究』一九五三年七月。

(3)荻原千鶴「『出雲国風土記』の地名起源叙述の方法」『太田善麿先生追悼論文集　古事記・日本書紀論叢』群書、一九九九年七月。

(4)注(3)、荻原論文。

(5)松本直樹『出雲国風土記注釈』新典社、二〇〇七年一一月、注釈篇143頁。なお、松本は『出雲国風土記』の古老の視点について触れ、古老はそれぞれの土地に密着しておらず郡境・郷境を越えることが多く、外部から見渡す視点を持っていると指摘する。これは注(1)で触れた古老の外部性と共通するが、山田論・斉藤論・松本論で言う外部性はそれぞれに質が異なることは申し添えておきたい。

(6)野々村安浩「『出雲国風土記』記載についての一考察―出雲郡「出雲大川」条を中心に―」『古代文化研究』第17号(島根県古代文化センター)、二〇〇九年三月。

(7)同じ郡内での文体上の差については、「郡レベルでは、郷家提出の素稿を基にまとめたに違いない。」という廣岡義隆の見解がある(「『出雲國風土記』の会話文体―双括式・頭括式・尾括式から―」『三重大学日本語学文学』27号、二〇一六年六月)。情報源の相違という点については今後も検討して行きたい。

(8)但し伊藤剣は、「所謂」という表現を検討した上で、出雲臣広嶋は中央官人のみでなく、出雲国内の土着豪族をも読者として想定していたとし、既知の情報に上塗りする形で新たな秩序を明示することを目的としたと説く。斐伊川の名称については、「「斐伊川」という一つの河川を郡という行政区画ごとに分断し、その下流部を「出雲大川」、中流部を「斐伊川」、上流部を「横田川」、「室原川」と明確に分けることで新たに定位し直したということだ」とする(伊藤剣「『出雲国風土記』の想定読者―「所謂」という表現形式から―」『日本上代の神話伝承』新典社、二〇一〇年一〇月)。

(9)佐々木隆「青垣山隠れる大和」『伝承の言語―上代の説話から―』ひつじ書房、一九九五年五月。

第八章　『出雲国風土記』郡郷名の表記意識
――地名起源説明記事との関わりから――

はじめに

『出雲国風土記』ではその記事内容全体がかなり整理された形で記されている。編者による編纂方針が明確に認められるといえる。地名起源説明記事においても、他国の風土記と比較してみた時、その編纂方針、及び当該風土記に於ける特色がいくつか見出せる。確認のためいまそれらを列挙しておく。

①『出雲国風土記』では、常陸・播磨国風土記等とは異なり、異伝を一切記さない。
②一つの記事においては、一つの地名の起源しか語らない。
③他の風土記では、地名の由来に関わる存在を中央の側に求める傾向にあるが、『出雲国風土記』の場合には一見したところ、そのような傾向はない。
④他の風土記では、訓注によって地名起源説明記事を補足する場合があるのに対し、『出雲国風土記』には訓

注は一切ない。

⑤『出雲国風土記』では、郡郷名に好字を付けよという官命にかなり忠実であったと思われる。

⑥山川原野名号の由来を記す記事はあまり見られない。

これらの特色を手がかりとして、『出雲国風土記』に見られる地名起源説明記事を検討し、この風土記の編纂意識を明らかにして行きたいのだが、問題が多岐にわたるため、本章では、主として⑤を中心に考え、その上で他の問題にも触れて行きたい。では⑤のいかなる点が問題となるのか、次にその点を確認しておきたい。

一　好字と起源説明記事

『続日本紀』和銅六年五月の風土記撰進の詔はよく知られているが、その最初には「畿内と七道との諸国の郡・郷の名は、好き字を着けしむ。」とある。各国風土記ではそれぞれにこの官命を受けて地名を表記していると思われ、出雲においても郡・郷名の好字化が行われたようである。ただし、『出雲国風土記』の場合には、他の風土記には見られない次のような記述が、総記に記されている。

其の郷の名字《まな》は、神亀三年の民部省《たみつかさ》の口宣《くせむ》を被《かがふ》りて改《あらた》む。

『出雲国風土記』の編者は、この口宣に従い、郷名に「好字」をつけることに熱心であったようで、実際に、神亀三年以前と以後で地名の用字に改変のあったものについては、その旨明記している。郷名は全六十二例あり、この内、二十九例について、神亀三年を境に表記が改変されたことを記す。他の三十三例は恐らく和銅の官命以降、神亀三年以前の間に表記が整理されたものと思われる。

この神亀三年の口宣を受けての地名用字改変は、他の風土記では殆ど記述されることはない。ただ一例だけ、「陸奥国風土記」逸文に見えるのみである。(1)

八槻《やつき》と名《な》づくる所以《ゆゑ》は、巻向《まきむく》の日代《ひしろ》の宮に御宇《あめのしたしら》す天皇《すめらみこと》の時、日本武尊、東《あづま》の夷《えみし》を征伐《う》ちて、此の地《ところ》に到る。八目《やつめ》の鳴鏑《なりかぶら》を以ち、賊《あた》を射斃《いころ》す。其の矢の落下《お》ちし処を矢着《やつき》と云ふ。即ち正倉《みやけ》あり。神亀三年、字を八槻と改む。

右の一例以外、他の風土記に記載が見られないのは、各国風土記の記述形式や成立時期の問題がからんでこよう。『出雲国風土記』の成立は天平五(七三三)年であるから、神亀三(七二六)年の口宣がこのように反映されたものと考えられる。しかしそれだけでは、他の風土記に殆ど記されないことの説明としては不十分であろう。そこには、『出雲国風土記』における郷名表記へのこだわりが感じられる。

さて、『出雲国風土記』には地名の由来を説明する記事が九十九例(地名の重複により、「名を説くこと〇〇の如し」とある例を除けば八十八例)見受けられる。その内、国名・郡名・郷名についてはすべて(七十二例、重複を除けば六十九例)に由来説明が記されている。それに対して、山・川・島等の自然の地名については、由来を語る記述は極めて少なく、十一例にとどまる(他は駅家・神戸等の命名由来記事が重複を除いて八例)。そして自然の地名については、「好字」をつけるという意識は郡・郷名に比べて希薄である。とすれば、地名に「好字」をあてることと、地名の由来を記すこととは、密接不可分の関係にあるのではないか。地名が「好字」=漢字で書き表された場合、その地名は漢字の持つ意義を担わされることになる。文字化された地名は、漢字による意味の固定化を拒否して、より始原的な由来を求めるかもしれない。或いは全く逆に、積極的に漢字表記の正当性を主張するため、起源説明の必要に迫られることになるとも考えられる。『出雲国風土記』の地名起源説明記事は、単に在地の伝承や信仰の反映として捉えるのではなく、編纂論の視点から捉え直してみる必要があろう。その手始めとして、地名表記の改字の実態から、『出雲国風土記』の「好字」意識を、地名起源説明記事との関わりにおいて検証してみたい。

二　改字の実態

『出雲国風土記』においては多くの改字記事がみられる故、今それらを概観した上で、好字意識を考えて見たい。以下の表は『出雲国風土記』の国・郡・郷の地名起源説明記事一覧である。

『出雲国風土記』地名起源説明記事一覧

		地名起源説明記事	⇩旧字	⇩改字	神社名
	1	「八雲立つ」	⇩出雲		
	2	「意恵」	⇩意宇		
意宇郡	3	「守らむ」	⇩文理	⇩母理	
	4	「静まり坐さむと志ふ社」	⇩社	⇩屋代	
	5	天の石楯縫ひ直し	⇩楯縫		
	6	「安平けく成りぬ」	⇩安来		
	7	「止ず見まく欲し」	⇩山国		
	8	御膳食し	⇩飯成	⇩飯梨	
	9	大舎人	⇩舎人		

郡	番号	由来	地名	地名	社
	10	青幡佐久佐日子命（神）	⇩大草		佐久佐社
	11	山代日子命（神）	⇩山代		山代社
	12	「御心の波夜志」	⇩林	⇩拝志	
	13	猪	⇩宍道		宍道社
島根郡	14	八束水臣津野命、詔	⇩島根		
	15	朝御食	⇩朝酌		朝酌社
	16	「山口の処在り」	⇩山口		
	17	「丁寧に所造れる」	☆⇩丁寧	⇩手染	
	18	御穂須須御命（神）	⇩美穂		美保社・三保社
	19	「国形宜し」	⇩方結		方結社
	20	（光加加明きき	⇩加加	⇩加賀）	加賀社
	21	「平明かにして憤まず」	⇩生馬		生馬社
	22	法吉鳥＝宇武加比売（神）	⇩法吉		法吉社
秋鹿郡	23	秋鹿日女命（神）	⇩秋鹿		
	24	「画鞆の如きかも」	⇩恵伴	⇩恵曇	恵曇社・恵杼毛社
	25	「正真く成りぬ」	⇩多太		多太社
	26	阿内の谷／「亡失せき」	⇩内野	⇩大野	大野津社
	27	「伊農波夜」	⇩伊努	⇩伊農	伊努社
郡	28	楯、造り始め	⇩楯縫		
	29	〈郡名に同じ〉	⇩楯縫		

郡	番号	由来	改字	改字	社名
楯縫	30	喜燕きて解散け坐しき	⇩佐香		佐加社
	31	「波夜佐雨、久多美の山」	⇩忽美	⇩玖潭	久多美社
	32	「尓多尓食し坐さむ」	☆⇩努多	⇩沼田	
出雲郡	33	〈国名に同じ〉	⇩出雲		
	34	宇夜都弁命（神）	⇩宇夜		
		「倭健命の御名を忘れじ」	⇩健部		
	35	薦枕志都沼値（神）	⇩志刀沼	⇩漆沼	
	36	大河…中を北へ流る	⇩河内		
	37	〈国名に同じ〉	⇩出雲		出雲社
	38	杵築き	⇩寸付	⇩杵築	杵築大社・企豆伎社・支豆支社
	39	伊努意保須美比古（神）	⇩伊農	⇩伊努	伊努社・伊農社
	40	御領田	⇩三太三	⇩美談	弥太弥社・弥陀弥社
	41	伺ひ求め	⇩宇賀		宇加社
神門郡	42	神門臣……神門貢りき	⇩神門		
	43	朝毎に通ひ	⇩朝山		浅山社
	44	日置の伴部	⇩日置		
	45	塩冶毗古能命（神）	⇩止屋	⇩塩冶	夜牟夜社・塩夜社
	46	八野若日女命（神）	⇩八野		八野社
	47	高屋造りて坐せき	⇩高崖	⇩高岸	
	48	古志の国人	⇩古志		

郡	番号	本文	地名	地名	社名
	49	「滑し磐石なる哉」	⇩南佐	⇩滑狭	奈売佐社・那売佐社
	50	多伎吉比売命（神）	⇩多吉	⇩多伎	多吉社・多支社
飯石郡	51	伊毗志都幣命（神）	⇩飯石		
	52	「久麻久麻志枳谷」	⇩熊谷		
	53	御門、此処に在り	⇩三屋		御門屋社
	54	伊毗志都幣命（神）	⇩伊鼻志	⇩飯石	飯石社
	55	稲種此処に堕ちき	⇩種	⇩多祢	
	56	須佐能袁命（神）	⇩須佐		須佐社
	57	波多都美命（神）	⇩波多		
	58	伎自麻都美命（神）	⇩支自真	⇩来嶋	
仁多郡	59	「是は尓多志枳小国在り」	⇩仁多		
	60	「御地と占めむ」	⇩三処		
	61	宿り坐しし処	⇩布世	⇩布勢	
	62	「御津」	⇩三津		
	63	田有り。四段許	⇩横田		
原郡	64	平原なり	⇩大原		
	65	大神の御財を積み置き	☆⇩神財	⇩神原	神原社
	66	垛立て射たまひし	⇩矢代	⇩屋代	矢代社・屋代社
	67	笑を殖て令め	⇩矢内	⇩屋裏	
	68	佐世の木の葉	⇩佐世		

大	69	「動々」	⇩阿欲	⇩阿用	阿用社
	70	海潮至りき	⇩得塩	⇩海潮	得塩社
	71	此処に迫次き	⇩来次		支須支社
	72	樋早日子命（神）	⇩樋	⇩斐伊	樋社

右の地名起源説明記事一覧は、国・郡・郷名の起源記事のみを掲出したものである。各郡の最初に掲載しているのが郡名の由来である。郡名に関しては改字の記述はない。説明記事欄には地名の由来に直結する部分のみを記してある。（神）とあるのは、鎮座・巡行神の名による命名を示し、「」の付いているものは、それが神の発語であることを示している。旧字欄の☆は、地名起源説明記事と地名との間にズレがあるものである。また、神社名欄には、郷名と共通する名を持つ神社を各郡の記事中より抜き出したものである。表記が二、三通りにわたっているものは、そのすべてを掲出した。なお、20の例は、角川ソフィア文庫版が底本とする細川家本には記載がないものであり、近世になって補訂されたとみられる例ではあるが、一応今回は（　）付きで掲載した。

一覧の中に記さなかったもので、地名起源説明記事のあるものは、次の通りである。

余戸郷・野城駅・黒田駅・出雲神戸・賀茂神戸・忌部神戸（以上意宇郡）、千酌駅家・蜛蝫島・蜈蚣島（以上島根郡）、神名火山（出雲郡）、狭結駅（神門郡）、琴引山（飯石郡）、御坂山・玉峯山・恋山（以上仁多郡）、城名樋山・高麻山・船岡山・御室山（以上大原郡）

右の中、改字記事のあるものは、賀茂神戸（鴨→賀茂）と狭結駅（最邑→狭結）の二例である。

さて、田中卓がこの改字の傾向について整理しているので、次に挙げておく。(2)

A　一字名は二字に改め
B　三字名も二字に作り
C　同じ二字名でも嘉字を撰び
D　或は劃數の多い重厚な字を用ゐ
E　時には他郷と用字の交換を行ひ
F　或は舊と全く別名に改める

AとBについては説明の要はあるまい。Cは表の50・69・70等を指しているのだが「多吉」よりも「多伎」、「阿欲」よりも「阿用」、「得鹽」よりも「海潮」を嘉字とする基準がわからない。またDに関連していえば、坂本太郎氏も「従来三字もしくは一字の郷名を二字にしたこと、また二字のものも大体畫の多い、いかめしい字に改めたこと」の二点に改字の意図を見出しているが、(3) 客観的にこの基準にあてはまる用例はあまりない。20「加加→加賀」、24「恵伴→恵曇」、31「忽美→玖潭」、38「寸付→杵築」、49「南佐→滑狭」などがそれにあたるが、これもやはり全体的な傾向とは認められない。Eは27と39、「伊農」と「伊努」のことを指す。Fは62「三津郷」を指しているのだが、これには校異上の問題がある。田中は、出雲風土記抄本（岸崎時照）に従って郷名を「三澤郷」と認定した上で、倉野本・萬葉緯本には「澤」がすべて「津」となっていることから、本文を次のようにしている。

三澤郷本字三津　（仁多郡郡頭記事）

三澤郷　故云三津［神亀三年改字三澤］　（三津郷郷末記事）

波線部は諸本「今依前用」とあるところを田中が改訂したもの。［　］内の注記は萬葉緯本によったもので、他には見えない。(4)つまり写本類では「津」から「澤」への改字を示す記述は一切なく、「舊と全く別名に改め」た例とすることは出来ない。地名そのものに変動のある場合、『出雲国風土記』では「誤」「今人」「改」等の記述によって説明している。(5)従って神亀三年の改字はあくまで「改字」であって、基本的に地名の改変を示すものはない。

三　改字の二重性

改字の実態について考える前に、触れておかなければならない問題がある。『出雲国風土記』では各郡の初めに、郷名が列挙され、改字がなされたか否かを記している。例えば意宇郡の場合は次の通りである。

母理郷　本字文理　屋代郷　今依前用
楯縫郷　今依前用　安来郷　今依前用
山国郷　今依前用　飯梨郷　本字云成
舎人郷　今依前用　大草郷　今依前用
山代郷　今依前用　拜志郷　本字林
宍道郷　今依前用

そして各郷の条において地名起源説明記事が記された後、改字のなされたものについては、注記で「神亀三年改字○○」と説明するという念の入れようである。改字についていかに注意を払っていたかが窺えよう。「今依前用」とある場合の「前」が神亀三年以前を指しているのは明らかだが、果していつの時点を指しているのかは不明である。和銅六年の詔を受けて定められた用字が、和銅六年から神亀三年までの間に通用されていたものか。同じことは「本字〇〇」の「本」についてもいえよう。それがいつ頃から使用されていたのかを判断する決め手となる資料はない。ところで、この郡頭の記事と各郷の説明記事末の注記とで食い違いを見せているものがある。

屋代郷　今依前用（意宇郡郡頭）　故云社　神亀三年改字屋代（郷末）
飯梨郷　本字云成（意宇郡郡頭）　故云飯成　神亀三年改字飯梨（郷末）
滑狭郷　今依前用（神門郡郡頭）　故云南佐　神亀三年改字滑狭（郷末）
布勢郷　今依前用（仁多郡郡頭）　故云布世　神亀三年改字布勢（郷末）

屋代・滑狭・布勢の各郷の場合、説明記事中では改字がなされた旨を記すが、郡頭では「今依前用」とあり、改字はなされなかったことになっている。飯梨郷の場合は、郡頭では「云成」→「飯梨」という改字を示しているのに対し、説明記事では「飯成」→「飯梨」という改字になっている。同じ郡の中で、同一の郷名の用字について郡頭と説明記事とで二説が併記されていることになる。右の四例には文字異同もなく、誤写による文の乱れとも考えにくい。郡頭では神亀三年以前に「屋代」「云成」「滑狭」「布勢」の用字が既に用いられていたことになるが、各郷の記事では以前は「社」「飯成」「南佐」「布世」であったとする。両説ある以上、両用の表記が存在していたと見るべきであろう。神亀三年にその表記を統一させたことになるわけだが、いずれが正式な地名用字であったかという認識のズレによって両説記されたものと思われる。

四　好字の意味内容

ここで、和銅六年の官命に記すところの「好字」の示す意味内容について考えておきたい。官命には「郡郷名着好字」としか記されないわけだが、秋本吉郎によれば、これは四六騈儷体による修辞表現を用いた結果、「着好字」とのみ記されたのだという。したがって実際には嘉き名を選びつけること、好き漢字を選び用いること、その漢字は二字とすること、という三事項を言い含めたものとして解し得る、とする(6)。実際、残された風土記の地名を見ると、二字表記への統一の意識を見出すことが出来る。また次の『播磨国風土記』の記事の中には、明確に「二字」を用いることが記されている。

安相《あさぐ》の里《さと》。長畝川《ながうねがは》。　土は中の々。右、安相の里といふ所以は、品太天皇《ほむだのすめらみこと》、但馬《たぢま》より巡《めぐ》り行《い》でまし時、縁道《みちすがら》、御翳《みかげ》を撤《ささ》ざりき。故、陰山《かげやま》の前と号けき。仍《よ》りて国造豊忍別命《くにのみやつことよおしわけのみこと》、名を劵《と》らえき。その時、但馬国造阿胡尼命《あこねのみこと》、これに依りて罪を赦《ゆる》したまへと申し給ひ、塩代《しほしろ》の塩田《しほた》廿千代《はたちしろ》を奉りて名有り。塩代の田飼《たかひ》、但馬国の朝来《あさぐ》の人、到り来て此処《ここ》に居《を》りき。故、安相《あさぐ》の里と号《なづ》けき。　本の名は沙部《いさごべ》と云ひき。後、里の名は字を改めて二字に注《しる》せるに依《よ》りて、安相の里と為《な》す。
〈播磨国・飾磨郡〉

『出雲国風土記』の場合、郡郷名を二字表記するという条件は満たしている。神亀三年の口宣によって郷の「名字」改変もなされている。次に挙げるのは、神亀三年の改字によって一字もしくは三字から二字に改めたとするものである。

社　→屋代　　林　→拝志

志刀沼→漆沼　　三太三→美談
三刀矢→三屋　　伊鼻志→飯石
種　→多祢　　支自真→来嶋
樋　→斐伊

以上九例である。和銅六年の官命の内容に「二字」表記が含まれていたとすれば、これらの地名は神亀三年までの間整理されずにあったものとなる。他は改字記事のあるなしに関わらず、二字表記であるから、文字数に関しては比較的早くから整理されていたと言える。

次に二字から二字への改字を見てみよう。

文理　→母理　　飯成　→飯梨
加加　→加賀　　恵伴　→恵曇
伊努　→伊農　　忽美　→玖潭
努多　→沼田　　寸付　→杵築
伊農　→伊努　　止屋　→塩冶
高崖　→高岸　　南佐　→滑狭
多吉　→多伎　　布世　→布勢
矢代　→屋代　　矢内　→屋裏
阿欲　→阿用　　得塩　→海潮

各々見ると、二字とも変更しているもの八例、一字のみ変更しているもの十一例、その中、上の字を改めたもの二例、下の字を改めたもの九例、となっている。

変更された文字だけを並べて見ると、

文・成・加・伴・努・忽・美・多・寸・付・農・止・屋・崖・南・佐・吉・世・矢・内・欲・得・塩

となる。二十三字の内、六字は改字後の地名にも用いられている。分かりやすい例は、「伊努」と「伊農」だが、それ以外でも、例えば「努多」は「沼田」と改められているが、「多吉」は「多伎」へと改字され、「多」の字はそのまま用いられている。また、右二十三字の内、「美」「多」「吉」「世」は、神亀三年に改字されなかった郷名において使用されている。いわゆる「好字」意識は、一字一字見た場合、明らかに明確な基準を欠いている。個々の漢字自体の良し悪しの問題ではなく、二字あわせた上での漢字の使用法が問題なのであろう。また、あるいは個々の場合での比較の問題（「吉」よりも「伎」を選ぶと言ったような）なのかも知れない。

上田設夫氏は、「母理」「飯梨」「恵曇」の三例について次のように述べている。(7)

母、梨、曇の字には彼らが伝統的に培ってきた神話と自然が生きており、土地の繁栄を祈念する寿詞としての意味がこめられている。好字への改字の理由は地名ごとに基本的には一回的なもので、通則的な基準は存在しないが、国ぼめ的意識がこめられていることはどの地名にも共通している。

好字への改字に「通則的な基準は存在しない」というのは確かに言われる通りであり、あくまでも各々の郷名における表記上の問題のように見受けられる。また郡ごとにおいてもそれぞれの傾向が認められる。しかし、すべての地名に「国ぼめ的意識がこめられている」かどうか、改字された郷名を見ただけでは判断しがたい。

ところで、改字記事のないものは、その地名用字が、好字として認められているもの、つまり改字の必要のないものと考えられるので、これも編纂者の用字意識を考える手掛かりとなろう。改字記事のないものは以下の通りである。

楯縫・安来・山国・舎人・大草・山代・宍道　〈意宇郡〉
朝酌・山口・美保・方結・生馬・法吉　〈島根郡〉
多太　〈秋鹿郡〉
楯縫・佐香　〈楯縫郡〉
宇夜・建部・河内・出雲・宇賀　〈出雲郡〉
朝山・日置・八野・古志　〈神門郡〉
熊谷・三屋・須佐・波多　〈飯石郡〉
三処・三津・横田　〈仁多郡〉
佐世・来次　〈大原郡〉

全体を通してみた場合、例えば「御」よりも「三」、「矢」よりも「屋」を用いるという傾向はあるが、それはごく一部にかぎられるものであり、やはり二字まとまった上で示される漢字の《意義》が問題なのであろう。しかもそれは地名表記の漢字だけが重要なのではなく、次に述べるように地名起源説明記事をあわせて考えなければならない問題だと考えられる。

五　地名起源記事と地名表記との関わり

以下、地名起源説明記事一覧によって見ていきたい。下段に郷名と共通する神社名を記した。『出雲国風土記』

では基本的に共通する地名は共通の用字で記される。例えば恵曇郷〈秋鹿郡〉に対して恵曇池・恵曇浜といったように。ところが神社名列記の箇所では郷名等の地名表記とは異なる用字を使用しているものが多い。これは「恐らく風土記編纂に際して、神社台帳の如きを資料とし、そのままに記載したもので、風土記編纂者の整理を経ていないため」であろうという。[8]とすれば、郷名と共通する神社名の表記は、郷名記載の古形を考える際に参考となるのではなかろうか。神社名表記にはやはり一字一音表記によって三字で記される例が多く見られる。そして郷名改字記事の比較的多い出雲郡・神門郡・大原郡の神社名については、一字一音による漢字表記と並んで、改字前の旧郷名と共通する表記が多く見られる。それに対して、改字の少ない島根郡などでは、神社名の表記もほぼ郷名表記と一致している。やはり各郡によって表記統一、地名二字好字表記が比較的早く進んだ郡と、遅い郡とのあることがわかる。

　先に述べたように、地名表記の改変について触れているものは、他国の風土記では殆ど見られない。神亀三年という年号の示されているものは先にみた「陸奥国風土記」逸文の一例のみであるし、それ以外でも、用字の変更について触れているものは次の一例のみである。[9]

三根郷《みねのさと》。　郡の西に在り。　此の郷に川有り。其の源は郡の北の山より出で、南に流れて海に入る。年魚《あゆ》あり。

同じき天皇、行幸《いでま》しし時、御船、其の川の湖《みなと》より来て、此の村に御宿《やど》りましき。天皇、勅《みことのり》して曰《のりたま》はく、

「夜裏《よる》は御寐《みね》甚安穏《いとやす》かりき。此の村は天皇の御寐安《みねやす》の村と謂ふべし」とのりたまひき。因りて御寐《みね》と名づく。

今寐の字を改めて根とす。　〈肥前国・神埼郡〉

　右の例では、説話部において天皇の言葉「御寐」が提示され、その説話内容に合致する文字で「御寐」という地名が記される。そして説話内容とはかけ離れた「三根」という表記が記される。また先の「陸奥国風土記」逸

文の場合も、矢が落下するという説話内容をうけて「矢着」という表記が提示されて後に、説話部とは関わらない「八槻」に改められる。地名表記が新たに考案されたものであり、地名起源説明記事が古くからの伝承であるとするならば、この記述態度は正しいものであろう。『出雲国風土記』の場合にもそのような形が存在する。つまりパターンとしては、旧用字が地名起源説明記事の内容を意味的に受けているものである。

屋代郷《やしろのさと》。郡家の正東三十九里一百二十歩。天《あめ》の夫比命《ふひのみこと》の御《み》伴《とも》に、天降り来し、社《やしろ》の伊《い》支《き》等《たち》が遠《とほ》つ神、天津《あまつ》子命《このみこと》、詔《の》りたまひしく、「吾が静《しづ》まり坐《ま》さむと志《おも》ふ社《やしろ》」と詔りたまひき。故、社と云ひき。　神亀三年、字を屋代と改む。
〈意宇郡・4〉

天津子命が発した言葉の中の「社」を受けて地名「社」が記される。この旧地名用字と説話内容とは合致している。しかしこのパターンは『出雲国風土記』中では以外に少ない。20・35・47・54・55・66・67・72くらいである。逆に新地名の表記が地名起源説明記事の内容と関連するものが数例見受けられる。

杵築郷《きづき》。郡家の西北二十八里六十歩。八束水臣津野命《やつかみづおみづののみこと》の国引き給ひし後、天の下所造《つく》らしし大神の宮、奉らむとして、諸の皇神等《すめがみたち》、宮処《みやどころ》に参集《まゐつど》ひて、杵築《きづき》き。故、寸付《きづき》と云ひき。　神亀三年、字を杵築と改む。
〈出雲郡・38〉

杵築は同じ『出雲国風土記』内において、意宇郡の国引きの条に「八穂尓支豆支」とあり、また出雲郡の神社名列記の箇所には「企豆伎」「支豆支」などと表記されており、古く三字表記であったと思われる。ところが「杵築郷」の地名起源説明記事では、神亀三年に改変されたとする「杵築」という表記と説話内容とが一致している。他には27・39・45・49・50・70等がこのパターンにあてはまる。この内、27・39・45・50は、神名によって名付けられたとするものである。神社名列記の条で旧用字、一字一音表記で記されているものも、延喜神名式になると『出雲国風土記』の郷名と同様の表記をする傾向にある故、神名＝郷名＝神社名を統一しようという態度が窺える。また、郷名改変の記事のないものも、表記自体はさほど新しいものとは思われないが、やはり地名起源説明記事の内容に合致する表記を採るものが多い。

楯縫《たてぬひ》郷。郡家の東北三十二里一百八十歩。布都努志命《ふつぬしのみこと》の天《あめ》の石楯《いはたて》縫《ぬ》い直《なほ》し給ひき。故、楯縫と云ひき。
〈意宇郡・5〉

用例としてはこのパターンが最も多い。9・11・15・16・22・23・28・34・36・43・44・46・48・56・57・68がそれにあたる。このように見てくると、『出雲国風土記』の郷名には、地名起源説明記事と地名の漢字表記によって相互補完的に意味が与えられ、音による繋がりだけではなく意味による繋がりにも重点がおかれているといえる。ここでは、「好字」とは、地名起源説明記事の内容を受け、それを示し得る文字ということになる。これをもって『出雲国風土記』の地名起源説明記事が新しいと断定することは出来ないが、地名の二字好字表記に合わせて地名起源説明記事も整備された可能性があるのではなかろうか。そこで問題となるのが、総記に記された「裁定詞源」という表現である。諸注釈では次のように解釈されている。

・土地の名の由来の意。それを判断して決める。〈日本古典文学大系本・頭注〉(10)

・細思・裁定・詞源、皆漢文に用例がある。裁定は「庶裁定聖典、刊正碑文」(後漢書盧植伝)などある。枝葉の問題にいたるまで子細に考へ、文詞の源をことわり定めた。記序に「随二詔旨一子細採摭」と言ふ安萬侶と同じ編纂の心構へ。〈朝日古典全書〉(11)

・枝葉の末のことにまでこまやかに思案し、伝承の根本にわたって判断をくわえて記定した。〈東洋文庫〉(12)

いずれの場合も「裁定」を「判断する」「定める」と取っている。とすれば、『出雲国風土記』の編者は、記事の新旧や真偽を問題にしたというよりも、どの記述がよりふさわしいかを問題にしたと考えられる。他の風土記と異なって、異伝を一切記さないのも、「裁定」によるものではあるまいか。(13)

それでは、郷名表記と地名起源説明記事の内容とが全く関わらない場合はどう考えればよいのか。

山国郷《やまくに》。郡家の東南三十二里二百三十歩。布都努志命《ふつぬしのみこと》の国廻《めぐ》り坐《ま》しし時、此処《ここ》に来坐《ま》して詔《の》りたまひしく、「是《こ》の土《くに》は、止《やま》ず見《み》まく欲《ほ》し」と詔りたまひき。故、山国と云ひき。即ち正倉有り。〈意宇郡・7〉

神の発語中の「止ず見まく欲し」の部分から「山国」という地名が導かれる。「止ず見まく欲し」の箇所、漢字本文には「不止欲見」とあり、少なくとも現時点においては、「山国」という地名にたよらなければ、簡単には読めない。この読みにくさが、このパターンの特徴である。また、完全に音による繋がりであって、「山」も「国」も、説話内容とは一切関わらない。3・10・12・19・21・24・25・26・30・31・32・40・52・53・59・61・69等がこのパターンである。このパターンの特徴は神の発語によって地名が名付けられたとするものが多いことである。3・12・19・21・24・25・26・31・32・52・59・69がそれに当たり、「山国」の例も含めると、十八例中十二例となる。神の発語によって地名が名付けられるということは、それ自体に土地讃めの意味が込められていると言える。しかしそれはあくまで土地の名称に与えられたものであって、表記された文字に土地讃めの意識、「好字」意識が付与されているとは言えない。だが、次の記事を見るとき、神の発語によって名付けられた地名の重みを感じ取ることが出来る。

島根郡《しまねのこほり》と号《なづ》けし所以《ゆゑ》は、国引き坐しし八束水臣津野命の詔《の》りたまひて、負《おほ》せ給ふ名なり。故、島根と云ひき。〈島根郡〉

ここには、島根という地名と起源説明記事とは、音の上でも、漢字の意義の上でも全くつながりがない。ただ神の言葉がはじまりとなって、「島根」という嘉名の、そして二字の好字が選ばれたことが重要だったのであろう。別神の詔によって命名された地名の持つ讃美性は、新たに考案された地名二字表記にまで及ぶものと考えたい。別の言い方をすれば、漢字二字表記という味気ない表記法に飽き足らない人々が、地名の背後に神話世界を背負わせることによって漢字二文字には収まりきらない深みを与えた、ということかも知れない。その際、せめて「好字」を以て記そうとすることは当然のことと言える。ただ、この場合の「好字」意識は、あくまで主観的なものであろうから、「好字」選択の基準を判断することは出来まい。

おわりに

出雲国風土記に見られる神亀三年の改字の基準については、従来、簡易な字を重厚なものにあらためたとする見方、国ぼめの意識を込めた文字を用いたとする見方、また基準はあくまでわからないとする態度がある。筆者は、あえて言えばわからないという態度をとるものであるが、本章においては、単に地名表記のみで考えるのではなく、地名起源説明記事との関わりにおいて捉えるべきであるという見方を提示したわけである。今回は触れることが出来なかったが、『出雲国風土記』全体の文字遣いの問題からの検討も不可欠であろう。

【注】

（1）陸奥國白川郡八槻村都々古和氣神社別當大善院舊記記載、伴信友採択の逸文。『古風土記逸文考証』（栗田寛）、岩波文庫本『風土記』（武田祐吉）、岩波日本古典文学大系、朝日古典全書等に古風土記の逸文として採録されている。

（2）田中卓「出雲国風土記の成立」（『出雲国風土記の研究』平泉澄監修、出雲大社御遷宮奉賛会、一九五三年七月）。

（3）坂本太郎「出雲国風土記の価値」（注2に同じ）。

（4）田中卓「校訂出雲国風土記」（注2に同じ）。

（5）出雲郡健部郷に、先に宇夜里と名付けられた由来を語り、後に健部となった起源を語っている。名称そのものの変更を語る唯一の例である。

（6）秋本吉郎「風土記の地名用字とその編述方針」（『風土記の研究』ミネルヴァ書房、一九六三年一〇月）。

（7）上田設夫「出雲国風土記の地名表記に見られる好字意識について—神亀三年の口宣による郷名改字の問題—」（『風土記研究』11号、一九九〇年一二月）。

（8）岩波日本古典文学大系『風土記』（秋本吉郎校注、一九五八年四月）、112頁頭注。

（9）その他には次の様な例がある。

・此の邑を名づけて二萬《にま》の郷と曰ひき。後に改めて邇磨《にま》と曰ふ。〈備中国逸文・本朝文粋所収・今井似閑採択〉。

・因りて久西良《くしら》の郷と曰ふ。今改めて串卜《くしら》の郷と曰ふ。〈大隅国逸文・萬葉集注釈所収・今井似閑採択〉。

（10）岩波日本古典文学大系『風土記』（秋本吉郎校注、一九五八年四月）、94頁頭注。

（11）朝日古典全書『風土記』下、久松潜一・小野田光雄校注、朝日新聞社、一九六〇年一〇月。

（12）東洋文庫『風土記』、吉野裕訳、平凡社、一九六九年八月。

（13）植垣節也は、『日本書紀』垂仁天皇二十五年条「一云」の記事中に見える「微細未探其源根、以粗留於枝葉。」という表現を参考とし、『出雲国風土記』の「細思枝葉裁定詞源」を、「事の主要でない部分に至るまでこまかく考え、その上で主要なことについて判断して決めた」と解釈している（『風土記研究』20号「編集後記」一九九五年六月）。

第九章　『出雲国風土記』地名起源記事の文体
――〈秋鹿郡〉を中心に――

はじめに

『出雲国風土記』には九十九例の地名起源記事がある。[1]その内、地名の重複（国名と郡名、郡名と郷名、余戸・神戸など）によって説明が省かれ、「名を説くこと○○の如し」となっている場合の十一例を除けば八十八例となる。『出雲国風土記』は周知のように「古風土記」中唯一の完本であり、地名起源のみならず記事の全体が整備・統一されている。地名起源記事について言えば、全体的に神が関わる記事が多く、神の名・発話・行為・所持物などに由来を求めるものが六十例ある。このように統一性が顕著である一方で、郡ごとの特徴、傾向も次第に明らかになってきているようである。例えば、海沿いの意宇郡・島根郡・秋鹿郡・出雲郡・神門郡には、「古老伝云」とする例が殆どない（島根郡の嶋名起源二例のみ。郡郷名にはない）のに対し、山間部の飯石郡・仁多郡・大原郡には多く見られる（三十例中の十二例）点や、海側の郡には山の名の由来が一例（出雲郡の神名火山）しかないのに対

し、山間部には八例の山の名の起源記事が存し、「古老伝云」の偏りとも重なっている点等が挙げられている。(2)

さて、神に関わる記事六十例は、どの郡にも広く分布しているのだが、内容を区分けしてみると、郡によって偏りが生じることがわかる。その区分けについてまず説明すると、鎮座する神の名から地名が導かれるものが十六例（本章では以下便宜的に「神坐型」と称する）、そして神の発話行為が記事中に見られるものが二十七例、その内、発話内容から地名が導かれているものが、二十例（同じく「神詔型」と称する）ある。神が関わる六十例が地名起源記事全体の三分の二を占めるわけだが、「神坐型」「神詔型」に限っても全体の半数近くを占めることになり、『出雲国風土記』地名起源記事の記述方式の中心を占めていると言うことができる。

本章では、『出雲国風土記』の地名起源記述の特質を、秋鹿郡の記事を中心に検討する。「神坐型」「神詔型」という観点からみると、秋鹿郡は郡名由来が「神坐型」、郷名由来は、全体の数は四例と少ないが、全てが「神詔型」になっている。

また、秋鹿郡は『出雲国風土記』編集責任者・神宅臣金太理(3)の居る郡でもある。『出雲国風土記』全体の記事と秋鹿郡の記事との関係、そして神宅臣金太理との関わりに関し、関和彦は次のように述べている。(4)

『出雲国風土記』の編纂実務過程を勘案すると当初から「神宅臣全太理」が中心にいたことがうかがえる。その点は「入海」「北海」の海産物に関する表記をみると「神宅臣全太理」の居住の「秋鹿郡」が最初に草案を提出していること、また『出雲国風土記』で使用される「所謂」が「秋鹿郡」中心に多用されている点に表出している

地名起源記事に関しては、ある程度のバラツキが見られる現状からすれば、提出後に大がかりな書式の統一がなされたのではなく、予め各郡の担当者に対してある程度の書式を提示していた可能性がある。そうすると、編

集責任者たる神宅臣金太理の居る秋鹿郡の記事がその目安となったことは充分に考えられる。しかも、これから述べていくように、秋鹿郡の記述内容には、他の郡とは異なる特徴が見受けられる。それらは例外的な記事なのではなく、逆に様々な型の地名起源記事を生み出すための基本形であったのかも知れない。秋鹿郡を取り上げる所以である。

一　「神坐型」

はじめに、「神坐型」と「神詔型」について確認しておきたい。以下に、まず「神坐型」の例を挙げる。但し秋鹿郡の例は後述するゆえ、ここには含めないので取りあえず十六例となる（以下、異体字の類は通行の字体に改めた。また句読点は筆者による）。

①須佐乎命御子、青幡佐久佐丁壮命坐。故云大草。〈意宇郡・大草郷〉

②所造天下大神、大穴持命御子、山代日子命坐。故云山代也。〈意宇郡・山代郷〉

③依野城大神坐。故云野城。〈意宇郡・野城驛〉

④所造天下大神命、娶高志國坐神、意支都久辰為命子、俾都久辰為命子、奴奈宜波比賣命而、令産神、御穗須々美命、是神坐矣。故云美保。〈島根郡・美保郷〉

⑤伊差奈枳命御子、都久豆美命、此処坐。然則、可謂都久豆美而、今人猶千酌号耳。〈島根郡・千酌驛〉

⑥先所以号宇夜里者宇夜都弁命、其山峯天降坐之。即彼神之社、至今猶坐此處。故云宇夜里。而後、改所以号健部之、纒向檜代宮御宇　天皇勅、不忘朕御子倭健命之御名、健部定給。尒時、神門臣古弥健部定給。即

健部臣等、自古至今猶居此處、故云健部。〈出雲郡・宇夜里→健部郷〉

⑦神魂命御子、天津枳比佐可美高日子命御名、又云薦枕志都治値之、此神郷中坐。故云志丑治。神亀三年、改字漆治。〈出雲郡・漆治郷〉

⑧国引坐意美豆努命御子、赤衾伊努意保須美比古佐倭氣能命之社、即坐郷中。故云伊農。神亀三年、改字伊努。〈出雲郡・伊努郷〉

⑨阿遅須枳高日子命御子、塩冶毗古能命坐之。故云止屋。神亀三年、改字塩冶。〈神門郡・塩冶郷〉

⑩所造天下大神之御子、阿陀加夜努志多伎吉比賣命坐之。故云多吉。神亀三年、改字多伎。〈神門郡・多伎郷〉

⑪所以号飯石者、飯石郷中、伊毗志都弊命坐。故云飯石之。〈飯石郡〉

⑫飯石郷。郡家正東一十二里。伊毗志都弊命、天降坐処。故云伊鼻志。神亀三年、改字飯石。〈飯石郡・飯石郷〉

⑬波多都美命、天降坐処在。故云波多。〈飯石郡・波多郷〉

⑭伎自麻都美命坐、故云支自真。神亀三年、改字来嶋。〈飯石郡・来嶋郷〉

⑮古老傳云、山嶺在玉上神。故云玉峯。〈仁多郡・玉峯山〉

⑯樋速日子命、坐此處。故云樋。神亀三年、改字斐伊。〈大原郡・斐伊郷〉

「神坐型」の場合、基本的に神はただ鎮座していることを記すのみであり、巡行等その地に到る経緯や、行動などは殆ど記されることがない。⑥⑬に「天降」の語を見るくらいである。神名の一部がそのまま地名となるというように説明されるため、行動を記す必要性がない、若しくは記さない方が地名との関係が明確になるということもあろう。神名がそのまま土地の名となるのであるから、音の上でも繫がりが明瞭であるものが多い。或いは表記はここではさほど重要視されないのかも知れない。つまり音が明確に示せることがより肝要だったのではあるまいか。⑦「漆沼」⑭「来嶋」等の改字表記は、文字の持つ意味を喚起させてしまうが、神の鎮座という背景があるならば、その由来が忘れ去られることはあるまい。

そんな中で、①のような音の変化を含み持つものは例外的である。青幡佐久佐日古命は、大原郡高麻山条にも山名由来に関わる神として登場しているところからすれば、背景に伝承基盤を有する神であり、実際には何らかの神話が存していたのかも知れない。

ところで、原則として神の鎮座は風土記筆録現在に関わる事象であろうから、過去から現在にかけてその名称が変わるにはそれなりの理由説明が要求されよう。⑥の場合、「宇夜里→健部郷」という、神の時代から天皇の時代へという変遷を経て来たその過程を説明している。『出雲国風土記』では唯一の例である。問題は⑤である。「都久豆美」→「千酌」という変更は、その理由が全く説明されない。鎮座する神の名と地名とがズレてしまい、かつ表記にも共通性がなければ、その関連性を保証するものは無くなってしまう。①と⑤との違いは何かというと、⑤の場合は「ツクヅミ→ツクヅミ→チクミ」というように、一度神の名がそのまま地名として採用されたものが変化したと説くのに対し、①の場合は「アヲハタサクサ→（アヲサクサ→）オホクサ」というような中間の形を持たず、いきなり神名が音韻変化して地名と直結しているという点にある。「神坐型」の他の例からするならば、むしろ⑤の方が通例であり、神名と現行地名との間にズレがある場合には、「今人猶〇〇号耳」のように表現するしかないのであろう。ただ、島根郡手染郷・秋鹿郡大野郷・大原郡神原郷に見られる「誤」の字を入れていないのは、神の名に由来している地名であるからであろうか。

二　「神詔型」

次に「神詔型」を挙げる。こちらも秋鹿郡を除くと、十六例となる。

1所以号意宇者、國引坐八束水臣津野命詔、「八雲立出雲國者～」～（中略）～「今者國者引訖」詔而、意宇社尓、御杖衝立而、「意恵」登詔。故云意宇。〈意宇郡〉

2所造天下神大穴持命、越八口平賜而、還坐時、来坐長江山而詔、「我造坐而命國者、皇御孫命平世所知依奉。但八雲立出雲國者、我静坐國、青垣山廻賜而、玉珎置賜而守」詔。故云文理。神亀三年、改字母理。〈意宇郡・母理郷〉

3天乃夫比命御伴天降来、社伊支等之遠神、天津子命詔、「吾静将坐志社」詔。故云社。神亀三年、改字屋代。〈意宇郡・屋代郷〉

4神須佐乃袁命、天壁立廻坐之。尓時、来坐此処而詔、「吾御心者、安平成」詔。故云安来也。〈意宇郡・安来郷〉

5布都努志命之國廻坐時、来坐此處而詔、「是土者不止欲見」詔。故云山國也。〈意宇郡・山国郷〉

6所造天下大神命、将平越八口為而幸時、此處樹林茂盛。尓時詔、「吾御心之波夜志」詔。故云林。神亀三年、改字拝志。〈意宇郡・拝志郷〉

7須佐能袁命御子、都留支日子命詔、「吾敷坐山口處在」詔而、故云山口負給。〈島根郡・山口郷〉

8造天下大神命、詔「此國者、丁寧坐造國在」詔而、故丁寧負給。而今人猶謂手染郷之耳。

9須佐袁命御子、國忍別命、詔、「吾敷坐地者、國形宜者」。故云方結。〈島根郡・手染郷〉

10神魂命御子、八尋鉾長依日子命、詔、「吾御子、平明不憤」詔。故云生馬。〈島根郡・生馬郷〉

11所造天下大神命、天御飯田之御倉、将造給處、覓巡行給。尓時、「波夜佐雨久多美乃山」詔給之。故云忽美。神亀三年、改字玖潭。〈楯縫郡・玖潭郷〉

12宇乃治比古命、「以尓多水而、御乾飯尓多尓食坐」詔而、尓多負給之。然則可謂尓多郷而、今人猶云努多耳。神亀三年、改字沼田。〈楯縫郡・沼田郷〉

13須佐能袁命御子、和加須世理比賣命坐之。尓時、所造天下大神命、娶而通坐時、彼社之前有盤石、其上甚滑之。即詔、「滑盤石哉」詔。故云南佐。神亀三年、改字滑狭。〈神門郡・滑狭郷〉

14古老傳云、久志伊奈大美等与麻奴良比賣命、任身及将産時、求処生之。尓時、到来此処詔、「甚久久麻々志枳谷在」。故云熊谷也。〈飯石郡・熊谷郷〉

15所以号仁多者、所造天下大神大穴持命、詔、「此国者非大非小。川上者木穂刺加布。川下者阿志婆布這度之。是者尓多志枳小国在」詔。故云仁多。〈仁多郡〉

16大穴持命、詔、「此地田好。故吾御地占」詔。故云三処。〈仁多郡・三処郷〉

一見してわかるのは、意宇郡と島根郡が多いという点である。そして出雲郡と大原郡には見えないという点である。これらは、基本的に土地を称揚する言葉であり、神によって祝福讃美された土地がその言葉によって名づけられるというパターンとなっている(5)。しかし郡ごとに書式や内容を見ると、まとまった傾向のようなものも見える。まず意宇郡では、必ずその地にいたる経緯が記される。1は国引きの終了、2・6は越国平定からの帰還、

3は天降、4・5は諸国廻りと言った具合である。各地をめぐってきた神が、当地を良い地として感じ、讃辞を発するというパターンである。つまり、他の地とは弁別された格別な地として神が認めた場所ということである。これに対し、島根郡の四例には全てこの記述がない。その変わり7・8の二例には記事末尾の地名に「負給」という、他の郡には殆ど見られない語が付いている（楯縫郡に一例）。楯縫郡の二例はどちらも発話の前に「詔」字を付さない点で一致している。神門郡・飯石郡では神の巡行の目的がそれぞれ婚姻・出産であるという点に特徴があり、仁多郡の二例は神の巡行を記さないという点で島根郡と共通する。

さてその地名表記を見ると、神名をそのまま地名にする場合とは異なり、地名への繋げ方や表記が多様になっているという点が窺える。さほど複雑といえる程のものではないが、5や14などのように音韻上の転換が要求されるものや、9や11のように、地名を導くための言葉の分節が「神坐型」よりは複雑になってくる。3や7のような単純なものはあるが、多彩な表記がなされていると言える。形式化された中で多様性を出そうとしているのかも知れない。〈詔「　　」詔〉、もしくは〈詔「　　」〉という和文脈を基本とする書式であるゆえ(6)、これを訓読することで起源の部分と地名とが音韻的に繋がっていくのであろうが、少なくとも文字を見る限り、音の繋がりは明確ではない。実は文章としては、神の発話→地名という説明そのものに意義があったのではないか。別の言い方をすれば、地名はあくまでも行政区画上必要とされる、切り取られた言葉であるから、その土地の本質は神の発話そのものにあるということである。

因みに言えば、発話内容以外（発話以前）にも、地名と関わる語が伺えるものがある（1・3・6・13）。これらは、発話が無くても地名の由来を説明し得る話であった可能性を示している。しかし敢えて神の発話を記すところに意味があったのであろう。

ここで『出雲国風土記』総記の国名由来に目を向けてみたい。

17所以号八雲者、八束水臣津野命、詔、「八雲立」詔之。故云八雲立出雲。〈総記〉

八束水臣津野命が「八雲立」と詔を発したので「八雲立出雲」という。この説明は「八雲立」が「出雲」に冠される由来にはなるが、「出雲」の命名由来とはなりえていない。なぜ国名由来がこのような一見不完全な形で記されることになったのだろうか。『古事記』においては、「その地より雲立ち上りき」という地の文の後にスサノヲの歌「八雲立つ出雲八重垣」がある故、これが「出雲」の起源のように言われるが、地名の由来を語るという形式にはなっていないし、第一、「出雲」という音を引き出す要素がない。『古事記』も『出雲国風土記』も「イヅモ」の由来を語らないのである。両者の説明は、国名「出雲」が瑞祥たる雲の湧き立つ地に由来するという意味上の説明になっているのであり、国名「イヅモ」と雲との関わり、「出雲」という表記の正当性を保証するものであり、「イヅモ」という音の由来を伝えるものではない。

「出雲」にはヤクモタツの他にヤツメサス・ヤツモサス等の枕詞が冠せられ、また『日本書紀』崇神天皇六十年の「玉萋鎮石《たまもしづくし》。出雲人《いづもひと》の祭る」等の記述から、その語源に「厳《い》ツ藻《も》」を想定する説もあり、否定し得ない見方となっている。「出雲」の表記は語源としての「厳ツ藻」の意を排除し、雲の意に限定させるものである。地名の好字表記・二字表記は口承表現・カナ表記と異なって意味の限定という事態をまねかざるを得ない。「出雲」はまさに意味を限定した表記であるが、地名の由来を語ることで二字の表記には表わし得ない付加的な意義を担わせようとするのが、地名起源譚の本質なのかも知れない。つまり「出雲」は単に切り離された単語としての「出雲」ではなく、「八雲立出雲」を略した名であり、単に「出雲」と言った時にも「(八雲立)出雲」なのだということをこの由来譚は示している。現に国引神話の冒頭部、母理郷の地名起源譚においては、神の詔の中で「八雲立出雲国者」といわれており、少なくとも他に神の詔の中で単独で「出雲」という例は見あたらない。行政上の地名は「出雲」でも、神々に祝福された地としてはあくまでも「八雲立出雲」なのであり、国名由来譚としては「イヅモ」という音を引き出すことよりもむしろそうした点を語る必要性の方が大きかったのであろう。これは「神詔型」全体に共通する性質であると思われる。

その他、神の「詔」はあるが、それが地名に直結しない例を挙げてみる。

18所以号嶋根郡、國引坐八束水臣津野命之詔而、負給名。故嶋根。〈島根郡〉

19佐田大神所生也。御祖神魂命御子、支佐加比売命、「闇岩屋哉」詔、金弓以射給時、光加加明也。故云加加。〈島根郡・加賀郷〉

20熊野大神命詔、朝御餼勘養　夕御餼勘養、五贄緒之處定給。故云朝酌。〈島根郡・朝酌郷〉

21所以号楯縫者、神魂命詔、「五十足天日栖宮之縦横御量、千尋栲縄持而、百八十結々下而、此天御量持而、所造天下大神之宮造奉」詔而、御子天御鳥命、楯部為而、天下給之。尓時、退下来坐而、大神宮御装楯造始給所、是也。仍至今、楯桙造而、奉出皇神等。故云楯縫。〈楯縫郡〉

22神須佐能袁命詔、「此国者、雖小国々処在。故我御名者、非着木石」詔而、即己命之御魂鎮置給之。然即大須佐田小須佐田定給。故云須佐。〈飯石郡・須佐郷〉

23所造天下大神命、詔、「八十神者、不置青垣山裏」詔而、追廢時、此処迨次坐。故云来次。〈大原郡・来次郷〉

18島根郡と20朝酌郷は、「詔」とはあるが、その発語が記されない例。特に18島根郡の場合、地名「嶋根」の由来説明に関する記述が全くない。八束水臣津野命の「詔」によって名づけたとあるのみである。これは、形は異なるが、先述の出雲国名の由来において、その国名に直結する説明が無かったのと共通するのではなかろうか。むろん抜け落ちた可能性もあろうが、出雲国名の場合が、神が「八雲立」と言ったから「八雲立出雲」というという説明と共通し、神が「詔」を発したから「嶋根」と名づけたというありかたが許容されているとみることが出来るように思われる。八束水臣津野命の名に「國引坐」と冠されているように、国引き神話という神話世界を背景に持つ神だからこそ可能な方法なのであろう。その点でも、出雲国名由来に関わる神が、同じく八束水臣津野命であることと関連しよう。

なお、18の「負給名」と同じような表現は、あまり多くはない。7山口郷、8手染郷、12沼田郷がそれにあたる。これらは全て発話後の「詔」に「而」を付して後文に続けていくというパターンになっている。神の発語が地名に直結しない21楯縫郡、22須佐郷、23来次郷の場合はやはり「而」によって説明が続く（19加賀郷については（注1）参照）。逆に、「負給」の語を伴わず、神の発語が地名に直結する場合で、発語の後の「詔」に「而」が続くのは、次節に見る秋鹿郡の多太郷の一例のみである。

三　〈秋鹿郡〉郡名起源と郷名起源

以上の用例を踏まえた上で、秋鹿郡の記事の検討に移りたい。まずは郡名の起源譚である。

（1）所以号秋鹿者、郡家正北、秋鹿日女命坐。故云秋鹿矣。

郡名の場合「神坐型」が用いられるのは、この秋鹿郡ともう一つ、飯石郡の場合のみである。

⑪所以号飯石者、飯石郷中、伊毗志都弊命坐。故云飯石之。　〈飯石郡〉

但し飯石郡の場合には、同名の飯石郷があり、こちらは、

⑫飯石郷。郡家正東一十二里。伊毗志都弊命、天降坐処。故云伊鼻志。神亀三年、改字飯石。」〈飯石郡・飯石郷〉

とある。記述の順番として⑫の方が後に位置するにも関わらず、「〇〇の如し」という形を取らず、かつ⑪には無い「天降坐処也」という記述があるところからすれば、本来的には郷名の由来であった記事を郡名由来に援用した可能性が高く、とすれば郡名由来としては秋鹿郡の場合は特殊な例となる。秋鹿日女命は他に見えない神である。土地神かとも言うが不明である。鎮座した「秋鹿社」は秋鹿郡の神社名列記の条に記載があるが、「不在神祇官」であり、官社ではない。古くから信仰されていた神であるのかどうか、疑問がのこる。神名に関しても「秋鹿」に「ヒメ」が付いただけの素朴な神名である。地名起源記事の整理・統一作業の中で形作られた話である可能性が高いのではないか。

次に、秋鹿郡の郷名の由来であるが、四つの郷名の由来は全て神の発言による命名のパターンで記されている。

(2)恵曇郷。郡家東北九里卌歩。須作能乎命御子、磐坂日子命、國巡行坐時、至坐此処而詔、「此處者、國稚美好有。國形如絵鞆哉。吾之宮者、是處造事者」。故云恵伴。神亀三年、改字恵曇。

(3)多太郷。郡家西北五里一百廾歩。須作能乎命御子、衝杵等乎与畄比古命、國巡行坐時、至坐此處詔、「吾御心、照明正真成。吾者此處静将坐」詔而静坐。故云多太。

(4)大野郷。郡家正西一十里廾歩。和加布都努志能命、御狩為坐時、即郷西山、待人立給而、追猪犀、北方上之、至阿内谷而、其猪之跡亡失。尓時、詔、「自然哉。猪之跡亡失」詔。故云内野。然今人猶誤大野号耳。

(5)伊農郷。郡家正西一十四里二百歩。出雲郡伊農郷坐、赤衾伊農意保須美比古佐和気能命之后、天瓱津日女命、國巡行坐時、至坐此処詔、「伊農波夜」詔。故云伊努。神亀三年、改字伊農。

いづれも神の巡行を描くという点では意宇郡の例に近いと言える。やはり〈巡行→到来→詔「（土地称揚）」詔、故云〇〇。〉というのが「神詔型」の基本形であると考えて良いであろう。

（2）（3）は、先の1～16とは異なり、発話の末尾が地名に直結しない。これを見ると、讃美表現の後に「吾之宮者、是処造者」〈恵曇郷〉「吾者此処静将坐」〈多太郷〉とある。つまりこの地を選択しその地に住む・鎮まるという内容である。他の「神詔型」の場合、特に鎮座を記していないのは、「神坐型」との区別化を図ったためであろうか。鎮座の要素を加えてしまうと、神名からの命名というパターンになってしまうために、あえて記していないとも考えられる。秋鹿郡は郡名以外には「神坐型」がないので、特に区別する意識がなかったのかも知れない。

次の（4）（5）は、「神詔型」の中でも例外的なものである。というのは、この二例は神が巡行するものの、この地には定着しない例になっているからである。（4）の「和加布都努志能命」は出雲郷に坐す神、また（5）は、出雲郷に坐す「赤衾伊農意保須美比古佐和気能命」の后神が、此の地を巡ったときに夫の神を偲んだという内容になっている。命名の由来に関わる神がこの地を選択し、鎮座した訳ではないのである。それゆえ、内容も他の「神詔型」とは異なり、一見、土地称揚という要素が見られない。（5）の場合は、共通するパターンとして、『古事記』の倭建命、『日本書紀』の日本武尊が、それぞれ足柄山・碓井坂で、自分を助けるために入水したオトタチバナを偲んで「アヅマハヤ」と三回嘆いたという話がある。東征の地「アヅマ」を見渡すに適した場という意味において、それが讃美されるべき場所だと考えることができる。同様に（5）の場合も、夫神を偲ぶに相応しい場として選択された地という位置付けとなろう。しかし（4）の場合は、狩をしていた際に、射た猪の足跡が消えてしまったという展開であり、これはいわば狩猟の失敗を描くパターンなのであるから、何らかの理由を考えない限り、決してこれを土地讃美と捉えることは出来まい。このような例は『出雲国風土記』の「神詔型」には他に見えない。

（4）の文は、主語なども明確でなく、分かりにくいものとされている。[7] 記事と地名との関わりにも見解の相違が見られる。大系本は「自然哉」を「ウツナキカナ」と訓むことで地名「内野」と関わらせ、新編全集その他では、「亡失」の箇所を地名と関わらせる。「自然」は角川ソフィア文庫の訓にあるように通常は「オノヅカラ」と訓まれる。大系の説は、「自然」を「ウツナシ」と訓ませる根拠に乏しい点に問題がある。『出雲国風土記』では他に三箇所に「自然」の語がみえる。うち二例は秋鹿郡である。

○朝酌《あさくみ》の促戸《せと》。（中略）是《ここ》に捕《と》らゆる大き小き雑《くさぐさ》の魚《うを》に、浜譟《さわ》がしく家に闐《にぎは》ひ、市人《いちびと》四《よも》より集ひ、自然《おのづから》鄽《いちくら》（＝市場）を成す。〈島根郡〉

○恵曇《ゑとも》の陂《つつみ》。（中略）養老元年より以往《さき》は、荷葉《はちす》、自然《おのづから》に叢《む》れ生《お》ひて、太《はなは》だ多《おほ》かりき。二年より以降《のち》、自然《おのづから》に亡《う》失せて、都《かつ》て茎《くき》無し。〈秋鹿郡〉

すべて各郡の後半部、記録的記事の箇所であり、漢文体によって書かれているとされる箇所である。その意味するところは、人為の関わらない、人知の及ばないところを指しているように思われる。また秋鹿郡の記事には「自然亡失」という四字句も見えており、（4）の文との表現上の関連性も窺わせる。

先にも述べたが、この話は狩猟に失敗した話になっている。他の「神詔型」のように神の発話が土地を称揚しているようには見えない。しかし、この話の主体である神が、この土地に鎮座する神ではないことを考えるならば、むしろ猪の跡を追えなくなることがこの土地の神の霊威を讃美することになるのではなかろうか。[8] そうした土地の力を讃美する言葉として「自然」という言葉は相応しい。その「自然」を因とした結果が「亡失」であるという繋がりによって、土地讃美たりえているものと思われる。

ところで、他の「古風土記」中に「内野」の地名は見えないが、「大野」は『豊後国風土記』と『播磨国風土記』とに見られる。

○大野郡（中略）此郡所部、悉皆原野。因斯名曰大野郡。〈豊後国・大野郡〉

○大野里（中略）右、称大野者、本為荒野。故号大野。〈播磨国・飾磨郡〉

「原野」「荒野」という地形・状態が命名の由来となっている。秋鹿郡の「内野」も、実は地形・地状に由来があったのかもしれない。記事の中で、猪の足跡が消えた場所を「阿内谷《くまうちのたに》」としている。この「阿内谷《くまうちのたに》」がウチノの由来であったと見ることは出来ないであろうか。[9] 猪を追うことが出来なくなってしまうような地勢の場所という意義付けである。本来そのような形であったものを、神の発話によって説こうとする形に整えたのだとすれば、やはりそれは秋鹿郡の郷名由来の形式としてあったのではなかろうか。発話の前の文と、発話内の文とを比較すると、

地の文　至阿内谷而（原因）、→　其猪之跡亡失（結果）。

発　話　「自然哉。（原因）　→　猪之跡亡失（結果）」

という対応関係にあるように見受けられる。いずれにせよ猪の足跡を消し去る威力に対する畏怖の観念が地名の背景に籠められているように思われる。

おわりに

秋鹿郡の地名起源記事は先述のように意宇郡の形式に最も近い。書物の体裁としては、記事掲出の順番通りに

意宇郡の地名起源記事を基準とし、重複する命名由来などは「名を説くこと意宇郡の如し」とするわけだが（注4参照）、冒頭にも述べたように、実質的には秋鹿郡の記事が見本とされた可能性がある。ただ、実際の影響関係・先後関係についてここではっきりと結論付けることは出来ない。言えることは、秋鹿郡の場合は最も基本的なパターンとしての「神坐型」「神詔型」を用いることで表現形式、内容を整えているということである。特に郷名の「神詔型」においては、巡行・鎮座宣言・感嘆表現（偲び）等といった定型的な型を踏まえながら、「照明正真」や「自然」といった特徴的な言葉を用いることで内容に広がりを持たせているように見える。そこに、一見単純な型で記された他の郡の地名起源記事とは異なる筆録者の工夫の跡が見受けられるのである。

『出雲国風土記』筆録の基本方針や各郡ごとの特質、また記述方式や内容に関する郡どうしの関わり等については、まだ明確にされていない部分も多い。今後は地名起源記事に限らず、語句単位・文章レベルにおいて比較検討する必要があろう。加えて言えば、従来「和文体」と「漢文体」とで分けて見られてきた各郡の前半部（地名起源説話部）と後半部（記録記事部）との文字表現上・文章表現上の関わりも見直す必要があるかも知れない。但し、そのためには本文校訂を徹底させることが大前提となろう。

【注】

（1）地名起源記事の用例数は、数え方によっては多少の差異が生ずる場合がある。また、写本状況との関わりから、〈島根郡加賀郷〉の郷名由来を原本に無かったものとし、削除する立場もある。「神詔型」の記事の書式から考えても、後に加えられたものである可能性が高いと思われる。角川ソフィア文庫版も底本の細川家本に従って採っていないが、今回は一応用例に含めておくこととする。

（2）荻原千鶴「出雲国風土記」『風土記を学ぶ人のために』世界思想社、二〇〇一年八月。

（3）写本により「全太理」とするものもあり、確定していないが、ここでは角川ソフィア文庫による。

（4）関和彦『出雲国風土記注論』明石書店、二〇〇六年八月。なお、海産物に関する表記について関は、別の論文において、先に島根郡に記述があるにも関わらず、楯縫郡や出雲郡に、「秋鹿郡に説けるが如し」という文言が見えるところから、秋鹿郡が基準になっていると述べている（「『出雲国風土記』の編纂」『風土記の考古学3出雲国風土記の巻』同成社、一九九五年一二月）。地名起源記事の場合、同一の説明に関しては「名を説くこと意宇郡の如し」というフレーズが六回程出てきており（島根郡余戸里・秋鹿郡神戸里・楯縫郡余戸里・同神戸里・出雲郡神戸郷・神門郡余戸里）、他には別の郡の記事に説明を求めるものはないので、形式的には意宇郡が基準となっているということは言える。

（5）荻原千鶴「『出雲国風土記』の地名起源叙述の方法」『太田善麿先生追悼論文集　古事記・日本書紀論叢』群書、一九九九年七月。

（6）乾善彦「古事記の文章と文体」『國文學』47-4、二〇〇二年三月。

（7）小島憲之「風土記の述作」『上代日本文学と中国文学』上、塙書房、一九六二年九月。

（8）飯泉健司は、『播磨国風土記』飾磨郡英馬野の、天皇による狩猟失敗の説話に関する論考において、「天皇の力を土地神の霊威より下位に位置付けた伝承として解釈できることに気づく。天皇といえどもこの地の神の霊威にはかなわなかった、という意味合いを読み取ることができる。」と論じている。秋鹿郡大野郷の記事内容を全く同じように扱うことには問題もあるが、応用し得る見解だと思われる（「播磨国風土記・餝磨「伊刀島伝承」考―天皇の狩猟失敗を語る意義―」『立正大学文学部論叢』103号、一九九六年三月。後『播磨国風土記神話の研究―神と人の文学』おうふう、二〇一七年三月所収）。

（9）角川ソフィア文庫は、「内野」は奥まった地形に基づく命名として「阿内の谷」に由来する可能性を指摘している（上、162頁脚注）。

第三部　風土記神話の文学性

第十章　風土記の異類婚
——始祖を語る〈型〉——

はじめに

『古事記』『日本書紀』を見る限り、異類婚姻譚は始祖の誕生を説明する際に用いられる〈型〉であると言える。神から天皇へという流れを説く王権の歴史叙述においてそれは重要な役割を持つものである。一方で風土記にも異類婚姻譚がしばしば見受けられる。しかし風土記の場合に明確に始祖誕生の神話・説話となっているものは殆どない。この違いは、神話・説話の変容、またはそれぞれの書の性格・目的の相違という点にその所以が求められるが、だとした場合に、風土記において異類婚姻譚が記される目的は何なのであろうか、実はその点についても明確ではない。本章は、一見〈型〉から逸脱しているように見える風土記の異類婚について考えようとするものである。

一　風土記の異類婚の特質

風土記の異類婚の代表的な話としては、『常陸国風土記』那賀郡・晡時臥山《くれふしやま》条、『肥前国風土記』松浦郡・褶振峰《ひれふりのみね》条が挙げられる。本章では主として前者を扱うことになるが、はじめに後者について触れておきたい。『肥前国風土記』松浦郡の話は、『古事記』崇神天皇条に見られる〈苧環型《おだまきがた》〉神婚説話の一類型として認識されている。しかし、『古事記』と異なって、この婚姻譚では、子どもの誕生が語られることはなく、主人公の弟日《おとひ》姫子《ひめこ》は蛇頭人身の化け者によって死を賜ることになる。ところが、この弟日姫子は一方で「日下部の君等の祖」と記されており、始祖的な存在として位置付けられてもいる。懐妊・出産の伝えが無く、死を賜る女性が「祖」と位置付けられる点、疑問が残る。異類婚ではないが、「丹後国風土記」逸文記載の浦嶼子説話における筒川嶼子も、「日下部首らが先つ祖」と記されている。海上で出逢った娘子とともに神仙世界に行き、約三百年の間不在であった嶼子が何故氏族の祖となれるのであろうか。仙境の娘子との間に子が生まれたという記述もない。娘子がはじめ亀の姿で登場し、「亀比売」という名で呼ばれていることからすれば、この話にも異類婚としての要素があり、始祖伝承という型を持っていた可能性はあるのかも知れない。浦嶼子の話は神仙の美女と美しく風流な男との悲恋物語をテーマとしているが故に(1)、始祖伝承としての要素が必要とはされなかったのかも知れないが、それでは何故「祖」という位置づけが成り立ち得るのか。いずれの場合も「日下部」氏である点からすれば、説話と伝承氏族との関わりで考える必要はあるかも知れないが、それよりも、このように具体的に説話と氏族との繋がりを描かないところに風土記の記事の特質があるのではなかろうか。その特質を考えるために、引き続き『常陸国風土記』那賀郡・晡時臥山条の説話について考えていきたい。

> 茨城里《うばらきのさと》。此より北のかたに高き丘あり。名を晡時臥之山と曰ふ。古老の曰はく、兄妹二人有り。兄の名を努賀毗古《ぬかびこ》、妹の名を努賀毗咩《ぬかびめ》といふ。時に、妹室《むろ》に在り。人有り、姓と名とを知らぬ、常に求婚《よば》ひに就《き》て、夜来りて昼去る。遂に夫婦《をひとめ》と成りて、一夕《ひとよ》に懐妊《はら》みぬ。産《こう》むべき月に至りて、終に小さき蛇を生む。明くれば言《こと》無きが若く、闇《く》るれば母と語る。是に、母と伯《をぢ》、驚き奇《あや》しみ、心に神の子ならむと挟《おも》ひ、浄き杯《つき》に盛《い》れ、壇《まつりのには》を設《ま》けて安置《お》く。一夜の間《ほど》に、已に杯の中《うち》に満ちぬ。更《さら》に瓮《ひらか》に易へて置く。亦、瓮の内に満ちぬ。此の如きこと三たび四たびにして、器を用ゐ敢へず。母、子に告げて云はく、「汝が器宇《うつはもの》を量るに、自らに神の子と知る。我が属《やから》の勢にては、養育《ひた》すべからず。父の在《いま》す所に従《ゆ》くべし。此に有るべからず」といふ。時に、子哀しみ泣き、面を拭ひて答《こた》へて云はく、「謹みて母に承《したが》はむ。敢へて辞《いな》ぶる所無し。然れども、一身《みひとつ》にして独り去き、左右に人無し。望請《ねが》はくは、矜《あはれ》びて一《ひとり》の小子《わらは》を副《そ》へたまへ」といふ。母云はく、「我《あ》が家《いへ》にあるは、母と伯父《をぢ》とのみ。是も亦、汝明らかに知れり。人の相ひ従ふべき無し」といふ。爰《ここ》に、子恨みを含みて、事吐《ものい》はず。決別《わか》るる時に臨みて、怒怨《いかり》に勝へず、伯父を震り殺して天に昇る。時に、母驚動《おどろ》きて、盆《ひらか》を取りて投げ触《う》てば、子昇ること得ず。因りて此の峰に留まりき。盛《い》れし瓮と甕とは、今も片岡の村に在《あ》り。其の子孫《あなすゑ》、社を立てて祭を致し、相続《あいつ》ぎて絶えずといへり。　以下は略く。

この話は、『肥前国風土記』松浦郡の話と同様、苧環型の一類型として捉えられている。しかし、苧環型と言える部分は、「人有り、姓と名とを知らず。常に求婚ひに就て、夜来りて昼去る。遂に夫婦と成りて、一夕に懐妊みぬ。」とあるように、正体不明の男が夜毎に女性のもとに通ってきて、女性が懐妊するという展開を持つくらいである。針と糸をもって男の跡をつけるという、苧環型の特徴的な内容を欠いている。この話の特徴は、生まれた子が人ではなく小蛇である点、その生まれた子の異常成長を語る点、その異常成長に「杯・瓫」という器が関わっている点などである。生まれた子が蛇である故に、この話は始祖譚たりえていない。この小蛇の様子を確認してみよう。「明くれば言無きが若く、闇るれば母と語る。」とあるように、夜には人語を解するようである。そして夜の間の異常成長が「三たび四たび」繰り返され、ついに母と伯父は養育をあきらめるが、父のもとへ行けという母の言葉にしたがって子蛇は天に昇ろうとする。その際に母や伯父への恨み怒りを抱いた子蛇は「伯父を震り殺し」て天に昇る。驚いた母は「盆」を子蛇に投げつけたところ、その「盆」が子蛇に触れて天に昇ることが出来なくなったという。話の最後の部分は、「因りて此の峰に留まりき。盛れし瓫と甕とは、今も片岡の村に存り。その子孫、社を立てて祭を致し、相続ぎて絶えずといへり。」とあり、祭祀の起源譚となっている。この峰に留まったのは子蛇以外にはありえないが、子蛇はその後どうなったのかは記されない。社を立てて祭ったというその対象は、文脈からすれば「瓫」と「甕」なのであろうが、何故祭を行う必要があったのか不明である。また、「その子孫」というのがどういう存在であるのかも不明瞭である。

　子蛇は伯父を震り殺して天に昇ろうとしたわけなので、この時点では恐ろしい力を持ったまさに雷神である。が、「盆」に触れて昇天出来なくなった段階で、すでに神としての力は失われているのではないか。雷神は地に落ちた時点で霊力を失っているらしい。例えば『日本書紀』推古天皇二十六年是年条では、霹靂の木を伐ろうとした河辺臣に落雷した雷神が「少魚」となって樹の枝に挟まり、焚かれてしまうという話がある。また『日本霊異記』上巻第一縁では少子部栖軽の生前と死後と二度に亘って雷神が捉えられる話があり、また同第三縁では、農夫の前に落ちた雷神が「小子」となって農夫に命乞いをし、「楠の船を作り、水を入れ、竹の葉を泛べて」貰うことで、昇天することが出来る、と語るように、地に落ちた雷神は弱々しい存在である。但し、『日本霊異記』

上巻第一縁や、『日本書紀』雄略天皇七年七月の記事がそうであるように、雷神の姿を見た雄略天皇が恐れて雷神を元の場所に帰すという展開があり、全く無力な存在というわけではなさそうである。現に『日本霊異記』上巻第三縁の話では、農夫に子を授けるという霊威を示している。

二　『常陸国風土記』の蛇神祭祀

ところで、『常陸国風土記』には他にも蛇神祭祀に纏わる記述が見られる。よく知られた行方郡の夜刀神の話である。

「此より上《かみ》は、神の地《ところ》と為すことを聴《ゆる》さむ。此より下《しも》は人田を作るべし。今より後、吾、神の祝《はふり》と為りて、永代《とこしへ》に敬ひ祭らむ。冀はくは、な祟りそ、な恨みそ」といひて、社を設けて初めて祭る、といふ。還《また》、耕田《た》一十町余《とところあまり》を発《ひら》きて、麻多智《またち》の子孫《うみのこ》、相承けて祭を致し、今に至るまで絶えず。

新田開発を妨害する夜刀神を在地の首長的存在と思しき箭括麻多智が退治するという展開であるが、説話内に「俗云」として分注で記される「その形蛇の身にして頭に角あり。率ゐて難を免るる時に、見る人あらば、家門を滅ぼし子孫継がず。凡てこの郡の郊原に、甚多に住めり。」という内容からするならば、風土記筆録時点においても土地人にとっては恐ろしい神であることに違いないようである。それゆえにこそ麻多智はただ退治するだけではなく、祭祀も行うのであろうが、麻多智は夜刀神の子孫として描かれているわけではないので、祖先祭祀という要素は持たない[2]。

もう一つ、久慈郡の賀毗礼の高峰の話がある。

（薩都の里の）東の大き山を、賀毗礼之高峰《かびれのたかみね》と謂ふ。天神在す。名をば立速男命《たちはやをのみこと》と称ふ。一名《またのな》は速経和気命《はやふわけのみこと》。本、天より降りて、松沢の松の樹《き》の八俣の上に坐す。神の祟、甚く厳《はげ》し。人、有り、向きて大小便《くそまり》行《ゆま》る時は、災《わざはひ》を示《み》せ、疾苦《やまひ》を致さしむ。近前《かたはら》に居《す》む人、毎《つね》に甚く辛苦《たしな》みて、具状《あるかたち》を朝《みかど》に請す。片岡大連を遣して、敬ひ祭る。祈み曰さく、「今、此処に坐せば、百姓家を近くして、朝夕に穢臭《けがら》はし。理《ことわり》、坐すべくもあらず。避《さ》り移りて、高山の浄き境に鎮まりますべし」とまをす。是に、神、禱告《のみまをすこと》を聴《ゆる》して、遂に賀毗礼之峰に登りぬ。其の社は、石を以ち垣とし、中に種族《やから》甚《いたく》多し。幷《また》、品《くさぐさ》の宝、弓・桙・釜・器の類、皆石と成りて存《のこ》れり。凡て、諸の鳥の経《わた》り過ぐるは、尽に急《すみやか》く飛び避けて、峰の上に当ることなし。古より然為て、今も同じ。

ここには、神が蛇神であるという明確な記述はないが、いくつかの興味深い点が見られる。まず、「種族甚多し」という説明が、夜刀神説話の中の分注記事に見られる「凡てこの郡の側の郊原に、甚多に住めり」という描写と似ており(3)、また「石以て垣と為し」というのは、夜刀神を退治した後の麻多智の「此より以上は、神の地と為すを聴す。」という宣言に通ずるものがあるように思われる。そして人々に祟りなす存在であるこの神が、天から降臨した神であるという点は、晡時臥山条における子蛇の父が天にいる存在であるという点と共通する。従ってやはり雷神的存在であると思われるが、地上にあっても祟りをなす存在である故に、祭を行う必然性があるのであろう。片岡の大連は『新撰姓氏録』左京神別上に「中臣方岳《かたおか》連　大中臣同祖」とあり、祭祀関係の氏族である。また説話中の「高山の浄き境に鎮まりますべし。」という表現は、遷却祟神の祝詞に見られる「この地よりは、四方を見はるかす山川の清き地に遷り出でまして、吾が地と領きませ」「祟りたまひ建びたまふ事なくして、山川の広く清き地に遷り出でまして、神ながら鎮まりませ」という表現と類似していることから、具体的な祭儀が背景にあるものと見られるものである。

このように『常陸国風土記』では蛇神祭祀（立速男命の場合、蛇神・雷神とは断定できないが）に対する関心の高さが窺える。晡時臥山の場合もやはり神の祟りを恐れての祭祀がその背景として存在しているようである。

三　ヌカビコ・ヌカビメ

そこで、晡時臥山の話における祭祀者の問題に移りたい。話の展開上、ヌカビコ・ヌカビメと関わる子孫ということであろうが、その正体ははっきりしない。それより、ヌカビコ・ヌカビメに子孫がありえたのかどうか、判然としない。話の中には、「我が家にあるは、母と伯父とのみ。是も亦、汝明らかに知れり。人の相ひ従ふべき無し」という母の言葉があり、これに従えばこの兄弟には他に係累がないかのようである。伯父は子蛇に殺されてしまうので、残ったのは母のみということになる。その母は子蛇を生んだのだから、「その子孫」とは母がこの後生んだ子がいたのか、さもなければ子蛇の子孫ということになってしまうが、生まれた子が人ではなく蛇であったのであるから、その子孫が祭祀をするというのはおかしい。結局のところ、「その子孫」に該当する存在は不明瞭なままであり、この神話と祭祀者との関係は説明されない。はじめに述べたように、始祖神話たりえない所以である。

ヌカビコ・ヌカビメについて、松岡静雄は「努賀は那賀に通ずるから、此地の国つ神即ち先住民であろう」と言うが(4)、定かではない。吉野裕子は「ヌカ」が蛇を表す古語であった可能性について述べているが、それも晡時臥山の話を元にしてのことなので、根拠には乏しい(5)。秋本吉徳は、『新撰姓氏録』に見える「努賀君」と関わら

せて考えている。『新撰姓氏録』左京皇別下・「上毛野朝臣」条には、以下のような記事が見える。(6)

> 下毛野朝臣と同じき祖。豊城入彦命《とよきいりひこのみこと》の五世孫、多奇波世君《たかはせのきみ》の後なり。大泊瀬幼武天皇《おほはつせわかたけのすめらみこと》（謚は雄略。）の御世に、努賀君《ぬかのきみ》の男《こ》、百尊《はくそん》。阿女《むすめ》の産《うまはり》の為に聟の家に向ひ、夜に犯《な》りて帰る。応神天皇の御陵辺《みささきべ》にて、馬に騎《の》れる人に逢ひ、相共に話語《かた》らひて、馬を換へて別る。明日《くるつあした》に、換へたる所の馬を看れば、是は土馬《はにま》なり。因りて姓《うじ》を陵辺君《みささきべのきみ》と負ひき。百尊の男《こ》、徳尊《とくそん》。孫《ひこ》、斯羅《しら》。謚は皇極の御世に、河内の山下の田を賜ひ、文書《ふみ》を解《さと》れるを以て、田辺史《たなべのふひと》と為れり。宝字称徳孝謙皇帝の天平勝宝二年、改めて上毛野公を賜ふ。今上の弘仁元年、改めて朝臣の姓を賜ふ。続日本紀に合へり。

右の記述によると、上毛野朝臣は下毛野朝臣と同祖で豊城入彦命（崇神天皇の皇子）の五世孫で多奇波世君の後であるという。雄略の御世に「努賀君」の息子の百尊が娘婿の家に行った帰りの夜道、応神天皇陵の近くで馬に乗った人物に逢い、語り合って馬の交換をして別れたが、翌朝その馬を見れば埴輪の馬であったという。この百尊の後裔が田辺史となり、後上毛野公を賜ったと伝えている。秋本吉徳はこの記述を元に、晡時臥山の説話はこの「努賀君」が伝えた話ではなかったかと推定している。(7)上毛野朝臣・下毛野朝臣と常陸国那賀郡との関わりは不明だが、志田諄一は下毛野国那須郡にオホナムチ・スクナヒコナの信仰があったと見られることから、晡時臥山の話の直前に載る巨人伝説と合わせて、那珂川の上流から下流へ下る経路でこれらの説話が伝播してきたのではないかと説いている。(8)常陸国内にオホナムチ・スクナヒコナの信仰の跡が明確に見られない点と、晡時臥山の説話とオホナムチ信仰との関連が明確ではない点で問題を残すが、川伝いに伝承が伝播していくということはあり得るのではなかろうか。しかし、その場合には伝承を持ち伝えたと思しき「努賀君」一族自体の本拠地の移動・展開が確認されなければ、確かなことは言えまい。いずれにせよ右の話の中にみられる埴輪の馬と「努賀君」の性格を合わせ考えるならば、土器・埴輪製作集団という性質が窺える。とするならば、蛇神祭祀を司る氏族の始祖神話であった可能性も出てくるが、その場合、極めて間接的な始祖神話という形となっていることになる。

「多奇波世君」なる人物については、仁徳紀五十三年条に、「上毛野君が祖竹葉瀬」と見え、弟の田道とともに新羅軍と戦って撃ち破るという話を伝えている。更に五十五年条には、弟の田道が蝦夷征討に際して戦死した話があり、その後再び蝦夷が人民を略奪し、田道の墓を掘ったところ、そこから大蛇が現れて多くの蝦夷を死亡させたという話が記されている。努賀君の祖である多奇波世君の弟の田道にこのような大蛇化身伝説が関わっているのは偶然とは思われない。努賀君は蛇神を祖とする信仰、或いは土器を用いた蛇神祭祀集団という面があったのではなかろうか。

吉野裕子は、晡時臥山の話を蛇神祭祀を基とする話と考え、蛇巫が祖神と交わる「擬き」「真似」をする儀式があったと想定している。更に甕に入れられて祭壇に祭られていた毒蛇が伯父をかみ殺し追い払われたが、甕だけが残って神聖視され、祭祀の対象となったと推定している。(9) そこまで具体的に考えられるものかどうかはともかく、「遂に夫婦と成りて、一夕に懐妊みぬ。」とあるような一夜孕み譚や誕生後の異常成長譚は農耕祭祀における抽象化された時間を示しているとも言われるように、(10) 何らかの祭祀が背景にあることは間違いない。

先に見たごとく、『常陸国風土記』においては蛇神を退治したり追い払ったりはするが、同時に記事の上では蛇神祭祀を疎かにはしていない。夜刀神の場合は在地首長層と見られる箭筈麻多智によって、賀毗礼の高峰の場合には中央から命じられた人物によって祭が行われている。晡時臥山の話は、その二例とは異なって、祭る側と祭られる側が密接な関係を持っている例である。にも関わらず、その関係性は曖昧さを残している。または矛盾が見られる。この点について、益田勝実は次のように述べている。(11)

子孫というのは、クレフシ山にとどまることになったカミの子の、人間界の娘との交渉というような後日譚があってのことだが、しかし、そのつじつま合わせの後日譚を必ず合わせて物語らねばならないとは、語り手たちは考えていない。カミとヒトとのそのかみの神異に満ちた交渉の一点を、そのあとにつづくべき時間から、すっぱりと切りとって、くりかえし語ったのである。クレフシの蛇体のカミの子が、どのようにして自分たち人間を生んだか。そこにもまたもうひとつの神話の介在を要する、とわれわれの論理では考えたいが、神話の語り手にはそういう考え方は不要らしい。

つまり、ヌカビメが生んだ子蛇を祭るものが子孫として存在するためには、晡時臥山に留まった子蛇がやがてある女性のもとに夜毎訪れ、孕ませる、そして生まれた子が人の姿で誕生するという展開が必要になるわけだが、この神話の語り手はそれを必要とはしなかったというのである。それは何故なのか。『古事記』や『日本書紀』のような連続する時間の中に神話・説話を組み込んで成り立っていく物語では、あらゆる場面で繋がりを意識せざるを得ない。『古事記』『日本書紀』は神話・説話を記す書であると同時に、いやそれ以上に系譜の書であるからである。それに対して風土記の場合には、はじまりの物語と、今現在とがダイレクトに繋げられる。眼前に繰り広げられる祭祀と、はじまりの神話、或いは眼前に存在する甕（場合によっては石であったり樹木であったり、或いは地名であったりする）とはじまりの神話がある、ということである。具体的な行為・物・社・或いは地名の存在が、神話を保証し、そして神話は眼前の存在を保証する、そうしたありかたなのであろう。どちらが古く、どちらが新しいのか、またどちらが原初的で、どちらが変容した形なのかということは、一概には言えないものであると思われる。

おわりに

『古事記』の異類婚を見ると、例えば火遠理命と豊玉毗売との婚姻は、天神から天皇へと繋がる系譜の中に位置付けられている。異類婚は王権の始祖神話として機能している。しかし例えば崇神記に見られる苧環型の神話では、娘子の懐妊と神の正体を知る内容はあるが、実は子どもの誕生を語る場面がない。「此の、意富多々泥古と謂ふ人を、神の子と知りし所以は」で始まる神話で語られるのは、娘子の懐妊、男の正体が三輪山の神であることの確認であり、どういう子が生まれたかは語られない。それが記されるのは、意富多々泥古自身による名告りの場面である。

「僕《やつかれ》は、大物主大神の、陶津耳命《すゑつみみのみこと》の女《むすめ》、活玉依毗売《いくたまよりびめ》を娶《めと》りて、生みし子、名は櫛御方命《くしみかたのみこと》の子、飯肩巣見《いひかたすみの》命《みこと》の子、建甕槌命《たけみかづちのみこと》の子にして、僕は、意富多々泥古《おほたたねこ》ぞ」

稲荷山鉄剣銘に記された系譜記述にも類似するこの直線的な系譜語りは、系譜の最も基本的な形を示すものとも言われるが、苧環型の神婚神話と、この系譜記述が合わさってはじめて大物主神と意富多々泥古との繋がりが明確化される。しかし神婚神話の方だけでは、生まれた存在がどのようなものであったのか、それがどこに繋がるのかは分からない。神話部分のみでは、益田勝実が言うとおり、「すっぱりと切りとって」記されているのみである。

風土記の異類婚は系譜的な保証を求めていないように見える。それは「本来的に」「元々は」始祖神話であったものが変質した、というのではなく、今見るものがそもそもの風土記的な始祖神話である可能性はないのだろうか。晡時臥山の話には様々に祭祀・儀礼の要素が認められる。祭祀・儀礼と関わることで、特に具体的・合理的な保証を必要としない状況となっているのではなかろうか。系譜的保証を求める『古事記』は、儀礼・祭祀の場を離れ、固定化された「記述」「記録」のレベルのものであると言える。

【注】

（1）三浦佑之『浦島太郎の文学史—恋愛小説の発生—』五柳書院、一九八九年一一月。
（2）夜刀神説話の後半部では壬生連麿が国家権力を背景に夜刀神を退治するが、それとは別に、麻多智の子孫の祭祀は風土記現在まで続いていると読むべきであろう。
（3）この「種族」については、角川ソフィア文庫上巻59頁脚注をはじめ「祭祀者の一族」と解するテキストが多いが、石を垣とする社の中についての説明としては意味が通りにくいように思われる。ここでは神の「種族」ととらえておきたい。
（4）松岡静雄『常陸風土記物語』刀江書院、一九二八年四月。
（5）吉野裕子『蛇—日本の蛇信仰』法政大学出版局、一九七九年二月。
（6）『新撰姓氏録』の訓読文は、佐伯有清『新撰姓氏録の研究』考証篇第二、吉川弘文館、一九八二年三月、による。なお、『日本書紀』雄略天皇九年七月条に、共通資料に基づくと思われる話が記載されている。こちらの方では馬の交換の様が奇談として描かれている。が、努賀君の名はみえない。
（7）秋本吉徳全訳注『常陸国風土記』講談社学術文庫、一九七九年四月。
（8）志田諄一『常陸国風土記と説話の研究』雄山閣出版、一九九八年九月。
（9）吉野裕子、前掲書。
（10）斎藤英喜「「一夜孕み」譚の分析—共同幻想と表現の恣意性—」『古代文学』19号、一九八〇年三月。
（11）益田勝実「神話的想像力」（解釈と鑑賞別冊『講座日本文学・神話上』至文堂、一九七七年一一月）。

第十一章　『常陸国風土記』香島郡「事向」の文脈

はじめに

『常陸国風土記』香島郡は、はじめに香島郡設立の沿革を記している。それによると、常陸国の那珂の一部と、下総国の海上の一部を割いて、神の郡を造ったと言い、その地に鎮座する天の大神の社・坂戸の社・沼尾の社の三処を合わせて、香島の天の大神と称するところから、香島郡と名付けたとする。それに続けて神宮創建に関わる〈神話〉を記載している。

【前半】

AⅠ　清《す》めると濁《にご》れると糺《あざ》はり、天地の草味《ひらくる》より已前《さき》に、諸神の天神　俗《くにひと》、「かみるみ・かみるき」と云ふ。八百万神を天之原に会集《つど》へたまひし時に、諸　祖　神《もろもろのみおやのかみ》告《の》云りたまはく、「今我が御孫命《みまのみこと》の、光宅《しら》さむ豊葦原水穂之国」とのりたまふ。高天原より降り来し大神の名を、香島天之大神と称《まを》す。天にては日香島之宮と号け、地にては豊香嶋之宮と名づく。

AⅡ　俗云はく、「豊葦原水穂国を依せ奉らむと詔りたまへるに、「荒振る神等、又、石根・木立、草の片葉《かきは》も辞語《ことと》ひて、昼は狭蝿なす音声《おとな》ひ、夜は火の光明《かかや》く国なり。此を事向《ことむ》け平定《やは》す大御神《おほみかみ》と天降《あまくだ》り供《つか》へ奉りき」といへり。

【後半】

BⅠ　其の後に、初国知らす美麻貴天皇の世に至りて、奉《たてまつ》る幣《みてぐら》は、大刀十口《とふり》、鉾二枚《ふたひら》、鉄弓二張《かなゆみふたはり》、鉄箭《かなや》二具《ふたそなへ》、許呂四口《ころよつ》、枚鉄一連《ひらがねひとつら》、練鉄《ねりがね》一連、馬一疋《ひとつ》、鞍一具《ひとそなへ》、八咫《やた》鏡二面《ふたおもて》、五色《いついろ》の絁《ふときぬ》一連なりき。

BⅡ　俗《くにひと》曰はく、「美麻貴天皇の世に、大坂山の頂に、白細《しろたへ》の大御服《おほみそ》に坐して、白桙《しらほこ》の御杖取り坐し、識《さと》し賜ふ命は、『我が前を治め奉らば、汝が聞こし看《め》さむ食国を、大国・小国、事依せ給はむ』と識し賜ひき。時に、八十之伴緒を追《め》し集へ、此の事を挙げて訪《と》問ひたまふ。是に、大中臣神聞勝命、答へて曰さく、『大八島国は汝が知らし食《め》さむ国と事向け賜ひし、香島国に坐す天津大御神の挙げて教《さと》したまひし事なり』とまをす。天皇、諸《これ》を聞かして、即ち恐み驚きたまひて、前の件の幣帛《みてぐら》を神宮に納め奉りき」といへり。

便宜上、記事の前半をAⅠ（本文）AⅡ（注記）、後半をBⅠ（本文）BⅡ（注記）とする。基本的に注記は本文を補足説明するために記載されていると見る。[1] AⅠで香島の天の大神の降臨を述べるが、その役割が明確ではない故、AⅡにおいて平定神としての位置づけを明確にする。BⅠでは崇神朝の祭祀を記録的に記すのみだが、BⅡにおいてその由縁を述べる、というありようである。さて、本章では、この記事中の文脈の不明瞭な箇所につき、検討することになるが、中でもAⅡ・BⅡの「俗」記事に共に見える「事向」という語を中心に考えてみたい。「コトムケ」は『古事記』の独自文脈を形成する語としての指摘がなされている（後述）が、その際にこの『常陸国風土記』の記事が扱われることが多い。しかしながら『古事記』の「コトムケ」の分析に比して、『常陸国風土記』のこの記事内容の分析は充分になされているとは言い難い。また、『古事記』の「コトムケ」を考える資料として扱われるせいか、『古事記』の流用として捉えられている感がある。あくまでも『常陸国風土記』の記事文脈の中で捉え返してみたい。

一　『古事記』の「言向（言趣）」

前述の通り、コトムケは『古事記』独自の理念によって記された神話文脈の中で使用されている言葉であることが指摘されている。それゆえ、まずは『古事記』のコトムケに関して確認しておきたい。コトムケの語義については、まだ確定していない点がある。コトが「言」であることは概ね定説化していると言えるが、その「言」が行為の主体に属するのか、客体に属するのかによって理解は異なる。すなわち、こちら側の「言」によって、ということか、相手側の「言」をか、という違いである。「向」についてはそれが下二段動詞であることから、他動詞として「〜を向ける」と解釈するか、下二段動詞の使役的用法と取って「〜をして〜を向かせる」と取るかで分かれる。従って、「こちら側の言によって相手を向かせる（従わせる）」[2]もしくは「向ける（従える）」[3]という理解と、「相手の言をこちらに向かせる（服従を誓わせる）」[4]といった理解に分かれる。また、こちら側の「言を向ける」ととる見方もある。[5]本章では、「言」の帰属や「言を」か「言によって」かなどを決定することは出来ない。今ここで確認しておきたいのは、これが「言葉」に関わるものであるという点である。「命以」「言因・言依」は、言葉による委任を示し、「言向・言趣」は言葉によって従わせるというありかたが『古事記』独自の理念としてあるということである。

さて、『古事記』では上巻の葦原中国平定の場面、中巻神武天皇東征の場面、景行記倭建命の西征・東征の場面等において十一例の「言向（言趣）」が見られる。「言向」「言趣」の下に「和」「和平」「平和」の語を伴う場合が多い。なお、「平」単独文字を「コトムケ」と訓む立場もあるが、本論では検討対象としない。以下に記すのは「言趣」の初出例である。

天照大御神の命以《みこともち》て、「豊葦原千秋長五百秋水穂国は、我が御子、正勝吾勝々速日天忍穂耳命《まさかつあかつかちはやひあめのおしほみみのみこと》の知らさむ国ぞ」と、言因《ことよさ》し賜ひて、天降しき。是に、天忍穂耳命、天の浮橋にたたして、詔《のりたま》はく、「豊葦原千秋長五百秋水穂国は、いたくさやぎて有りなり」と告らして、更に還り上りて、天照大神に請《まを》しき。爾《しか》くして、高御産巣日神《たかみむすひのかみ》・天照大御神の命以て、天の安の河の河原に、八百万の神を神集《かむつど》へ集《つど》へて、思金神《おもひかねのかみ》に思はしめて、詔ひしく、「此の葦原中国は、我が御子の知らさむ国と、言依して賜へる国ぞ。故、此の国に道速振《ちはやぶ》る荒振《あらぶ》る国つ神等が多《あま》た在るを以為《おも》ふに、是、何《いづ》れの神を使はしてか言趣《ことむ》けむ」とのりたまひき。

〈『古事記』葦原中国平定の御議〉

『古事記』のコトムケには「言」のサイクルが見て取れる。この箇所では高御産巣日神・天照大御神の「命以」によって「言趣」をする神が選ばれる。「言依」の対象は「我が御子」であり、「言趣」の神は別個に選出される。ここで選ばれる天の菩比神は大国主神に媚び附き「不復奏《かへりことまをさずき》」となる。続く天若日子も同じく結果は「不復奏」だが、三度目に派遣された建御雷神が国譲りの交渉を成し遂げ「復奏《かへりことまをしき》」という記述によって葦原中国の「コトムケ」は終了する。これら一連の文脈に対して青木周平は、

天神から司令が発せられ、その言の威力を背景に「言向」がなされ、天神に「復奏」するという、一連の完結した論理の中において、コトムケはその意義を持つと考えられる。

と述べている。(6)

次にコトムケの対象だが、『古事記』では葦原中国の状態は「イタクサヤギテアリナリ」と表現され、「道速振荒振國つ神等之多に在る」国として表現されている。「サヤグ」は、神武記の当芸志美々命の反乱の場面で「許能波佐夜藝奴（木の葉さやぎぬ）」（記二〇歌）「許能波佐夜牙流（木の葉さやげる）」（記二一歌）とあるように、謀反の予兆を示すような木の葉のざわめきを示す例がある。不穏なイメージのつきまとう語ではあるが、全くの無秩序な状態を示すかというと、少々違うようである。同じ神武記の東征条には、「葦原中国は、いたくさやぎてありなり。我が御子等、平らかならず坐すらし。其の葦原中国は、専ら汝が言向けたる国ぞ。故、汝建御雷神、降るべし」という一文がある。これによると、「言向」の済んでいる筈の世界であっても起こりうる状況として「サヤギテアリナリ」はあることになる。つまり「言」による交渉の成り立ち得る状態であると考え得る。

ここで『日本書紀』の方を比較のために確認しておきたい。

遂《つひ》に皇孫天津彦彦火瓊瓊杵尊《すめみまあまつひこひこほのににぎのみこと》を立てて、葦原中国の主《きみ》とせむと欲《おもほ》す。然《しか》れども彼《そ》の地《つち》に、多《さは》に蛍火なす光る神と蠅声《さばへ》なす邪神《あしきかみ》と有り。復《また》、草木《くさき》咸《みな》能《よ》く言語《ものいふこと》有り。故、高皇産霊尊《たかみむすひのみこと》、八十《やそ》諸神《もろかみたち》を召集《めしつど》へて、問ひて曰はく、「吾、葦原中国の邪鬼《あしきもの》を撥ひ平《む》けしめむと欲ふ。誰を遣さば宜《よ》けむ。惟《これ》、爾《なむぢ》諸神、知れらむをな隠しそ」とのたまふ。

〈『日本書紀』神代下九段正文〉

『日本書紀』の方で特徴的なのは「草木言語」であろう。後述するように祝詞によく見られる表現であり、『常陸国風土記』香島郡の記事にも見られる。そしてコトムケの語は存在せず、代わりに「撥ひ平けしめむ」と記される。つまり、『古事記』に「言」のサイクルがあるのに対し、『日本書紀』の方では一方的に追い撥うという、武力平定が描かれているのである。「草木言語」という一見コトバの面から捉えた表現は、実は理解不能の言語を示し、コトバの通わない状態を示すのであって（この点、後述）、「コトムケ」の文脈は成り立たないのである。

二　『常陸国風土記』香島郡前半部の分析

以上、記紀の文脈を確認した上で、『常陸国風土記』香島郡の前段の内容を検討したい。司令神的な位置にいるのが「諸祖天神（諸の祖の天つ神たち）」であり、「俗」に「カミルキ・カミルミ」というと記す。カミルキ・カミルミは祝詞に見えるカムロキ・カムロミと同様の呼称であろう。が、これを本文で「諸祖天神」と記すところに特質が見える。この語は『古事記』神話の「国土の修理固成」条に見える「天神諸」を想起させる。つまり皇祖神アマテラスの誕生に先立って高天原に出現した司令神的存在という位置づけである。「天地草昧已然」という時間設定もその点と関わろう。その「諸祖天神」が「八百万神」を「高天原」に集め、「豊葦原水穂国」を自分の子孫が統治する国であると告げる。この時に天から降ってきた神として「香島の天の大神」が登場するのだが、この神の役割がＡⅠでは明確ではない。一方ＡⅡの方では、平定神として位置付けられている。飯泉健司は、注記から本文へという展開過程を想定し、注記の方が記紀神話に近く、本文の方に常陸の独自記載があるとみる立場から、この本文のありかたを、注記に見られるような平定神から進んで、香島の天の大神を降臨神、即ち統治神として描いたものと捉えている。(7)その場合、諸祖天神の言う「我が御孫の命」が香島の天の大神、若しくはその子孫に該当し、その役割が豊葦原の水穂の国を「光宅《しら》」すということになる。つまりは皇祖神的存在となるわけなので、その解釈には問題が残るが、「大御神」という呼称も含めて、単に香島の神を平定神とするのみではなく、皇祖神的存在として位置付けようとする意識があるのかも知れない。とすれば、そこに常陸国の独自の主張があることになる。なお、この点はBⅡの記事とも関わってくるので、次節であらためて検討したい。

次にAⅡの記事だが、この記事と類似する表現が『日本書紀』や祝詞に見られる。

①（大己貴神）遂に出雲国に到りたまふ。乃ち興言《ことあげ》して曰はく、「夫《そ》れ葦原中国は、本自《もとより》荒《あら》芒び、磐石《いはほ》・草木に至《いた》及るまでに咸《みな》能《よ》く強暴《あし》かりき。然れども吾已《あれすで》に摧《くだ》き伏《ふ》せ、和順《まつろ》はずといふこと莫《な》し」とのたまひ、〈『日本書紀』神代紀上八段一書六〉

②「……原《たづねみ》れば夫《そ》れ、邦《くに》を建《た》てし神とは、天地割《あめつちひら》け判《わか》れし代《よ》、草木言語《ものがたり》せし時に、自天降《あまくだ》来りまして、国家《くに》を造り立てし神なり。……」〈『日本書紀』欽明天皇十六年二月〉

③大八洲豊葦原《おほやしまとよあしはら》の瑞穂《みづほ》の國を安國と平らけく知ろしめせと、言寄《ことよ》さしまつりたまひて、天つ御量《みはかり》もちて、事問ひし磐《いは》ね木《こ》の立ち、草の片葉《かきは》をも言止めて、天降《あまくだ》りたまひし食國《をすくに》天の下と、天つ日嗣知ろしめす皇御孫の命の御殿《みあらか》を、〈大殿祭〉

④かく依さしまつりし國中《くぬち》に、荒ぶる神等をば神問はしに問はしたまひ、神掃《はら》ひに掃ひたまひて、語問ひし磐ね樹立《こだち》、草の片葉《かきは》をも語止《ことや》めて、天《あめ》の磐座《いはくら》放れ、天の八重雲をいつの千別《ちわ》きに千別きて、天降し依さしまつりき。〈六月晦大祓〉

⑤ここをもちて天つ神の御言《みこと》もちて、また量《はか》りたまひて、ふつ主《ぬし》の命・建雷《たけみかづち》の命二柱の神等を天降したまひて、荒ぶる神等を神攘《はら》ひ攘ひたまひ、神和《やは》し和したまひて、語問《ことと》ひし磐ね樹《こ》の立《たち》・草の片葉《かきは》も語止《ことや》めて、皇御孫の尊を天降し寄さしまつりき。〈遷却祟神〉

⑥豊葦原の水穂の國は、晝《ひる》は五月蝿《さばへ》なす水沸《みなわ》き、夜は火瓮《ほべ》なす光《かがや》く神あり、石《いは》ね・木立《こだち》・青水沫《あをみなわ》も事問ひて荒ぶる國なり。しかれども鎮め平《む》けて、皇御孫の命に安國と平らけく知ろしめさしむ。〈出雲国造神賀詞〉

祝詞における国譲り・降臨関連の表現に際して、殆ど定型表現のようにして記されている。なおかつ、ＡＩの「天地の草昧より已然」や②の「天地割け判れし代」という記述を見るならば、「草木言語」はより原初的な時間の表現として記されている。この点に関わらせて山田直巳は「草木言語」について、

　時空をはるかに越えた「その上」の出来事として、象徴的に捉え得る時間が「草木言語之時」であったのである。鳥や獣ならいざ知らず、言語から最も掛け離れた存在としての草木磐石、それさえもが言語を操るという、まことに想像を絶した時空の出来事を想定していたのであった。そこでの言葉は、モノローグの群響（＝五月蝿なす状態）であり、無秩序な騒擾にすぎなかった。

と説いている。(8) そうした状態として捉えたならば、「言」を向ける、若しくは「言」によって向けるという交渉のありかたは成り立たないであろう。更に③に「事問ひし磐ね木の立ち、草の片葉をも（乎毛）言止めて」、④に「語問ひし磐ね樹立、草の片葉をも（乎毛）語止めて」、とあるように、草木の言語は「言（語）止め」るもの、つまり止めさせるものであって、こちらにその言葉を向けさせるという類のものとしては描かれていない。「コトムケ」の論理において「コト」が仮に服属する側に属するものであると捉えた場合でも、これらの文脈において、「コトムケ」という用語を用いるのは適さないということになる。

　『常陸国風土記』では「荒ぶる神等、又、石根・木立・草の片葉《かきは》も辞語《ことと》ひて、昼は狭蝿なす音声《おとな》ひ、夜は火の光明《かがや》く国」が「事向平定」の対象となっているが、これらの対象は撥ったり止めさせたりするものであって、本来「コトムケ」（『古事記』的な）の対象となるものではなさそうである。では「事向平定」はどう理解すれば良いのか。「事向」に「平定」が繋がっている点が問題である。森昌文は、『古事記』のコトムケは「和」「和平」「平和」と繋がる例はあっても、「平」単独、若しくは「平定」と共に使われることはない点を指摘し、『古事記』で「平」

によって示されるのは武力平定であるゆえ、言葉を中心とするコトムケの論理とは相入れないものであると説いた[9]。その「平」を伴う『常陸国風土記』の「事向」は、『常陸国風土記』のみの、特異な用法を持つ言葉として考える必要がありそうである。『古事記』と違い「事」を「言葉」と捉える必然生はない。「平定」が武力によるものならば、「事」は事柄であり行為である。「事（例えば武力行使）」によって（対象をある方向へ）向ける、若しくは向けさせるということである。即ち「事」によって「荒振る神等、又、石根・木立・草の片葉《かきは》も辞語《ことと》ひて、昼は狭蝿なす音声《おとな》ひ、夜は火の光明《かがや》く国」を向けるのである（「豊葦原の水穂国」となるようにする、という意味合いもあるかも知れない）。ところで、『常陸国風土記』にはもう一箇所、天上から降臨する神が地上の世界を平定するという話がある。

此より西高来里《たかくのさと》あり。古老曰はく、天地の権輿《はじめ》、草木言語《くさきことと》ひし時に、天より降り来し神、名は普都大神《ふつのおほかみ》と称《まを》す。葦原中津国を巡り行でまして、山河の荒梗《あらぶるかみ》の類を和平《やは》したまふ。大神、化道已《おもむけすで》に畢《お》へて、心に天に帰らむと存《おも》ほす。即時《そのとき》に、身に随《そ》へたまへる器仗《つはもの》　俗《くにひと》、いつのと曰ふ。甲《よろひ》・戈《ほこ》・楯《たて》・剣《つるぎ》と、執《と》らせる玉《たま》珪を、悉皆《ことごと》く脱履て、茲《こ》の地《ところ》に留め置き、白雲に乗りて、蒼天《あめ》に還り昇りましつ。以下は略く。〈信田郡高来里〉

「天地の権輿、草木言語ひし時」とあるところから見れば、香島郡の記事と同じような始発の時に設定されている。ここでは香島の天の大神ではなく、「普都大神」が平定神として降臨している。「山河の荒梗の類を和平したまふ。大神、化道已に畢《お》へて」の箇所の訓について確認すれば、「和平」をコトムケと訓むものがいくつかある（朝日古典全書・講談社学術文庫・小学館新編古典全集）一方で、「化道」は西野宣明校訂本を始め全てにおいてコトムケと訓んでいる。「化道」に「道に向けて教化する」（小学館新編古典全集・頭注）意があったとしても、それを『古事記』のコトムケにあわせて解釈することは出来ない。

平定終了後に「天に還り昇」るという点において、『古事記』の葦原中国平定神話のありかたに近いものがある。その意味では『古事記』のコト（言）のサイクルと同様の理念を見ることが可能かも知れないが、断片的な記述であるため、その点は確認できないし、「器杖」の記述からするならば、やはり武力平定と見ることができる。香島郡の記事は、鎮座に繋がる記事であるから当然ではあるが、昇天の記述は無い。天から地への一方的な移動を示すのみであって、コトのサイクルは描かれない。降臨、もしくは巡行、そして鎮座という形を基本とする風土記の神話にあっては、これが通常の型と言えるのであり、このありかたからするならば、『古事記』のようなコトのサイクルは成り立たない。

三　『常陸国風土記』香島郡後半部の分析

後半の「俗」による文章が、『古事記』のコトムケのコトの帰属を巡って問題となってきた。青木周平は、BⅡの文意につき、

大中臣神聞勝命が、おそらくは審神者として「香島国坐天津大御神」の神託の意を説いたのが「大八島国……天津大御神乃挙教事者」であり、「大八島国、汝所知食」は大御神の発言の部分と解釈される。とすれば、「事向」の「事」（言）は、識した主体に属することになる。コトムケが「言」によって対象を向かしめるところに意義があり、その結果「事」が具現化される。あくまでもコトムケの「言」＝「事」ではなく、「言」のもつ霊威がはっきりわかる伝承でもある。したがって、「言」の帰属は、平定の主体にあると考える。

と述べた(10)のに対し、神野志隆光は文脈の把握の問題を指摘し、この例を以てコトの帰属が平定の主体に属すると

は言えないとし、[11]次のように文意を説いた。

「（我を祀るならば）大八島国はお前の統治する国となろう」と、（此の国を）言向けなさって（いま）香島の国に鎮座まします天つ大御神の、お教えになられた事です。

後に青木はこの神野志説を受け、この「事向」がコトの帰属を確定する用例とはならない点については認めざるを得ないとしたが、当該箇所の文脈理解の難解さを述べ、文中に見られる「之」や「汝」の用法、更には「事依」と「事向」との関連についての検討の必要性を説いた。[12]確かに難解な文章であり、まだ不明な部分を残すが、自分なりに考えてみたことを述べたい。

香島郡の記事がＡⅠⅡ・ＢⅠⅡを合わせて完結する記事だとするならば、ＢⅡに見える「事向」はやはりＡⅡの「事向」を受けてのものであると思われる。ここでＢⅡの一度目の託宣と二度目の託宣を比較してみると、次のようになる。

（１）我が前を治め奉らば、汝が聞こし看さむ食国を、大国・小国、事依せ給はむ

（２）大八島国は汝が知らし食さむ国と事向け賜ひし、香島国に坐す天津大御神の挙げて教したまひし事なり

（１）の託宣の真意を、大中臣の神聞勝命が伝えたのが（２）である。（１）の「我」が（２）の「香島の国に坐す天つ大御神」である。香島の神が天皇に「事依」を行うわけだが、平定神が「事依」する神である点に疑問が残る。この点につき、入江滑は以下のように述べている。[13]

第一の神託で注目したいのは、神名が不明であること、コトヨサシが使われていることである。（中略）コトヨサシは黙殺されてコトムケがあらたに取り上げられ、神名は香島大神であると答申したのである。この回答は神託の解釈ということであるが、コトヨサシは香島大神の用語としてはふさわしくなく、コトムケがそ

の神徳を語るのにはもっとも似つかわしいことを示唆するのである。

入江は、天皇に対する統治の委任という役割を平定神である香島大神が行うのは不自然だという捉え方から、これを「事向」とあらためたとしている。しかし、ＡⅠで香島神を皇祖神的な存在として位置付けようと言う意識が見られたことと、この「事依」を行うということとは対応しているものと見ることができる。やはり香島神の位置づけを上位に置こうという意識の現れなのではないか。この話は神による祭祀の要求であり、祭祀によって国が治まるという型である。『古事記』『日本書紀』の崇神天皇条では、三輪山の大物主神が祟り神として示現し、祭祀と引き換えに天下太平の保証を与えている。その出来事と崇神天皇が「初国知らす天皇」と称えられることが不可分に関わっている。この『常陸国風土記』の話も、まさに崇神朝の出来事であり、祭祀による国家安平のヤマト版が『古事記』『日本書紀』だとするならば、ヒタチ版がこの香島郡の記事となっているということである。前段において、平定神として登場した香島大神は、後段において天皇家の守護神的役割を持って登場し、それ故にこそ祭祀の重要性が説かれるという流れになっているのであろう。『常陸国風土記』の中で崇神天皇の名が記されるのは、ここを含めて五例であるが、「初国所知」と記されるのはここだけである。神祭祀と統治の完成という関係性が明らかに意識されているのである。

そうした中にあって、「事向」はいかなる意義を有するのか。要はＡⅡとＢⅡの「事向」を連動させ、香島の神を平定神として明確に位置付ける意図があったのではないか。先にも挙げた欽明紀の記事に参考となる考え方が示されている。

②「……原《たづねみ》れば夫《そ》れ、邦《くに》を建《た》てし神とは、天地割《あめつちひら》け判《わか》れし代《よ》、草木言語《ものがたり》せし時に、自天降来《あまくだ》りまして、国家《くに》を造り立てし神なり。頃《このごろ》聞く、『汝《いまし》が国、輟《す》てて祀らず』ときけり。方今《いま》し、前の過《あやまち》を悛《あらた》め悔《く》いて、

神宮《かむみや》を脩理《つくろひをさ》めて、神霊《かみのみたま》を祭り奉《たてまつ》らば、国昌盛《さか》えぬべし。汝忘るること莫れ」といふ。
〈欽明紀十六年二月〉

この記事は、蘇我臣（稲目か）が百済の王子恵に、雄略天皇の御代に建国の神を招いて百済の救援に向かい、危難を救った話をした後に、建国の神を祀ることの重要性を説いた部分である。「建邦神」とは「天地割け判れし代、草木言語せし時に、自天降来りまして、国家を造り立てし神」であり、この神を祀ることで国家が繁栄すると説く。つまりここでは建国神＝平定神という関係が見て取れる。『常陸国風土記』香島郡の場合は、AⅡ・BⅡにおいて「事向」を示すことで平定神＝建国神であることを確認し、それ故にこそ祭祀による国の安定・統治の可能が導かれるという内容となっているのであろう。結局のところ、皇祖神（AⅠ）、司令神（BⅡ）という含みを持たせつつ、基本は平定神であることをABの文脈の中で明確に示すのが「事向」の役割であったものと思われる。多くの役割を常陸国の祭祀大系の中心である香島の天の大神に負わせるところから生じた記述であると見られるが、それこそが『常陸国風土記』が意図した神話叙述であったのであろう。

おわりに

『常陸国風土記』香島郡の二例の「事向」は、「コトムケ」としか訓めない点と、荒ぶる神討伐の場面で使われている点から、『古事記』の「コトムケ」と共通する意味を持つものとして理解されてきた。しかし、見てきたように『古事記』独自の用語である「コトムケ」をそのまま『常陸国風土記』の「事向」に当て嵌めて解釈することは出来ない。『古事記』における「コト（言）」のサイクルは『常陸国風土記』には描かれず、また「コト」

はあくまでも「事」であって「言」ではない。結局のところ、「コト」の帰属の問題は未解決のままであるが、『常陸国風土記』と『古事記』との相違を明確にすることで、改めてこれが『古事記』の論理構造を支える一用語である点の確認と、「事向」が『常陸国風土記』独自の用語として用いられている点の確認は出来たのではないか。なお、今回は問題として取り上げられなかったが、前後半ともに何故「俗」注記の形式を用いて記されているのかは、青木周平も指摘しているとおり、これが祭式の言語である点と関わるのではないかと考えている。(14) 今後の課題としたい。

【注】

（1）『常陸国風土記』の「俗」字注記については、第二部第四章、及び「常陸国風土記」（『風土記を学ぶ人のために』世界思想社、二〇〇一年八月）参照。

（2）青木周平「古事記神話における「言向」の意義―葦原中国平定伝承を通して―」（『國學院雜誌』81-9、一九八〇年九月。後『古事記研究―歌と神話の文学的表現―』所収、おうふう、一九九四年一二月）。

（3）西宮一民「上代語コトムケ・ソガヒニ攷」（『古事記の研究』おうふう、一九九三年一〇月）。

（4）神野志隆光「「ことむけ」攷―古事記覚書―」（『國語と國文學』52-1、一九七五年一月。後『古事記の達成』所収、東京大学出版会、一九八三年九月）。

（5）入江湑「コトムケの本義」（『古事記年報』27号、一九八五年一月）。

（6）青木周平、注（2）に同じ。

（7）飯泉健司「風土記本文の生成過程―常陸国風土記「俗」字を中心に―」（『古代文学』39号、二〇〇〇年三月）。

（8）山田直巳「語りの基層―そのモノローグ的表出について―」（『上代文学』49号、一九八二年一一月。後『古代文学の主題と構想』所収、おうふう、二〇〇〇年一一月）。

（9）森昌文「ヤマトタケル論―「言（こと）」への展開―」（『古代文学』25号、一九八六年三月）。
（10）青木周平、注（2）に同じ。
（11）神野志隆光「『常陸国風土記』の「事向」をめぐって―「ことむけ」攷補説―」（『学大国文』25号、一九八一年一二月。後『古事記の達成』所収、東京大学出版会、一九八三年九月）。
（12）青木周平、注（2）前掲書、第一篇第五章「補説」。
（13）入江湑「古事記における向・コトムケの追考」（『古事記年報』30号、一九八八年一月）。
（14）青木周平、注（2）に同じ。なお、注（1）参照。

第十二章　『出雲国風土記』の「御祖命」

――仁多郡三津郷を中心に――

はじめに

『出雲国風土記』仁多郡三津郷には、大神大穴持命の子神である阿遅須枳高日子命が、大人になっても泣いてばかりで言葉を発することが出来なかったという、所謂〈物言わぬ御子〉型の話が記されている。この話に登場する「御祖命」「御祖」については、これを父神＝大穴持命を指すとする見方と、母神を指す見方とに分かれている。本章では、この「御祖」について検討する。

一　「大神」と「御祖命」

以下に該当神話を掲載する(1)

三津郷《みつのさと》。郡家の西南二十五里。大神大穴持命《おほなもちのみこと》の御子、阿遅須伎高日子命《あぢすきたかひこのみこと》、御須髪八握《みひげやつか》に生《お》ふるまで、昼夜哭《な》き坐して、辞通《ことかよ》はざりき。その時、御祖命《みおやのみこと》、御子を船に乗せて、八十嶋《やそしま》を率巡《ゐめぐ》りて、宇良加志《うらかし》給へども、猶哭くこと止まずありき。大神、夢《いめ》に願《ね》ぎ給ひしく、「御子の哭く由《よし》を告らせ」と夢に願坐《ねぎま》ししかば、夜の夢に、御子辞《こと》通ふと見坐しき。大神、寤《さ》めて問ひ給へば、その時、「御津《みつ》」と申しき。その時、「何処《いづく》を然云ふ」と問ひ給ふ。即ち、御祖の御前《みまへ》を立ち去り出で坐して、石川を度り、坂の上に至り留まり、「是処《ここ》ぞ」と申したまひき。その時、其の津の水活《なが》れ出でて、御身沐浴《みみゆあ》み坐しき。故、国造神吉事奏《くにのみやつこかむよごとまを》しに朝廷《みかど》に参向ふ時、其の水活《なが》れ出でて用ゐ初《そ》むるなり。此れに依《よ》りて、今も産《こう》む婦《をみな》、彼《そ》の村の稲を食はず、若し食ふ者有らば、生《うま》るる子已《すで》に云《ものい》ふなり。故、三津と云ひき。即ち正倉《みやけ》有り。

話の大枠は、①「三津」の地名起源譚としてあり、そこに②出雲国造神賀詞奏上儀礼の際の沐浴の地としての由来譚、③妊婦への禁忌という言い伝えの由来譚という要素が付加されている。①は、次のように展開している。

一　御須髪八握に生ふるまで（成長した様）
二　昼夜哭き坐して、辞通はざりき（無言状態）
三　その時、御祖の命、御子を船に乗せて、八十嶋を率巡りて、宇良加志給へども（船・八十島巡りによる魂振り）
四　猶哭くこと止まずありき（魂振りの失敗）
五　大神、夢に願ぎ給ひしく（夢託を乞う）
六　夜の夢に、御子辞通ふと見坐しき（夢のお告げ）
七　寤めて問ひ給へば、その時、「御津」と申しき（夢託の効験・発語）
八　その時、「何処を然云ふ」と問ひ給ふ。即ち、御祖の御前を立ち去り出で坐して、石川を度り、坂の上に

至り留まり、「是処ぞ」と申したまひき（御津の発見）
各内容に対して意味するところをカッコ内に示してみた。〈物言わぬ御子〉型は、魂の不足した状態にある御子が、魂振りによってその魂の充足をはかるという要素を持つと言い、記紀垂仁天皇条の垂仁皇子ホムチワケの話では、船による鎮魂、鳥による鎮魂の要素が見られる。垂仁紀では鳥による鎮魂で皇子は口が訊けるようになるが（二十三年十月）、垂仁記の場合は鳥による鎮魂も失敗に終わり、その原因は出雲大神の祟りによるものとされ、出雲大神を祭ることでその祟りは鎮まるという展開になっている。また崇神紀六十年七月条には、出雲の神が祭祀を要求して童子に神懸かりする話があるが、童子は突然意味不明の言葉を発し、その出来事によって神の意志を知る展開になっている。また天武紀元年七月条に、高市県主許売に託宣神である事代主神が神懸かりした際、その前段階で「口閉びて、言ふこと能はず。三日の後に、方に神に着り」と、口が訊けない状況になったことを説明している。これらの話を合わせ考えると、神の依り代となるべき存在が、神の言葉を伝える役割を担うために一旦言葉を発することが出来なくなるという状況を反映していると考えることが出来る。『出雲国風土記』の話の場合、「御津」の地を発見するという結末からするならば、阿遅須枳高日子命は神の依り代としての役割を担うべく、〈物言わぬ御子〉となっていたと思われるが、この場合、阿遅須枳高日子命が大神大穴持命の御子である点が関係しているのかも知れない。垂仁記の話を参考とするならば、〈物言わぬ御子〉型の話は出雲大神と関連深い話であることがわかる。
さて、今回特に問題としたいのは、阿遅須枳高日子命の親神の名称についてである。最初の、親子関係を提示する箇所では父神として「大神大穴持命」の名を挙げるが、先の一〜八のうち、三の御子を船に乗せる場面では「御祖の命」、五の夢託を乞うところでは「大神」、その後、御子神が「御津」へ至ることを記す場面では、再び

「御祖」となっており、「御祖」と「大神」とが交互に記されている。特に後の部分の文脈を確認すると、次のようになる。

大神、夢に願ぎ給ひしく、「御子の哭く由を告らせ」と夢に願ぎ坐ししかば、夜の夢に、御子辞通ふと見坐しき。（大神ガ?）寤めて（御子ニ）問ひ給へば、その時、（御子ハ）「御津」と申しき。その時（大神ガ?）「何処を然云ふ」と問ひ給ふ。即ち、御祖の御前を立ち去り出で坐して、石川を度り、坂の上に至り留まり、「是処ぞ」と申したまひき。

この話は、親子のやりとりを描いているわけだが、何故このように親の名称が一定しないのか。問題は、「大神」と「御祖」とは同一の存在を言い換えているということなのか、若しくは「大神」と「御祖」とは別個の存在なのかという点、更には、もしも同一存在の言い換えならば、何故言い換える必要があったのか、また、もし別個の存在ならば、なぜそれが「御祖」という表現でしか記されないのか、という点になろう。まずは諸注がこの「御祖の命」をどう捉えているか、確認をしておきたい。

・祖神は親神。すなわち古事記によれば父神大穴持命、御母多紀理毗売をさす。
〈加藤義成『出雲国風土記参究』〉

・母神の意でなく、父神（大穴持命）を指す。次の「御祖」も同じ。〈岩波日本古典文学大系・頭注〉

・普通母神をいう言葉だが、また話としてはそうあるべきだが、ここでは大穴持命をさすものらしくも見られる。〈吉野裕・東洋文庫・補注〉

・「御祖」は男女どちらの例もある。『古事記』の伝承では父神大穴持の命、御母多紀理毗売の命。ここは父神であろう。〈新編日本古典文学全集・頭注〉

・親神。ここは父神、大穴持命を指す。〈荻原千鶴・講談社学術文庫〉

母神が誰であるかを『古事記』を使って説明するのはあまり意味がないであろう。『出雲国風土記』には阿遅須枳高日子命の母神の名が記された箇所はない。「御祖」が誰を指すか、『參究』が父母両神の説明をしつつどちらとも明言していないのを除けば、すべて父神大穴持命を指すと捉えている。そう見られる理由は必ずしも明瞭ではない。しかし、大方「御祖」は通常母神を指すと認めつつも敢えてこの話に関しては父神と捉えようとするのは、文脈上、母神の登場があまりにも唐突だ、という点にあるのであろう。阿遅須枳高日子命以外に現れる存在の名称が、大神大穴持命→御祖の命→大神→御祖、という具合に展開しており、特に行動主体を別々に捉える必要性がない故に、敢えて「御祖」＝「大穴持命」としているのであろう。では、「御祖」を「母神」として捉えることは無理なのかというと、そうとも言い切れない。父神である大穴持命とは別に、母神である御祖命が登場しているとして読んでも、特に文脈上で破綻を来すとも思われない。中村啓信は、「御祖」を「母神」として捉えており、「当国風土記に「御祖」の用例は七ヶ所あり、確実に母親を指す例はあるが、確実に父親をさす例はない」と説いている。[2]では果たしてどのような例があるのか、確認する必要があるが、まずは比較検討のために『古事記』の用例から確認しておきたい。

二　『古事記』の「御祖（命）」

『古事記』には以下の十一箇所に「御祖命」もしくは「御祖」の例が見られる。[3]

（ア）神産巣日御祖命〈上巻神代記・五穀の起源〉

（イ）御祖命（＝刺国若日売命）〈上巻神代記・八十神の迫害〉
（ウ）神産巣日御祖命〈上巻神代記・少名毘古那神との国作り〉
（エ）土之御祖神（＝大土神の亦名）〈上巻神代記・大年神の神裔〉
（オ）神産巣日御祖命〈上巻神代記・大国主神の国譲り〉
（カ）御祖伊須気余理比売（＝神武皇后）〈中巻神武記・タギシミミの反乱〉
（キ）御祖（＝沙本毗売・垂仁皇后）〈中巻垂仁記・沙本毗古の反乱〉
（ク）御祖（＝大中比売命・仲哀后）〈中巻景行記・后妃と御子〉
（ケ）御祖息長帯日売命（＝神功皇后）〈中巻仲哀記・酒楽の歌〉
（コ）御祖（＝葛城の高額比売命・息長帯日売命の母）〈中巻応神記・天之日矛〉
（サ）御祖（＝秋山神と春山神の母）〈応神記・秋山之下氷壮夫と春山之霞壮夫〉

神代記の場合、（イ）は大国主神（大穴牟遅神）の母神を指すと見られ、系譜記述に従えば刺国若日売命に該当する。それ以外は直接母神を指している例ではない。（カ）〜（サ）はすべて中巻の例で、こちらの方は皆直接の母を指す例である。また、上巻では「御祖命」とあるのに対し、中巻には「命」の付かない「御祖」となっている点なども合わせて、尾恵美は、上巻と中巻とでは「御祖」の示す意味合いに違いがあると見ている。(4) 確かに明確に母親を指す例の有無や「命」の有無など、違いは見られるが、それが根本的・意識的な違いであるのかどうか、検討する余地はある。

どういう場合に「御祖（命）」という称が使われるのか、ある程度の傾向はあるようだ。神話世界で見た場合、基本的には出雲系の神話に限って使われている。高天原系の天照大御神に関わる親子関係には使われていない。

神産巣日神は、常に「御祖」と言われるわけではなく、神話冒頭部では「神産巣日神」の名で出現する。（ア）では、須佐之男命、（ウ）では大国主神に関わって「御祖命」として登場する。（イ）では大穴牟遅神を助けようとする御祖命（母神）の願いを叶える神として「神産巣日之命」の称で表されている。この（イ）の場合は「御祖」の存在が二重に大穴牟遅神と関わる故に、神産巣日の方には「御祖」が付かないのであろうか。なお、この話では唐突に「御祖」が現れて大穴牟遅神を助けるわけだが、神名を記さない点、『出雲国風土記』の仁多郡三津郷の話と似た部分がある。

神産巣日御祖命は、出雲の神全体の祖神的存在として、必要に応じて援助するような役割を担っているようだ。（エ）の土之御祖神は、「田地の母である神の意」のようだが、「御祖」という称からして何かしらの伝承が存在した可能性があるのかも知れない。

次に中巻の例だが、系譜記事中に見える（ク）と（コ）以外は、何らかの物語の中で使われている。その（ク）と（コ）はどちらも（ケ）の神功皇后＝息長帯日売命と関わっている。（ク）の大中比売命は、神功皇后と同じく仲哀天皇の后、（コ）は神功皇后の母である。「御祖」という呼称が、「御子」との関係性において使われるものであるならば、（ク）の場合はその子である香坂王・忍熊王の母としての位置が示され、（コ）は自らも「御祖」と呼ばれる神功皇后の母親という位置付けとなる。

さて、中巻の例を見て傾向として言えることがいくつかある。まず、「御祖」と呼ばれる母親が存在する状況では、同時に父の不在という状況にあるという傾向が見受けられる。（カ）（ケ）はまさにその例に該当し、また（サ）の場合にも物語の中に父神は登場してこない。（キ）の場合は、兄のサホビコに従った妹サホビメは、垂仁天皇の御子を妊んだ状態で、兄とともに稲城に籠もり、そこで御子ホムチワケを産んだことになっている（この点、

『日本書紀』とは展開が異なっている）。つまり、父不在の状況で子が生まれたことになる。後に母后は御子を父天皇の元に委ねようとするのだが、父天皇の元に渡すまでの場面において、母子の関係が「御祖」と「御子」として表現されていることになる。このように、原則的に「御祖」の存在する状況では、父の不在という要素があるように見受けられるのである。上巻における大穴牟遅神の死と復活の場面においても、父神が現れることは全くなかった。そしてこの（キ）の場合には、「御祖」と「御子」との関係から、やがて母の死を経て、今度は逆に母の不在という状況を迎える。その母の不在の状況で描かれるのが〈物言わぬ御子〉ホムチワケの話である。〈物言わぬ御子〉型は父と子との関係性の中で語られるのではなかろうか。ホムチワケの話と共通する描写を持つスサノヲ涕泣の神話においても、スサノヲは「妣之国」へ行きたいと言って泣いていた。

次に言えることは、これは父の不在という状況とも関わるのだが、兄弟争いに関わる話となっているものがある、という点である。（カ）（ク）（ケ）は皇位継承をめぐる異母兄弟間の争い、（サ）は一女神を妻にしたいと願った兄弟間の争い。その意味では兄の八十神達と八上比売をめぐって争った上巻の大穴牟遅神の例も該当する。つまり「御祖」は、兄弟間の争いに際して、子供に対し、何らかの助力を与える際に使われる呼称という面があるということだ。（カ）の場合は自身の子を救うために行動する（謀反を知らせる歌を歌う）、（ク）（ケ）では対立する異母兄弟のそれぞれの母が「御祖」と呼ばれる存在となっている。また（サ）の場合には、自身の二人の子供どうしの争いに際し、一方を援助し、一方を懲らしめるという内容となっている。(5)このように、父の不在の状況で、主として兄弟間の争いに際し、何らかの力を発揮する場面で使われる呼称が『古事記』の「御祖」なのではなかろうか。（サ）の応神記・秋山之下氷壮夫と春山之霞壮夫の場合は、単に母と記される場合と、「御祖」と記す場合とで使い分けがなされており、特に注目される例である。

故《かれ》、茲《こ》の神の女《むすめ》、名は伊豆志袁登売神《いづしをとめ》、坐《いま》しき。故、八十神《やそ》、是《こ》の伊豆志袁登売を得むと欲《おも》へども、皆婚《あ》ふこと得ず。是《ここ》に、二はしらの神有り。兄の号《な》は、秋山之下氷壮夫《あきやまのしたひをとこ》、弟《おと》の名は、春山之霞壮夫《はるやまのかすみをとこ》ぞ。故、其の兄、其の弟に謂《い》ひしく、「吾、伊豆志袁登売を乞へども、婚《あ》ふこと得ず。汝は、此の嬢子《をとめ》を得むや」といひき。答へて曰《い》ひしく、「易《やす》く得む」といひき。爾《しか》くして、其の兄の曰はく、「若し汝此の嬢子を得ること有らば、上下《かみしも》の衣服《ころも》を避《さ》り、身の高《たけ》を量《はか》りて甕《みか》の酒を醸《か》まむ。亦、山河《やまかは》の物を悉《ことごと》く備《そな》へ設《まう》けて、うれづくを為《せ》む」と云ふこと爾《しか》り。爾くして、其の弟、兄の言《こと》の如く、具《つぶ》さに其の母に白《まを》すに、即ち其の母、ふぢ葛《つら》を取りて、一宿《ひとよ》の間に、衣《きぬ》・褌《はかま》と襪《したぐつ》・沓《くつ》とを織《お》り縫《ぬ》ひき。亦、弓矢を作りて、其の衣・褌等を服《き》しめ、其の弓矢を取らしめて、其の嬢子の家に遣《や》れば、其の衣服と弓矢と、悉く藤の花と成りき。是に、其の春山之霞壮夫、其の弓矢を以て、嬢子の廁《かはや》に繋《か》けき。爾くして、伊豆志袁登売、其の花を異《け》しと思ひて、将《も》ち来る時に、其の嬢子の後《しりへ》に立ちて、其の屋《や》に入りて、即ち婚《あ》ひき。故、一《ひとり》の子を生みき。爾くして、其の兄に白して曰ひしく、「吾は、伊豆志袁登売を得たり」といひき。是に、其の兄、弟の婚ひしことを慷愾《うれた》みて、其のうれづくの物を償《つくの》はず。爾くして、其の母に愁《うれ》へ白しし時に、御祖《みおや》の答へて曰ひしく、「我が御世の事は、能《よ》くこそ神を習はめ。又、うつしき青人草を習へか、其の物を償はぬ」といひき。其の兄の子を恨みて、乃ち其の伊豆志河の河島の一節竹《ひとよだけ》を取りて、八目《やめ》の荒籠《あらこ》を作り、其の河の石を取り、塩に合へて、其の竹の葉に裹《つつ》みて、詛《とご》はしむらく、「此の竹の葉の青むが如く、此の竹の葉の萎《しな》ゆるが如く、青み萎えよ。又、此の塩の盈《み》ち乾《ふ》るが如く、盈ち乾《ひ》よ。又、此の石の沈むが如く、沈み臥《ふ》せ」と、如此詛はしめて、烟《けぶり》の上に置きき。是を以て、其の兄、八年《やとせ》の間、干萎《ひしな》え病み枯れたり。故、其の兄、患へ泣きて、其の御祖に請《まを》せば、即ち其の詛戸《とごひと》を返さしめき。是に、其の身、本の如くして、安く平《たひ》らけし。

単に母親として記される場合とは異なり、「詛ひ」という呪力を発揮する際になると「御祖」という呼称となっている(6)。吉田修作が「御祖が一般的な母に留まらず、或る危機に際して、異界の呪力を御子に授ける場合に用いられる」と説くように(7)、子に対して呪的な力を発揮し得る存在が「御祖」なのであろう。その意味では上巻の「御祖」とそう大きな差はない。

以上、『古事記』の「御祖（命）」の確認をしてみた。文献が異なるからには、それぞれの「御祖」意識があり、同列に論じるのは危険ではあるが、少なくとも『古事記』と『出雲国風土記』には共通する意識（同じとは言えないが）があるように思われる。では、以下に『出雲国風土記』の「御祖」の用例を確認する。

三　『出雲国風土記』の「御祖」

『出雲国風土記』の「御祖」は、その殆どが父親か母親かが特定できない。

ⓐ神名樋山《かむなびやま》。郡家の東北六里一百六十歩。高さ一百廾丈五尺、周二十一里一百八十歩。嵬《みね》の西に石神《いしかみ》在り。高さ一丈、周り一丈。往《みち》の側《ほとり》に小き石神百余《ももあまり》許《ばか》り在り。古老の伝へて云はく、阿遅須枳高日子命《あぢすきたかひこのみこと》の后、天《あめの》御梶日女命《みかぢひめのみこと》、多忠の村に来坐《きま》して、多伎都比古命《たきつひこのみこと》を産み給ひき。その時、教《さと》し詔《の》りたまはく、「汝が命の御祖《みおや》の向位生まむと欲《おも》ほすに、此処《ここ》し宜《え》し」とのりたまひき。所謂石神は、是、多伎都比古命の御託《みよさし》なり。旱《ひでり》に当りて雨を乞ふ時は、必ず零《あめふ》らしめたまふ。〈楯縫郡〉

阿遅須枳高日子命の妻である天御梶日女命が、多伎都比古命に対して発した言葉の中に「御祖」が見える。ここでは、子神に対して母神が、「お前の御祖の（が）〜」と言っているのであるが、「お前の父神の（向位に生もう）」

という意味かも知れないし、或いは「お前の母神である私は（向位で生もう）」と言っている可能性もある（この点については序章参照）。次の二例も性別がはっきりしない例である。

ⓑ加賀《かが》の神埼《かむさき》。窟《いはや》有り。高さ一十丈許。周り五百二歩許。東と西と北は通ふ。所謂佐太《さだ》の大神の産生《あ》れまし処なり。産生れまさむ時に臨みて、弓箭《ゆみや》亡せ坐《ま》しき。その時、御祖神魂命《みおやかむむすひのみこと》の御子、枳佐加比賣命《きさかひめのみこと》、願《ね》ぎまししく、「吾が御子、麻須《ます》羅神《らがみ》の御子に坐さば、亡せし弓箭出で来」と願ぎ坐しき。その時、角《つの》の弓箭、水の随《まにま》に流れ出づ。その時、弓を取りて詔りたまひしく、「此は、弓箭に非ず」と詔りたまひて、擲《な》げ廃《う》て給ふ。又、金《かね》の弓箭流れ出で来。即ち、待ち取らし坐して、「闇鬱《くら》き窟《いはや》なるかも」と詔りたまひて、射通し坐しき。御祖支佐加比賣命の社、此処に坐す。今の人、是の窟の辺《ほとり》を行く時に、必ず声磅礚《こゑとどろ》かして行く。若し密かに行かば、神現れて、飄風《つむじ》起り、行く船は必ず覆《くつが》へる。〈島根郡〉

ⓒ海潮郷《うしほのさと》。郡家の正東一十六里三十三歩。古老の伝へて云はく、宇能治比古命《うのぢひこのみこと》、御祖須義祢命《すがねのみこと》を恨みて、北の方、出雲の海潮を押し上げて、御祖の神を漂はすに、此の海潮至りき。故、得塩と云ひき。神亀三年、字を海潮と改む。〈大原郡〉

加賀の神埼には二度「御祖」の語が見える。はじめの方は、諸注皆、「御祖神魂命」と判断している。『古事記』に「神産巣日御祖命」と出てくることもその判断材料となっているのであろう。しかし例えば「御祖、神魂命の御子枳佐加比売命」と見れば、「御祖」は「枳佐加比売命」を指すと見ることも出来よう。実際、二つめの「御祖」は「支佐加比売命」にかかっている。この話は佐太大神の誕生に関わる話であるから、子神を中心に見れば「御祖」はその母神の「枳佐加比売命」ということになるのではなかろうか。もしそうならば、どちらも母神を指す例となるが、一つめの「御祖」が神魂命を指すとするならば、父神とも母神とも判断出来ない例ということになる。

海潮郷の「御祖須義祢命」は他に見えず、性別は不明である。親神を恨んで海潮に漂わせるという話は、

『播磨国風土記』飾磨郡伊和里条の、大汝命と火明命の父子諍いの話に類似しているところから、この「須義祢命」も父神であろうという見方もあるが（岩波大系頭注）、確かなことは分からない。不明と言わざるを得ない。

以上、例は少ないが『出雲国風土記』の中の「御祖」を見ると、確実に母神を指す例としては「支佐加比売命」がいるが、他はすべて確定できないということだ。そして、子神の誕生に関わる話も合わせ、子神に対して何らかの特殊な働きかけをする場合に見られる呼称が「御祖」でありそうだ。まとめると、以下のようになる。

・仁多郡三津郷　子神の魂振り
・楯縫郡神名樋山　特殊な出生
・島根郡加賀神埼　特殊な出生
・大原郡海潮郷　（子神への特殊な行為）

大原郡海潮郷の場合は記述がないのであくまでも推測に過ぎないが、子神が親神を恨むという状況からすれば、何かしら子神に対して特殊な行いをしたことは考え得るであろう。

以上のように、「御祖」は父不在の状況で子に働きかけるという傾向が見られる点、及び子の出生に際して「御祖」の語が見られる点からすれば、口の利けない阿遅須枳高日子命に船の魂振りを行った「御祖」を、母神として理解し得る可能性も充分にあるのではないか。そうすると話の展開としては、「御祖」である母神の呪術的行為によっても解決されなかった〈物言わぬ〉状態が、父神の力によって解決されるという、母神と父神との能力の差異を示す意味が含まれていた可能性がある。実際、父神の行為を説明した部分の文章には不明瞭な点がある。

大神、夢に願ぎ給ひしく、「御子の哭く由を告らせ」と夢に願坐ししかば、夜の夢に、御子辞通ふと見坐しき。寤めて問ひ給へば、その時、「御津」と申しき。

文脈上、主語は「大神」だが、「願ぐ」対象が不明である。むしろ大神に「願ぐ」と見る方が自然とさえ思われる。「御祖」伝承に通常父は不在であることを考えるならば、ここも子神と共に存在するのは母神であると考えられる。また、「御子の哭く由を告らせ」という願いに対し、「御子辞通ふと見坐しき」という夢の内容も直接的には対応していない。しかし、御子の「哭く由」は、いずれ「御津」と発語するためであった、ということを伝えるお告げであったと取ることもできる。要は聖なる水源の地を託宣によって授かるということであり、その託宣に関わるのが父神である大穴持命だということではないのか。つまり、母神＝御祖による御子の魂振りから、父神の夢のお告げ→御子の託宣へという流れを持つこの話は、大穴持命を中心として位置付ける『出雲国風土記』の神話体系の中で成り立ち得る話ではないかということである。「御津」という言葉を発し、「何処を然云ふ」と尋ねられた御子が、「御祖の御前を立ち去り出で坐して」石川を渡っていったという描写は、母の呪力から、父の庇護へという流れを示すもの、即ち「御祖」の力よりも父神・大穴持命の関与が子神を成長させるという展開を示唆するものではなかろうか。その意味では、始めに「御子」「御祖」＝父不在であった関係から、「御子」「父天皇」＝母不在へと展開する記紀のホムチワケの話と共通性を有するものであり、そこに出雲の神の託宣が関与するという点においては、『古事記』の話と関わりが深いのではないかと推測させるものがある。

おわりに

「御祖」は、子神に対して助力するなり排斥するなり、働きかけをする存在に対して用いられる呼称であるようだ。『古事記』神話の場合には、出雲系の祖と位置付けられる神産巣日神を中心として「御祖」の名称が展開するという特徴を持っている。逆に言えばそれは、天照大御神からニニギノ命、そして天皇へと繋がる皇統とは異なる意識の中で用いられている可能性がある。神武皇后は倭の神である大物主神の系統であるし、神功皇后は、新羅国王の系統を引く天之日矛に繋がる存在である。傍流に位置しつつも極めて重要な存在意識を持った母を示す、しかも物語的に役割を持つ存在であるようだ。

『出雲国風土記』仁多郡に現れる「御祖」は、父大神の言い換え（異称）として記されているのではなく、父大神とは異なる存在、阿遅須枳高日子命の母神として登場し、〈物言わぬ御子〉に働きかける存在として（しかし結果的には父神によってそれは解決する）登場している、という見解を一応の結論とし、論を終えたい。

【注】

（1）郷名「三津」については、これを「三澤」とし、また神話末尾の「生るる子已に云ふなり」については、「生まるる子已に云わざるなり」とするテキストが多いが、ここは細川家本を底本とする講談社学術文庫、及び角川ソフィア文庫の採用する本文・訓読文に従う。

（2）中村啓信他『風土記を読む』おうふう、二〇〇六年六月。

（3）「御」＋「祖」という語構成から考えるならば、始祖注記等に用いられる「祖」との関係も考える必要があるかも知れない。毛利正守は「御祖」と「祖」を全く別の言葉であると解いている（「『古事記』における「御祖」と「祖」について」『藝林』19-1、一九六八年二月）。しかし、言葉の意識として全く無関係とは思われない。この点については別に論じているので、参照願いたい（「『古事記』「祖」字の用法、『國學院雜誌』111-11、二〇一一年一一月）。

（4）尾恵美「『古事記』における「御祖」の語義」（『古事記年報』41号、一九九九年一月）。

（5）『常陸国風土記』筑波郡に見える「神祖尊」は「みおやのみこと」と訓読されるが、「御祖命」と同様に扱って良いかどうか判然としない。それ故今回は考察の対象には含めないが、「神祖尊」と福慈神、「神祖尊」と筑波神が親子関係だと捉えるならば、福慈神と筑波神とは兄弟神として位置付けられる。同じく異人歓待譚である備前国風土記逸文の蘇民将来の話を参照すれば、兄弟である要素を持っていると言える。とするならば、春山と秋山の話と同じように、親神が兄弟の一方を祝福し、一方を呪詛するという面において、共通性を持つと言えるかも知れない。

（6）　この点については、尾恵美も指摘している（注4参照）。

（7）　吉田修作「聖母の源流と生成―神功皇后と応神天皇―」（『福岡女学院大学紀要』6、一九九六年二月。後、『文芸伝承論―伝承の〈をとこ〉と〈をとめ〉―』所収、おうふう、一九九八年一〇月）。

第十三章　『播磨国風土記』の天日槍命と葦原志許乎命

はじめに

中央の伝承と地方の伝承とが、相互に影響を与え合い、流出や流入が起こっているということについては、様々に論じられている。ただ、どちらかというと地方の神話・伝承が中央に汲み上げられていくという方向性が多く指摘されているのに対し、逆のパターンは指摘が少ないように思われる。本章では、『播磨国風土記』の天日槍命伝承の中に、葦原志許乎命が登場する所以を検討する。葦原志許乎命の場合は、中央神話の中で生み出された神が、在地の伝承の中に根を下ろしていくという過程を辿った例として見ることができるのではないか、ということを考えてみたい。

一　『日本書紀』の天日槍

『播磨国風土記』の問題に入る前に、まず『日本書紀』の記事を確認しておきたい。『日本書紀』では、天日槍渡来に関する記事は垂仁天皇条に記されている。垂仁天皇三年三月の記事に次のようにある。

三年の春三月に、新羅の王子天日槍来帰《まうけ》り。将来る物は、羽太《はふと》玉一箇・足高《あしたか》玉一箇・鵜鹿鹿《うかか》赤石玉一箇・出石小刀一口・出石《いづし》桙一枝・日鏡一面・熊神籬《ひもろき》一具、并せて七物あり。

この記事に続いて、「一云」として以下のような比較的詳細な内容の注記記事が記されている。

一《ある》に云はく、初め天日槍、艇《はしぶね》に乗りて播磨国に泊て、宍粟邑《しさはのむら》に在《あ》り。時に天皇、三輪君が祖大友主《おほともぬし》と倭直《やまとのあたひ》が祖長尾市《ながをち》とを播磨に遣《つかは》して、天日槍を問はしめて曰はく、「汝は誰人ぞ。且何《またいづこ》の国の人ぞ」とのたまふ。天日槍対へて曰さく、「僕《やつこ》は新羅国主の子なり。然るに、日本国《やまとのくに》に聖皇有《ま》すと聞《うけたまは》り、則ち己《おの》が国を以て弟知古《ちこ》に授けて化帰《まうけ》り」とまうす。仍《よ》りて貢献物《たてまつれるもの》は、葉細珠《はほそのたま》・足高珠《あしたかのたま》・鵜鹿鹿赤石珠《うかかのあかしのたま》・出石刀子《いづしのかたな》・出石槍《いづしのほこ》・日鏡《ひのかがみ》・熊神籬《くまのひもろぎ》・胆狭浅大刀《いささのたち》、并《あは》せて八物《やくさ》あり。仍りて天日槍に詔して曰はく、「播磨国の宍粟邑《しさはのむら》、淡路島の出浅邑《いでさのむら》、是の二邑は、汝の任意《こころのまま》に居れ」とのたまふ。時に天日槍啓《まを》して曰《まを》さく、「臣《やつこ》が住まむ処は、若し天恩《あめのみめぐみ》を垂れて臣が情願《じやうぐわん》の地《ところ》を聴《ゆる》したまはば、臣親《みづか》ら諸国を歴視《めぐりみ》て、則ち臣が心に合《かな》へるを給はらむと欲《おも》ふ」とまをす。乃ち聴したまふ。是《ここ》に天日槍、菟道河《うぢがは》より泝《さかのぼ》り、北《きたのかた》近江国の吾名邑《あなのむら》に入りて、暫く住む。復更《また》近江より若狭国を経て、西《にしのかた》但馬国に到り、則ち住処《すみか》を定む。是を以ちて、近江国の鏡村の谷《はざま》の陶人《すゑびと》は、則ち天日槍の従人《つかひびと》なり。故、天日槍、但馬国の出島《いづし》の人太耳《ふとみみ》が女麻多烏《またを》を娶り、但馬諸助《もろすく》を生む。諸助、但馬日楢杵《ひならき》を生む。日楢杵、清彦《きよひこ》を生む。清彦、田道間守《たぢまもり》を生むといふ。

この後、八十八年七月条に、但馬国にいる天日槍の曾孫・清彦に、神宝を献上させる話、その中の小刀が自然に淡路島に至ったので、島の人が小刀のために祠をたてて祭ったという話を載せ、後に清彦の出自を記している。『古事記』では、天之日矛の話は応神天皇条の末に記されている。天之日矛は妻を追いかけて難波にやってくるが渡りの神に邪魔され、引き返して多遅摩国にやってきて、その時に八種の玉津宝を将来したことになっている。それに対して『日本書紀』では「日本国に聖皇有すと聞りて、則ち己が国を以て弟知古に授けて化帰り」とあり、貢献物を持って来朝したことになっている。どちらも「新羅国王の子」としており、名前にも「命」などの尊称がない点では一致している。

さて、右の垂仁紀の話で注目されるのは、天日槍が「宍粟邑」にやって来た際に天皇が播磨国に派遣したのが、三輪君の祖大友主《おほともぬし》と、倭直の祖長尾市《ながをち》の二人であったということである。三輪君は言うまでもなく大三輪神・大物主神の後裔氏族である。『日本書紀』では大物主神を祭った大田田根子《おほたたねこ》は大物主神の子として位置づけられており、「所謂大田田根子は、今の三輪君等が始祖なり。」と記されていて、結びつきは強い。ここに見える大友主は、仲哀天皇の段にも登場する。仲哀紀の末尾の記事、仲哀天皇崩御の際に神功皇后が宮中の警護を命じた四人の大夫の中の一人「大三輪大友主君」として登場する。垂仁天皇条に見える人物が、三代後の仲哀天皇崩御後の記事に登場する点からすれば、かなり伝承的な人物であると言えよう。それぞれ治世の年数は垂仁天皇が九十九年、景行天皇六十年、成務天皇六十年、仲哀天皇九年である。

ところで、仲哀天皇崩御後の神功皇后摂政前紀には、以下の様に大三輪の社を祀る記事が見える。

秋九月の庚午の朔にして己卯に、諸国に令《みことのり》して、船舶《ふね》を集へ兵甲《いくさ》を練《ね》らふ。時に軍卒《いくさびとども》集ひ難し。皇后の曰はく、「必ず神の心ならむ」とのたまひ、則ち大三輪社を立てて、刀・矛を奉りたまふに、軍衆《いくさびとども》自づからに聚《あつま》る。

新羅出兵に際し、軍兵を集めたところ、集まりが悪かったので、大三輪社を建てて刀・矛を奉ったところ、軍兵は自然に集結したという。ここには特に祭祀者の名は記されないが、大三輪社を奉るのは三輪君であろうし、仲哀崩御時に大三輪大友主君が見えるところから考えれば、祭祀の中心にこの人物がいたと考えるのは自然であろう。

一方の倭直の祖長尾市だが、この人物は、崇神天皇条において、倭大国魂神の祭祀に関わっている「市磯長尾市」と同一人物と考えられる。垂仁天皇二十五年三月条の「一云」記事、倭大神祭祀の記事中には「大倭直祖長尾市宿祢」とあり、垂仁天皇七年七月、出雲国の野見宿祢を召す際に使者として派遣される記述の箇所では、「倭直祖長尾市」とある。

天日槍関連の「一云」記事を除けば、大友主は仲哀天皇・神功皇后の時代の人物であり、長尾市は崇神・垂仁朝の人物ということになろう。その両者が同時期に派遣されていることも特異であるが、天日槍の後裔記事によると、天日槍命の五世孫が「田道間守」であり、この人物は垂仁天皇の御世に登場するわけなので（この記事が垂仁朝に記される所以もこの点にあろうが）、非常に世代が錯綜している、もしくは伝説化しているということは言える。

とにかく、天日槍が渡来してきた時に天皇家側の使者として応対したのが、共に神を祭祀する役割を担う人物であり、その祭祀神が大物主神であり、倭大国魂神であった。どちらも、崇神朝において祟り神出現の際に祭祀されたヤマトの神である。

何故天日槍に対するのに長尾市と大友主が派遣されたのか。(1) 神祭祀に関わる氏族の祖であることと無関係であるとは考え難いのではないか。例えば崇神天皇七年二月の記事には、大物主神の託宣の言葉として、

「天皇、復な愁へましそ。国の治らざるは、是吾が意なり。若し吾が児大田田根子を以ちて吾を祭らしめたまはば、立《たちどころ》に平《たひら》ぎなむ。亦海外の国有りて、自づからに帰伏《まゐしたが》ひなむ」とのたまふ。

とある。ここでいう「海外の国」の帰伏は、崇神紀六十五年七月条の任那国の朝貢を預言しているとされるものであり、(2) 天日槍と関わるものではない。が、神功皇后摂政前紀の記事もあわせて考えて見るならば、大物主神祭祀が対外政策と関わってきているということは言えよう。また「一云」記事の天日槍のたどる経路を見ると、始め「播磨国の宍粟村と、淡路島の出浅邑」とを居住地として勧められるが一旦辞退し、その後、近江、若狭と廻って最後に但馬国に住居を定めている。見方を変えれば、天皇家側は播磨国と淡路島を許可することによって、ヤマトへの進入を拒絶しているものと思われるのであり、ヤマトの神祭祀に関わる両者が派遣された理由もこの点にあるのかもしれない。(3)

二　『播磨国風土記』の天日槍命

天日槍命の話は『播磨国風土記』の九箇所に見られる。揖保郡一例、宍禾郡六例、神前郡二例である。

①粒丘《いひぼをか》。粒丘と号《なづ》けし所以《ゆゑ》は、天日槍命《あめのひぼこのみこと》、韓国より度り来て、宇頭《うづ》の川底《かはじり》に到りて、宿処《やどり》を葦原志挙乎命《あしはらのしこをのみこと》に乞ひて曰ひしく、「汝《いまし》は国主《くにぬし》たり。吾が宿らむ処を得まく欲《おも》ふ」といひき。志挙《しこ》、海中《わたなか》を許しき。その時、客《まらひと》の神、剣を以て海水《うしほ》を攪きて宿りたまひき。主《あるじ》の神、客の神の盛《さかり》なる行《わざ》を畏みて、先に国を占め

むと欲《おも》ひて、巡り上りて粒丘に到りて湌《みをし》したまふ。此に、口より粒《いひぼ》落ちき。故、粒丘と号けき。其の丘の小石、比しく能く粒に似たり。又、杖を以ちて地に刺す。即ち杖の処より寒泉涌き出でて、遂に南と北とに通ひき。北は寒く南は温し。〈揖保郡〉

②川音《かはと》の村。天日槍命、此の村に宿りたまひて勅りたまひしく、「川の音甚高し」とのりたまひき。故、川音の村と曰ひき。〈宍禾郡〉

③奪谷《うばひたに》。葦原志許乎命《あしはらのしこをのみこと》、天日槍命《あめのひぼこのみこと》と二はしら、此の谷を相奪ひたまひき。故、奪谷《うばひたに》と曰ひき。其の相奪ひし由《よし》を以て、形、曲れる葛《かづら》の如し。〈宍禾郡〉

④高家《たかや》の里。土は下の中。名を高家と曰ひし所以は、天日槍命、告りて云ひたまひしく、「此の村の高きこと、他し村に勝れり」といひたまひき。故、高家と曰ひき。〈宍禾郡〉

⑤伊奈加川《いなかがわ》。葦原志許乎命《あしはらのしこをのみこと》、天日槍命《あめのひぼこのみこと》と、国を占めたまひし時、嘶《いなな》く馬有りて、此の川に遇《あ》ひき。故、伊奈加川と曰ひき。〈宍禾郡〉

⑥波加《はか》の村。国を占めたまひし時、天日槍命、先に到りし処なり。伊和大神、後に到りたまひき。是に、大神、大きに恠しびて云ひたまひしく、「度《はか》らぬ先に到りしかも」といひたまひき。故、波加の村と曰ひき。〈宍禾郡〉

⑦御方《みかた》の里。土は下の上。御形《みかた》と号《なづ》けし所以《ゆゑ》は、葦原志許乎命《あしはらのしこをのみこと》、天日槍命《あめのひぼこのみこと》と、黒土の志尓嵩《しにだけ》に到りまして、各、黒葛《くろかづら》を以て、足に着け投げたまひき。その時、葦原志許乎命《あしはらのしこをのみこと》の黒葛、一条《ひとかた》は但馬の気多《けた》の郡に落ち、一条《ひとかた》は夜夫の郡に、一条《ひとかた》は此の村に落ちき。故、三条《みかた》と曰ひき。天日槍命《あめのひぼこのみこと》の黒葛、皆、但馬の国に落ちき。故、但馬の伊都志《いづし》の地《ところ》を占めて在《いま》しき。一云はく、大神、形見と為《し》て、御杖、此の村に植《た》てたまひき。故、御

形と曰ひき。　〈宍禾郡〉

⑧糠岡《ぬかをか》は、伊和大神と天日桙命と二はしらの神、各、軍《いくさ》を発《おこ》して相戦ひたまひき。その時、大神の軍、集ひて稲を舂《つ》きき。其の糠、聚りて丘と為りき。（以下略）　〈神前郡〉

⑨八千軍《やちぐさ》と云ひし所以は、天日桙命の軍、八千《やち》在りき。故、八千軍野《やちぐさの》と曰ひき。　〈神前郡〉

これらの天日槍（桙）命伝承は、外来神としてやってきた天日槍命が、在地の神と土地占有を巡って争うという基本構造を持っている。①③⑤⑥⑦⑧はまさに国土占有の争いにまつわる話である。②④は土地選別といった内容なので、争う相手はいないが、土地占有の要素を持っているし、⑨も争い自体は描かれていなくても、兵の数で地名由来を説明しているところからすれば、基盤に国占め争いの伝承があったと想定し得る。①③⑤⑦は争いの対象が葦原志許乎命であり、⑥⑧は伊和大神である。

伊和大神は、『播磨国風土記』の中では十三回登場する（その内、御子神の記事が四例、妹神が一例、なお、単に「大神」とある例は含めていない）。広く播磨国内で伝承された神であるといえる。特に揖保郡に五例、宍禾郡に四例と多い。宍禾郡の場合、郡冒頭記事の郡名由来にこの神が関わり、また郡末記事において伊和村の命名由来を記している点からすれば、宍禾郡に関わりの深い神であったといえる。しかも郡の冒頭・末ともに「国作堅了以後」「国作訖以後」という、他に見られない表現が取られているところからすれば、宍禾郡の始まりと終わりとで呼応させているようにも見える。特に郡末の記事は、その少し前に記された「石作里（本の名は伊和なり）」の条にかかわる記事が追補的に郡末に記されたものであるが、冒頭との呼応を意識して意図的に郡末においた可能性もある。

一方の葦原志許乎命の場合、宍禾郡宇波良村条に単独で登場している例を除けば、他はすべて天日槍命との対であらわれているし、その宇波良村条にしても、国占めの伝承であるところから、敢えてその対象を想定すれば、天日槍命ということになろう。要するに葦原志許乎命は、天日槍命と対応する神としてのみ登場し、それ以外には伝えを持たないし、その地域も後述する揖保郡を除けば宍禾郡に限定されているのである。そう考えるならば、元来国占め・巡行の神として伝承されてきた伊和大神が天日槍命と国占め争いをするのは自然な展開のように思えるが、そうなっている例が少ないのは、本来的に〈天日槍命〉対〈葦原志許乎命〉の関係の上に、単独で国占め伝承を有していた伊和大神が関わってきたということなのかもしれない。例えば揖保郡の香山里や林田里には伊和大神による国占めの記述があるし、また⑦の例の「一云」の話では、――「大神」が伊和大神であるかどうかの問題は残るが――やはり単独での土地占有の話になっている。

ところで、①～⑦は、揖保川の下流から上流に向かって順に話が記載されている。単に地理的な順序として記載された結果に過ぎないのかも知れないが、⑦の話が天日槍命の葛が但馬国に落ち、それで但馬に居住地を定めたと伝えるところからすれば、これが天日槍命伝承の結末にあたる話だと考えられる。つまり、ある種の構成意識があったと見られるのである。

ただ、神前郡に二例ある天日槍命伝承をどう考えるかという問題は残る。神前郡では葦原志許乎命は登場せず、「ホコ」の表記も「桙」となっていて異なっており、場所も、こちらは大川流域となっていて、異なる伝承群に属するものと思われる。

宍禾郡以外で唯一、葦原志許乎命が登場するのが、①の揖保郡の例である。この話の舞台は揖保川の下流、海に流れるところである。揖保郡には伊和大神が五回登場し（二例は御子神）、国占めや巡行伝承が語られている点からすれば、ここにも天日槍命の相手としては伊和大神が登場しそうなものであるが、そうなっていないのは、この話が宍禾郡の〈天日槍命〉対〈葦原志許乎命〉伝承が作られて後にまとめられたものだからではないか。つまり、宍禾郡内において、その結果を⑦で語っているのに対し、その始まりを語ろうとする意識をもってこの①がまとめられたのではないかということだ。この話が、土地霊掌握・鎮座標示・侵入防御という三つの要素を持ち、国占め伝承として最もまとまっている点[4]や、「剣を以ちて海水《うしほ》を攪《か》きて宿りましき。」という箇所が、〈国譲り神話〉の「十掬剱を抜きて逆さまに浪の穂に刺し立て、其の剱の前に趺みゐて」（『古事記』上巻）、「十握剱を抜きて、倒に地に植てて、其の鋒端に踞て」（『日本書紀』九段本書）と類似する表現を持つところから[5]も、この説話の新しさを伺うことが出来る。

小野田光雄は、『播磨国風土記』の記事内容・記載方法等の分析から、全体を三種に区分した。それによると、揖保郡は、宍禾郡・讃容郡と同一グループに含まれる要素を持つという[6]。とするならば、編纂段階において、宍禾郡の記事が揖保郡の記事に影響を与える可能性もあるのではないか。

三　葦原志許乎命登場の所以

さて、何故葦原志許乎命なのか。前節で述べたように、この神の偏った登場の仕方や、播磨との結びつきが他に見られない点からすれば、単純に在地の伝承として存在したからだとは考えがたいのではないか。

『古事記』では大国主神の亦の名として、「大穴牟遅神・葦原色許男神・八千矛神・宇都志国玉神」の四つをあげる。この内、大穴牟遅神と八千矛神はこの名を中心とした神話が記されるが、葦原色許男神と宇都志国玉神の場合は、会話文の中で呼ばれる呼称として前者は二度、後者は一度使われるに過ぎない。多くの亦の名を持つということは異なる神格や神話を統合した結果であるということはほぼ定説化しているが[7]、葦原色許男神や宇都志

国玉神に関しては信仰や神話の基盤がどこにあるのかがはっきりしない。(8)

宇都志国玉神の場合、「宇都志」は通常「現実の」と解され、「国玉」は「国土の霊」と解される。『延喜式』神名帳には、大和国山辺郡「大和坐大国玉神社」、尾張国海部郡「国玉神社」同中嶋郡「尾張大国霊神社」等が見え、『出雲国風土記』意宇郡飯梨郷条に「大国魂命」が見えるが、「オホクニタマノカミ」とは地域ごとの土地の霊＝クニタマを象徴した神だと考えられている。『古事記』の中でこの神名が唯一登場する箇所は、須佐之男命が以下のように発言する場面である。

「(前略)おれ、大国主神となり、亦、宇都志国玉神と為りて、其の我が女須勢理毘売を適妻と為て、宇迦能山の山本にして、底津石根に宮柱ふとしり、高天原に氷椽たかしりて居れ。是の奴や」

大国主神と並称して呼ばれているところからも、この名が国土支配の象徴的な意義を担う名として亦の名に加えられていると考えられる。とするならば、この神名は、信仰の対象としては各地で祀られる国土霊がその基盤にありつつも、神話・伝承をもともと有する神であったとは言い難く、『古事記』の神話展開の中で要請された神であったといえる(但し右の場面、古写本ではすべて「宇都志国主神」となっている)。

なお、確認の意味で、ここで『日本書紀』の方を見ると、『日本書紀』では、第八段一書六に、大国主神の亦の名として、「大物主神・国作大己貴神・葦原醜男・八千戈神・大国玉神・顕国玉神」の六つの名を挙げる。大物主神が含まれるか否かが『古事記』『日本書紀』両書間で最も大きく異なる点だが、すでに多くの先学によって指摘されてきた問題であり、(9)筆者も述べたことがあるので、今回その点には触れない。もう一つの相違が「大国玉神」の有無だが、「顕国玉神」が広く国土全体の国土霊の象徴を示すのに対し、「大国玉神」は、『日本書紀』の崇神天皇条に見える「倭大国魂神」、即ち「倭」のクニタマの神を意識しているのであろうと思われる。『古事記』では大国主神を倭の神と切り離して語ろうという意図があるゆえ、この二神を亦の名には加えていないのだと思われるのである。

ここで葦原色許男神の問題に戻るが、『古事記』では、大穴牟遅神が八十神の迫害を逃れて根の堅州国を訪問した際の須佐之男命の台詞と、国作り神話における神産巣日神の台詞のなかでこの名が使われている。いずれも異世界から大国主神（大穴牟遅神）を呼ぶ際に使われているところから、この名は葦原中国と深く関わる名称であると考えられている(10)。『古事記』の神話構造において使用される〈葦原中国〉と関連するのであれば、この神名もやはり『古事記』的な神話体系確立の過程において生み出された神であるといえるのではないか(11)。そのような神が播磨国、特に宍禾郡で天日槍命と国占め争いをすると伝えられるようになる契機として、先に見た『日本書紀』垂仁天皇三年三月「一云」の記事に見る「大友主」の記述を考えることが出来ると思われるのである(12)。

ただ、三輪君が祭祀をするのは大三輪神＝大物主神であって、葦原志許乎命ではない。この二神が関係するのは、『日本書紀』八段一書六の、大国主神の亦の名の記述である。また、『先代旧事本紀』地祇本紀によると、素戔嗚尊の子、大己貴神は「倭国城上郡の大三輪社に坐す」、とあり、大己貴神の亦の名として、「大国主神・大物主神・国造大穴牟遅命・大国玉神・顕見国玉神・葦原醜雄命・八千矛神」の名を挙げる。そして素戔嗚尊の十一世孫としてまず大鴨積命を挙げ、次いで大友主命を挙げる。どちらも崇神朝に賀茂君姓・大神君姓を賜ったと記す。かように、間接的に大友主と葦原色許男神は関わっている。何より『播磨国風土記』の美嚢郡の次の記事が、大物主神と葦原色許男神との繋がりを示している。

志深《しじみ》の里の三坂《みさか》に坐す神は、八戸挂須御諸命《やとかかすみもろのみこと》なり。大物主葦原志許《おほものぬしあしはらのしこ》、国堅《かた》めたまひし以後《のち》に、天より三坂《みさか》の岑《みね》に下りたまひき。

大物主葦原志許は、大物主神と葦原色許男神が合体したような名であり、唯一ここのみに見られる名である。伝承内容にも不明瞭な点があり、それゆえこの神名も何らかの混乱が生じた結果ということも考えられる。[13]が、この二神が混同される可能性があったことをこの事例は示していよう。

このように、三輪君の関与が、天日槍命伝承に葦原志許乎命が登場する契機となったと思われるのだが、今一度なぜ葦原志許乎命であるのかを考えよう。周知のように『古事記』には、葦原志許乎命とよく似た構成の名を持つ「豫母都志許賣（ヨモツシコメ）」というのが登場する。黄泉の国の女性軍であり、逃げる伊耶那岐命を追いかける存在である。「シコ」は醜さを表わす語だが、醜さは一つの力であり、恐るべきものであると思われる。[14]『古事記』において、「醜」を理由に返される女性に、石長比売と円野比売がいるが、石長比売を見たときの迩迩芸命《ににぎのみこと》の反応が「見畏而」とあるのは、対象の本質への畏怖、恐れが表わされている例として見ることができよう。[15]葦原志許乎命が外来の神を撃退しうる存在として選ばれたのは、かかる威力を期待されてのことだったのではあるまいか。『日本書紀』一書の大国主神の亦名では、この神にだけ尊称がなく「葦原醜男」となっている。本来は「ヨモツシコメ」と同様、特定の神格を持つ存在ではなく、威力ある者どもを指していたのかも知れない。それが大国主神の亦名として取り込まれることによって、神格を与えられるようになり、やがては播磨国における神話伝承にも登場することになったのではないか、と考えられる。

おわりに

今回述べたことは、天日槍命伝承の中になぜ葦原志許乎命が登場するのかという問題であったが、それは『播磨国風土記』の構成意識というものと不可分の関係であったように思う。『播磨国風土記』に関しては、完成された形で伝わっておらず、記事が断片的であったり、文脈に不整合な部分があるという指摘がなされているが、現在残されている本文の検討を通して、その構成意識や、記載段階における編述者の様々な営みを理解することが出来るものと思われる。なお、本来ならば『播磨国風土記』の編纂と三輪君との関連を説くことは可能なのか、また、三輪君と播磨国とは実際どのように関わっていたのか、等の実態について言及すべきところであるが、それらについては今後の課題としたい。

【注】

（1）更に言えば、崇神朝には長尾市と大田田根子とが対になっているのに、なぜ垂仁紀では長尾市と大友主が対なのか（なぜ大田田根子ではないのか）という点も問題となろう。これについては、大田田根子が「始祖」であるのに対し、長尾市と大友主が「祖」であるという点が関係するように思われる。欠史八代も絡めて天日槍命、大田田根子、三輪君、倭直、それぞれの始発をいつの時代に、どのように位置付けるかという問題に関わるように思われる。

（2）岩波日本古典文学大系『日本書紀』上の頭注、小学館新編日本古典文学全集『日本書紀』①の頭注に指摘がある。

（3）『日本書紀』孝徳天皇大化五年五月に三輪君色夫が新羅に派遣され、天智天皇二年三月に三輪君根麻呂が新羅征討の中将軍に任ぜられていると伝えるが、これも新羅国王の子に対する使者として任命される点に関連するのかもしれない。だが、三輪君だけが新羅に派遣されるわけではない故、確かなことは言えまい。

（4）飯泉健司「播磨国風土記・粒丘伝承考―〈国占め〉伝承の基盤と展開―」（『上代文学』63号、一九八九年一一月。後『播磨国風土記神話の研究―神と人の文学』おうふう、二〇一七年三月所収）参照。

（5）岩波日本古典文学大系『風土記』頭注。なお、小学館新編古典全集『風土記』の頭注では、オノゴロ島生成神話との類似を説く。

（6）小野田光雄は、『播磨国風土記』の記事を、（A）賀古・印南・美嚢、（B）飾磨・神前・託賀・賀毛、（C）讃容・宍禾に分類する。揖保郡は理論的には（C）に属すが、体裁・内容は（B）の傾向を示すという。「播磨国風土記の成立について」（『古事記　釈日本紀　風土記ノ文献学的研究』続群書類従完成会、一九九六年二月）。

（7）菅野雅雄『古事記系譜の研究』（桜楓社、一九七〇年一一月）、吉井巖『天皇の系譜と神話』一（一九六七年一一月）、等。

（8）青木紀元は、アシハラシコヲは観念的な説話上の神であって実際信仰の神ではないと説いている。「播磨国風土記の神」「大国主神の成立」（『日本神話の基礎的研究』風間書房、一九七〇年三月）。

（9）菅野雅雄「大国主神の国作り」（『古事記構想の研究』桜楓社、一九九三年六月）。

（10）神野志隆光『古事記の世界観』（吉川弘文館、一九八六年五月）等。

（11）先にアシハラシコヲの存在があり、『古事記』の神話体系に取り込まれた段階で葦原中国と関連付けられるという過程を想定する見解もある（福沢健「葦原色許男と大国主の国作り」、古事記研究体系５Ⅰ『古事記の神々』上、一九九八年六月）。

（12）垂仁紀三年三月「一云」記事と『播磨国風土記』の記事とを積極的に繋げる見方をしているものに、例えば志田諄一『古代氏族の性格と伝承』（雄山閣、一九八五年六月）、水野祐『入門・古風土記』上（雄山閣、一九八七年九月）などがある。

（13）この神に関しては、飯泉健司「大物主葦原の志許」（『大美和』百号記念特集号、二〇〇一年一月）が、他国・中央の伝承を輸入して三輪大神や記紀を在地風に再解釈することによって郷土の神の話を作り上げたのではないか、と述べている。

（14）「シコ」の語義については、西郷信綱『古事記注釈』一（平凡社、一九七五年一月）、同『日本の古代語を探る』（集英社新書、二〇〇五年三月）、増井元「しこ」（『古代語を読む』桜楓社、一九八八年一月）等参照。

（15）壬生幸子「天照大御神の「見畏」―天石屋戸こもりをみちびく古事記の表現と論理―」（『古事記年報』33号、一九九一年一月）参照。

第十四章　『肥前国風土記』弟日姫子説話考
――異類婚姻譚と歌――

はじめに

本書第十章では風土記の異類婚の特質について論じた。そこでは風土記的な始祖伝説のあり方について検討を試み、『古事記』『日本書紀』とは異なる神話・説話の型について論じたが、異類婚姻譚が歌を伴う時、そこには作品の枠を越えた文芸性への志向が窺えるのではないかと思われるのである。本書では各国風土記の持つ独自の作品世界を検討することを目的として来たが、最後に、他の上代文献とも通底する作品性を考えることを通して、風土記の持つ文学史的意義を問う一助としたい。

一　問題の所在

『肥前国風土記』松浦郡には有名な褶振峰の話が記載されている。以下に後日譚まで含めた訓読文と本文の全文を載せる（本文の句読点は筆者による。また、異体字の類は通常の字体に改めた）。

（A）

鏡《かがみ》の渡《わたり》。郡の北に在り。（a1）昔者《むかし》、檜隈廬入野宮《ひのくまのいほりののみや》に御宇《あめのしたしら》しめしし武少広国押楯天皇《たけをひろくにおしたてのすめらみこと》の世《みよ》、大伴《おほとも》の狭手彦《さでひこ》の連《むらじ》を遣《つかは》して、任那国《みまなのくに》を鎮め、兼《また》、百済国《くだらのくに》を救はしめたまひき。（a2）命《みこと》を奉《うけたまは》りて到り来て、此の村に至る。篠原《しのはら》の村　篠、志弩《しの》と謂《い》ふ。の弟日姫子《おとひひめこ》を娉《つまど》ひて婚《まぐはひ》を成しき。※早部君等《くさかべのきみら》が祖なり。容貌美麗《かたちうるは》しく、特に人間に絶《すぐ》れたり。分別《わか》るる日、鏡を取りて婦《をみな》に与ふ。（a3）婦、悲しみ渧《な》きつつ栗川《くりかは》を渡るに、与へられし鏡の緒絶えて川に沈みき。因《よ》りて鏡の渡と名づく。

（B）

褶振《ひれふり》の峰《みね》。郡の東に在り。烽の処の名を褶振の烽と曰ふ。大伴の狭手彦の連、発船《ふなだち》して任那に渡りし時、弟日姫子、此《ここ》に登りて、褶を用ちて振り招《を》きき。因りて褶振の峰と名づく。

（C）

然《しか》して、弟日姫子、狭手彦の連と相分れて五日を経て後、人有り、夜毎《よごと》に来て、婦《をみな》と共に寝《い》ね、暁に至れば早く帰りぬ。容止形貌《かほかたち》、狭手彦に似たり。婦、其《そ》を恠《あや》しと抱《おも》ひて、忍黙《もだ》えず、竊《ひそ》かに続麻《うみを》を用ちて其の人の襴《すそ》に繋け、麻《を》の随《まにま》に尋《と》め往きしに、此の峯《みね》頭の沼の辺《へ》に到る。寝《いね》たる蛇《へみ》有り。身は人にして沼の底に沈み、頭は蛇にして沼の脣《ほとり》に臥す。忽ち人と化為《な》る。語りて云ひしく、

篠原《しのはら》の　弟姫《おとひめ》の子ぞ　さ一夜《ひとゆ》も　率寝《ゐね》てむ時《しだ》や　家《いへ》にくださむ

時に、弟日姫子の従女《とものめ》、走りて親族《うがら》に告ぐ。親族、衆《もろひと》を発《たた》して昇りて看るに、蛇と弟日姫子と、並《なら》びに亡せて存《あ》らず。茲《ここ》に、其の沼の底を見るに、但人の屍《かばね》のみ有り。各《おのおの》、弟日女子の骨《かばね》なりと謂ひて、此の峯の南に就きて、墓を造りて治め置きき。其の墓は見《いま》に在り。

（A）

鏡渡。在郡北。（a1）昔者、檜隈廬入野宮御宇武少廣國押楯天皇之世、遣大伴狭手彦連、鎮任那之國、兼救百濟之國。（a2）奉命到来、至於此村、即娉篠原村 篠謂志弩 弟日姫子、成婚。日下部君等祖也。容貌美麗、特絶人間。分別之日、取鏡与婦。（a3）々含悲涕、渡栗川、所与之鏡、緒絶沈川。因名鏡渡。

（B）

褶振峯。在郡東。烽家名曰褶振烽。大伴狭手彦連、發船渡任那之時、弟日姫子、登此、用褶振招。因名褶振峯。

（C）

然弟日姫子、与狭手彦連相分、経五日之後、有人毎夜來、与婦共寝、至曉早歸。容止形貌、似狭手彦。婦抱其恠、不得忍默、竊用續麻、繋其人襴、随麻尋往、到此峯頭之沼邊、有寝虵、身人而沈沼底、頭蛇而臥沼脣。忽化為人、即語云、

志怒波羅能　意登比賣能古素　佐比登由母　為祢弖牟志太夜

伊幣尓久太佐牟也

于時、弟日姫子之従女、走告親族、々々發衆、昇而看之、蚫并弟日姫子、並亡不存。於茲、見其沼底、但有人屍。各謂弟日女子之骨、即就此峯南、造墓治置。其墓見在。

右の（A）（B）の話と（C）の話とは成立を異にし、別個にあった話を繋ぎ合わせたとする見方が多くなされてきている。[1]『万葉集』巻五所収の「松浦佐用比売」関連の題詞と歌、「肥前国風土記逸文」帔揺の岑（『万葉集註釈』）、「肥前国風土記逸文」袖ふる峰（『和歌童蒙抄』）、「筑前国風土記逸文」うちあげ浜（『和歌童蒙抄』）等、類似する記事では（C）の要素を欠いているということがその大きな理由として挙げられる。また、（A）は「鏡渡」、（B）は「褶振峰」の地名由来譚となっていて、そこで話は完結しているのに対し、（C）は地名由来もなく、後日譚として加えられており、『肥前国風土記』の中では稀な例である故に、元々一続きの話ではなかったと考える方が自然に思えるのである。しかし、それならばなぜわざわざこの話を続けて記したのか、逆に明確な意図がなければ記載されてはいない筈であるので、今回はその意図について考察する。先述の通り、『肥前国風土記』では地名由来譚に付加的な記事を記すのは稀である。総記の国名由来譚に、崇神朝の記事の後に「又」として景行朝の記事を載せているが、その場合は両朝の記事を併せることでより称揚された国名由来となっている。その他では、佐嘉郡郡名由来の「或曰」の記事に対して次の様な記述が見えるくらいである。

又、此の川上に石神有り。名を世田姫《よたひめ》と曰ふ。海の神　鰐魚《わに》を謂ふ。　年常《としごと》に、流れに逆《さか》ひて潜《くく》り上り、此の神の所に到る。海の底の小魚多に相従ふ。或いは、人其の魚を畏《かしこ》めば殃《わざはひ》なく、或いは、人捕り食《くら》へば死ぬること有り。凡て、この魚等、二三日住《ふつかみかとど》まり、還りて海に入る。〈肥前国風土記・佐嘉郡〉

「又」で始まるこの記事は「佐嘉」郡の郡名由来とは関わらないものである。しかし佐嘉郡郡名由来の「或曰」

の話には「佐嘉川」の「川上」の荒ぶる神による交通妨害説話が記されており、土蜘蛛が祭祀を行うことでその祟りが止んだことが記されている。「又」によって記されたこの石神はその荒ぶる神との関連で登場しているものと思われ、そして姫神と海神（鰐魚）との婚姻と関わるような記述となっている。「或曰」の補足的かつ必用な話であったのであろう（なお、佐嘉郡郡名起源譚の特質については、本書第一部第三章参照）。

弟日姫子の物語においても（C）の話が記されるには何かしらの意図があった筈である。実際、近年では、「鏡」の持つ意味、「ヒレフル」行為の意味などを関連付けて、これを一連の流れを持つ話として捉えられることが多くなってきている。(2)（A）〜（C）を一連の話として読むという点では、それら先行研究を支持するものであるが、それが伝承の形として存在していたのか、風土記の筆録に近い時期に（A）（B）に加えて記されたものなのかは判断しかねるところである。（A）（B）の記述を知った上でならば、それに加える際に全体を関連付けることが可能だからである。

さて、この説話は、所謂三輪山型の始祖伝説が崩れたもの、変形したものとして捉えられることが多い。説話の変形に関しては、神の零落・信仰の変遷等を背景としておこるという説明がなされることも多い。特に水神と乙女との関係の変質という点においては、八岐大蛇退治神話や、『出雲国風土記』意宇郡安来郷の毗売埼説話等によって説明されることもある。神との婚姻が、神に食われる（生贄となる）という形に変質するという見方である。または神に使える巫女の役割が、時代の変化、(3)或いは地方祭祀から国家祭祀への転換という事態を承けて、その役割を終えたことを示すとする見方もある。確かにそれらの考察には肯ける点が多い。しかし、婚姻の要素を含んで記される褶振の峰の話と、全く婚姻の痕跡を残さない八岐大蛇のような話とを同じレベルで考えることは出来ないのではないか。褶振の峰の話は、最終的に乙女が怪異のものによって死を賜る話として読まれることが多いが、その読み方を再検討してみることで、違った意味合いが見えてくるように思える。実はこの、今見る形が、神と乙女との結婚を語る（風土記的な）始祖伝説なのではないのか、という点を、歌の持つ意味と併せて考えてみたい。

二　狭手彦と弟日姫子

まず（A）の部分で気になるところは、それぞれの文章の主体についてである。（a1）の部分は、狭手彦が派遣された経緯を語るところであり、説明の部分にあたる。それに対して（a2）の部分は、命令を受けた狭手彦が主体となって描かれている場面である。そしてこの狭手彦を主体とする部分は、（a3）になって主体が弟日姫子に変わるまで続いているものとして読める。弟日姫子と「婚」を「成」したのは狭手彦である。従来、「容貌美麗」「特絶人間」と称えられるのは、弟日姫子であり、また「早部君等祖也」も、当然の如く弟日姫子に対する注だと捉えられてきたが、本文における注の位置をみる限り、少なくともそれは決して自明のことではない。（a2）の部分が狭手彦を主体とするならば、「容貌美麗」「特絶人間」が狭手彦を指すばかりではなく、始祖注記も狭手彦に関わっている可能性がある。若しくは、弟日姫子のみに関わるとは言えないということになる。「成婚」の後に始祖注記があることからすれば、両方に関わるものとして読むということもあるかも知れない。「容貌美麗」「特絶人間」を仮に狭手彦に対して用いていたとするならば、この話の中では、狭手彦が人として描かれているのは間違いないとしても、狭手彦を女性のもとに訪れる神的な存在として位置付けようとする意識があったことになる。神婚説話において、神が人として姿を現す場合の常套表現だからである。その点は（C）の話の伏線として捉えることも出来そうである。（A）において描かれた人と人との婚姻に、神との婚姻という要素（C）を付加し、それによって始祖説話たりうる話にしようということだったのではなかろうか。[4]（C）において、狭手彦に似た男が訪ねてくるようになった所以には、先述の通り、「鏡」の存在や、「ヒレ」振る行為によって引き起こされた事態であるということが、様々に論じられている。水神が狭手彦と同じ顔をしているのは、弟日姫子が狭手彦の分身である鏡を落としたことによるという点、褶振の峰でヒレフリの呪術を行ったことにより、この峰の神を呼び寄せてしまったという点、[5]かつ、そもそも弟日姫子という名からして、この女性が巫女的な存在であるという点などが、様々な形で論じられており、それらの見解は納得出来るものが多い。[6]その上であえてこの説話の文脈について考えたい。

狭手彦が去って五日後より、夜毎に「人」が訪れ、「婦」と「共寝」をする。「五日後」という日数が意味するところははっきりしない。具体的な日数を示すことで、狭手彦本人が再び現れている可能性を弟日姫子に持たせるという意味があるのかも知れない。それはともかく、弟日姫子は男と一緒のときには「婦」と表されている。これは（A）とも共通している。「婦」が、『肥前国風土記』で夫を持つ女性を指すかどうか、判然とはしないが、この話においては「夫」に対する「婦」という意味が強いのではないか。[7]つまり狭手彦に対しても、今訪れている「人」に対しても等しくこの女性は「婦」の立場にあるということである。「婦」として夜毎に男を迎えているのであり、弟日姫子からすればその相手は狭手彦以外にはありえない筈である。[8]しかし不審に思った弟日姫子は、麻糸をその「人」の裾にかけ、麻糸の後を訪ねて蛇頭人身の怪物を発見することになる。発見するまでの間は一貫して「人」としか言われない。そして発見した祭には、「有寝蛇」とはあるが、「身は人」であり、「頭が蛇」であるとされる。この「身人而沈沼底、頭蛇而臥沼脣。」という描写は、なかなかイメージしづらいものである。

沼の深さは判らないが、一方は「沼の底」で他方は「沼の脣」というが、「身」と「頭」との位置関係がよくわからない。取りようによっては両者がばらばらに存在しているようにも思えるが、一般には「頭」と「胴体」とを示していると考えられているようだ。

ここで「身」と「頭」とが「人」と「蛇」として分けて説かれるのは、この存在が神でもあり、人でもあるということを意味しているのではないか。つまり、この怪異のものは、（A）の狭手彦そのものではないのかも知れないが、半分は狭手彦であり、半分は神であることを示しているように思われる。（A）において狭手彦と「成婚」をした弟日姫子は、（C）の前半部では相手の正体が不分明のまま曖昧な形で「共寝」をする。そして次に（C）の後半部で相手の正体がはっきりしてから、神と人との「一夜寝」が行われるということではないのか。

三　神人の歌の持つ意味

蛇頭人身のものは、忽ち人の姿となって（この人の姿は狭手彦以外ではあるまい）弟日姫子に語る。

語りて云ひしく、

篠原《しのはら》の　弟姫《おとひめ》の子ぞ　さ一夜《ひとゆ》も　率寝《ゐね》てむ時《しだ》や　家《いへ》にくださむ

「歌う」のではなく「語る」ということの意味は明確ではないが、物語と密接に関わり、神人のはっきりとした意志を伝達する行為として記されているものと思われる。したがって、よく物語と歌とのズレが問題とされるが、むしろ積極的に物語内での意味を問うべきであろう。確かに、この歌が本来は歌垣などで歌われたものである可能性は高い。なお、「さ一夜夕（ひとゆ）」のように「よ」が「ゆ」となっている例は、例えば『万葉集』の防人歌に、「明日ゆりや」（四三二一）「言も通（かゆ）はむ」（四三二四）「難波の津ゆり」（四三六五）「夜床（ゆとこ）にも」（四三六九）などと見える。また、「寝ねてむしだや」の「しだ」は「時」を意味する語とされるが、『万葉集』巻一四–三四六一・三四七八・三五一五・三五二〇・三五三三、巻二〇–四三六七・四四〇七など、東歌や防人歌にしか見えない言葉である。それゆえ、地方における歌垣の場などで歌われた歌かとも言われるが、むしろ東国から筑紫に派遣された防人が土地の乙女への恋情を詠むという形（実際に恋情があったかどうかはともかく）の歌であった可能性があるのではなかろうか。歌の言葉に「篠原の乙姫の子よ」とあるのは、篠原村に住む乙女を対象とした呼び掛けの言葉であると思われる。説話内の名称である「弟日姫子」と食い違っているのは、特定の女性を指す名称ではなくて土地の乙女を指す名称で歌われた故であり、特にそこで齟齬を問題にすべきものではあるまい。つまりこの歌では男の側の乙女に対する恋情が歌われているのである。

これまで弟日姫子のもとに訪ねてきて「共寝」をしてきた男が、「一夜率寝」をしたならば家に帰そうというのは矛盾であるし、またこれまで共寝をしてきたにも関わらず結果的に弟日姫子が家に帰れないというのも、説話内容に合わないと言われる。本来的にこの説話に即して作られた歌ではないのならば、説話との間に食い違いがあってもおかしくはない。しかし、この説話にこのようにこの歌が組み込まれているからには、物語に即して歌を解釈することが可能であると考えられる。可能であるというよりも、物語に即して解釈しなければならないものと思われる。

まず「一夜率寝」について考えたい。「一夜」については、『古事記』の一夜婚などに見られるように、聖なる婚姻のイメージがそこにはある。

①「一宿為婚」「一宿哉妊」　〈神代記・木花之佐久夜毗売〉

②「一宿御寝坐也」　〈神武記・皇后選定〉
③「一宿婚」　〈垂仁記・本牟智和気の御子〉
④「一夕懐妊」　〈常陸国風土記・那賀郡晡時臥山〉

①の木花之佐久夜毗売とニニギの命との「一宿為婚」「一宿哉妊」は、それがためにニニギの命に疑われるという展開を持つが、それは天神御子と国神の子との婚姻によって生まれる御子の出自の認定を強固にするためのものであったと考えられる。ここで重要なのは、高天原から降臨した天神御子の御子が生まれ、やがて初代天皇へと繋がっていく過程のなかで、天神と国神との結合に際し、「一夜」の婚姻が描かれているということである。また②の神武皇后イスケヨリヒメと神武天皇との婚姻は、初代天皇と、天皇統治の中心地であるヤマトの神の娘との婚姻を描き、第二代の天皇誕生へと繋がる場面において「一宿御寝」と表現される。いずれの場合も、皇統を描く重要な場面での使用である。③の本牟智和気の御子の場合は、以下の通り婚姻自体が破綻している。

　爾《しか》くして、其の御子、一宿《ひとよ》、肥長比売《ひながひめ》に婚《あ》ひき。故、窃《ひそ》かに其の美人《をとめ》を伺へば、蛇なり。即ち、見畏みて遁逃《に》げき。爾くして、其の肥長比売、患《うれ》へて、海原を光《てら》して船より追ひ来つ。故、益す見畏みて、山のたわより、御船を引き越して、逃げ上り行きき。

本牟智和気の御子は相手の正体（蛇）を見ることで逃走する。追う者と逃げる者という関係となり、婚姻の成就もなく、血統が繋がっていくこともなく、両者ともに舞台から消えていく。

弟日姫子の場合、相手の正体を見た後にどのような行動に出るのかが記されていないために、結末がわからない。この歌の「一夜率寝」に聖なる婚姻を読み取るべきか否かは定かではない。しかしそれを意図した表現であるということは言えるのではないか。④の『常陸国風土記』の話の場合、「人有り、姓《うぢ》と名とを知らぬ、常に求婚《よばひ》に就《き》て、夜来りて昼去る」という描写があった後に「遂に夫婦《をひとめ》と成りて、一夕《ひとよ》に懐妊《はら》みぬ」となっている。つまり、夜毎の訪れ→求婚→夫婦と成る→一夕懐妊、という展開である。弟日姫子の場合も、夜毎の訪れの後に→求婚（歌）→「一夜率寝」というように展開することで聖婚が成就するという流れを見ることができるのではないか。男の正体がわかり、それが神人であることがわかった上での「一夜」の婚姻を描くことで、神婚のイメージを持って表現したと思われるのである。(9)

更に「さ一夜も　率寝てむ時や　家にくださむ」についても、説話との関わりで解釈し得る可能性が説かれている。歌の中の「―や―む」の構文を含み持つものには、以下のようなものがある。

⑤古りにし　嫗にしてや　かくばかり　恋に沈まむ　手童のごと　〈万二・一二九〉

⑥うの花の　咲くとは無しに　ある人に　恋ひやわたらむ　かた念ひにして　〈万一〇・一九八九〉

⑦草枕　旅にしばしば　かくのみや　君を遣りつつ　吾が恋ひ居らむ　〈万一七・三九三六〉

木下正俊は、これら「―や―む」の構文を含み持つ歌は、表現主体が自分のふがいなさをじれったく思いながら、その事態をどうすることも出来ないという状況で用いられるものであり、不本意な気持ちを表す構文であると指摘した。(10)それを承けて佐佐木隆はこの歌を「一夜共寝をしたら、家に帰さなければならないのか」という不本意な心情を表明したものであると説いた。(11)

つまり、本当ならば帰したくないという思いを示しているということになる。それならば、弟日姫子が実際には家に帰れなかったという結末と合致することになろう。「家には帰したくない」という男の側の強い思いを示すのがこの歌の本意であるということになる。先に述べたように、この歌は東国から派遣された人物が在地の乙女に歌いかけた歌である可能性があるが、このように解釈し得るならば、説話の外部にあっても、説話の内部にあっても、矛盾なく理解することが出来るようになる。この歌がこの説話の中に位置づけられた所以であろう。

四　風土記的始祖伝説

ところが、歌の後、従女と親族の視点によって記されることで、蛇神と弟日姫子とがどうなったのか、曖昧な形で話が閉じられてしまう。(12)この結末については、この話が墓の起源を語ることに主眼があったからだと説かれるが、墓に主眼が置かれるのは、歌の後に視点が従女と親族とに移ったところからであって、それ以前の部分は述べてきたような神と乙女の婚姻を語る点に主眼があったはずである。その従女・親族によれば、峰の上に昇ってきたときには蛇も弟日姫子も共に「亡せて」いて存在しなかった。沼の底にただ人の「屍」があった。皆は弟日姫子の「骨」だといって、墓を造って納めた。その墓は今もある、という。この展開は、弟日姫子が蛇に食われたことを示していると取られるわけだが、果たして本当にそうなのだろうか。

まず、これが本当に弟日姫子の死を意味しているのだとすれば、弟日姫子は何故死を賜らなければならなかったのか。例えば同じ「弟」を名に持つ女性、弟橘姫が、荒ぶる海神に身を捧げなければならなかったように、弟日姫子も褶振の峰の神にその身を捧げなければならなかったということか、あるいは神の妻であるはずの弟日姫子が、人(狭手彦)の妻となったことで神の怒りをかった、若しくは外部者の妻となったことで土地神の怒りをかったということか。しかし実際のこの話の中では、弟日姫子が死ななければならない要因が見あたらない。例えば異類婚姻譚において夫婦離別、もしくは一方の死を招く型としての「見るなの禁」、または「〇〇してはならない」といった禁止事項というものが一切記されていない。また、「見るなの禁」型に関連している要素として、必ず「恥」という言葉が登場し、この「恥」が夫婦離別の根拠となるパターンが『古事記』『日本書紀』には見られるわけだが、そういう「恥」の要素も見られない。要するにこの話には、妻の死や夫婦離別に繋がるような要素がないのである。[13]蛇と弟日姫子との結末については、先にも見た如く、「並亡不存」とあるのみである。「亡」の字は、必ずというわけではないが、「死」に関わる場面で多く使われる文字である。風土記には見られないが、『日本書紀』の例を見ると、「死亡」五例、「逃亡」四例、「敗亡」四例、「亡人」三例、「亡者」二例、「喪亡・倏亡・亡逃・存亡・滅亡」各一例、「亡」一字の場合は「ほろぶ・ほろぼす」三一例、「しぬ」五例、「うす」四例「うしなふ」三例、「にげる・ころす・やけうす」各一例となっている。[14]蛇と乙女とは、共に「亡せた」というのであれば、一人弟日姫子のみが死んだ＝殺されたと受け取ることはできない。むしろ共に「死」の世界、若しくは異界に行ったということになるのではないか。[15]この両者は、異界に於いて結ばれたという結末なのかも知れない。それが現実の側からすると、「死」として認識されるが故に、そのまま墓の起源へと繋がっていったものなのではあるまいか。それは例えば、『万葉集』の菟原処女・菟原壮夫・千沼壮夫の歌（巻九・一八〇九）にも通じることであるし、『常陸国風土記』香島郡に見えるカミノヲトコ・カミノヲトメの話とも通じるものであると思われる。ただ、それらの話と異なるのは、この話が一族の始祖説話の意味を持つという点において要請されたものではないかということである。次にその点について考えてみたい。

先にも見たように、（A）の部分では「成婚」という語の後に「早部君の祖」とある。逸文の話や、『万葉集』の記述には、この始祖記事が見えず、そして後日譚も見えない。ならば、始祖記事と後日譚とは関連があると見ることが出来る。[16]単純に言えば、「早部君の祖」を保証するものが、後日譚の異類婚姻譚なのであろう。日下部君についても、『肥前国風土記』にもう一箇所、しかもこの説話の次の記事に見える。

賀周里《かすのさと》。郡の西北に在り。昔者《むかし》、此の里に土蜘蛛《つちくも》有り。名を海松橿媛《みるかしひめ》と曰ひき。纏向日代宮に御宇しめしし天皇、国巡りましし時、陪従《おもとびと》大屋田子《おほやたこ》、日下部君等が祖なり。を遣して誅《つみな》ひ滅ぼさしめたまひき。時に霞《かすみ》四《よ》もを含《ふく》めて、物の色見えざりき。因りて霞の里と曰ひき。今、賀周の里と謂ふは、訛《よこなま》れるなり。

〈肥前国風土記・松浦郡〉

鏡の渡、褶振の峰の話は宣化天皇の時代の話で、『日本書紀』によるならば五三七年の出来事となる。一方で賀周里の方は景行天皇の時代の話である故に、これも単純に『日本書紀』的にいうならば、それよりも五〇〇年くらい前に遡る話となる。風土記の歴史認識は、それほど厳密なものではなく、今と対比される昔という程度の認識である場合もあろうが、頻繁にその名が見える天皇については、どの程度昔の時代であるのかという認識はあろう。『肥前国風土記』にとっては、崇神～景行朝が中央との関わりにおいて歴史の始まりの時代に位置するという認識があるように思われる。その時代にすでに日下部君の祖が活躍をしていると語る意味は小さくはないはずだ。ちなみに『豊後国風土記』日田郡にも、日下部君等の祖が登場しており、こちらは欽明天皇の時代の出来事になっている。

靫編郷《ゆぎあみのさと》。郡の東南に在り。昔者、磯城嶋宮に御宇しめしし天国排開広庭《あめくにおしはるきひろには》の天皇の世、日下部君等が祖、邑阿自《おほあじ》、靫部《ゆぎべ》に仕へ奉る。その邑阿自、此の村に就きて、宅《いへ》を造りて居る。斯《こ》れに因りて名を靫負《ゆぎおひ》の村と曰ふ。後の人改めて靫編の郷と曰ふ。

〈豊後国風土記・日田郡〉

つまり豊後・肥前の日下部君の祖は宣化・欽明天皇の時代あたりに位置付けられており、その意味では大伴狭手彦の時代とも重なっているが、『肥前国風土記』ではその始祖伝説を記すのに加えて、突出して古い時代にその淵源を求める記述もなされたということのようである。

さて、以上述べてきたことを基にして言えば、狭手彦と弟日姫子の話では、妊娠も出産も描かずに始祖伝説を語っているということになるわけだが、はたしてそれを始祖伝説と言うことができるのかどうか。或いは始祖誕生譚ではなく、始祖に纏わる伝説を、異類との関わりで説くことで、その一族の特殊性を強調しようとするものなのかも知れない。例えば、「君」と「首《おびと》」とで異なってはいるが、同じ日下部に関わる記述としては、「丹後国風土記逸文」の浦嶼子の話があり、これも浦嶼子が祖として位置付けられている。しかし、妊娠も出産も語られない。

与謝郡《よさのこほり》、日置里《ひおきのさと》。此の里に筒川《つつかは》の村あり。此《ここ》の人夫《たみ》、早部首等が先祖、名は筒川の嶼子《しまこ》と云ふ。為人《ひととなり》、姿容秀美《かたちうるは》しく、風流《みやび》なること類《たぐひ》なし。斯《こ》は謂《い》はゆる水江《みづのえ》の浦の嶼子という者なり。〈丹後国風土記逸文〉

これが始祖伝説なのかと言えば、やはり異類婚因譚的な内容を持つ、始祖伝説であろうと思われる。日下部首の祖にこのような出来事があったのだ、神仙境に出かけ、人間世界を超越した体験をした存在がいたのだということを語っているのではないか。しかも始祖伝説の常道に従って、異類婚因譚（亀比売との結婚）によってそれを示したということではなかろうか。

以前に『常陸国風土記』の晡時臥山の説話について考えた時、風土記の異類婚は、過去と現在とを系譜的に確実に繋げるようなことをせず、過去の出来事と現在眼前にある物体や祭儀とをダイレクトに繋げるという面がある点について考えてみた(17)。今回の褶振の峰の話も同じように、過去の不思議な話と現在（この話の場合は墓）とをダイレクトに繋げることで始祖伝説たりうるとする風土記的な認識による話なのであって、神々の零落や蛇神信仰のくずれなどという範疇に含まれるものではないのではないか。ところで、そうした異類婚における男女の離別を解消するものとして、歌が有効に機能していると思われる。最後にその点について触れておきたい。

五　異類婚姻譚と歌

例えば、『古事記』の場合には、豊玉毗売出産の場面において、「見るなの禁」を破って「本国」の姿を見てしまったホヲリノミコトとの別離が描かれるが、その後に以下の歌の贈答が行われる。

（豊玉毗売）其の歌に曰はく、

赤玉は　緒さへ光れど　白玉の　君が装ひし　貴くありけり

爾くして、其のひこぢ、答ふる歌に曰はく、

沖つ鳥　鴨著《ど》く島に　我が率寝し　妹は忘れじ　世の悉《ことごと》に

豊玉毗売が恋情に堪えかねて夫を讃える歌を送り、夫のホヲリは妻に対する永遠の恋情を歌う。この展開については、天皇家の始祖神話として異類婚姻譚が要請されたこと、異類婚姻譚には別離が伴うこと、しかし天皇家の始祖神話として、海神の娘との婚姻が破綻したままでは神から天皇へという系譜において問題が残るため、婚姻の破綻を解消すべく歌が要請されたことが説かれている(18)。概ねその見解は了解されるものであり、『古事記』の描こうとした意図に迫るものであると思われる。同じような異類婚姻譚的な場面としては、イザナキとイザナミの別離の場面（上巻・黄泉国神話）、ホムチワケとヒナガヒメとの別離の場面（中巻・垂仁記）があるが、いずれも婚姻の破綻の解消が描かれることはなく、イザナキとイザナミとの別離に際しては、「コトドワタシ」という徹底した二神の乖離が描かれ、ホムチワケとヒナガヒメとの話においても、ホムチワケの逃走を描くことでイザナキの逃走譚を繰り返すような形をとっている。これらの話には出雲を隔絶した場所として位置付けることが目的

としてあり、それゆえに特に婚姻の破綻の解消を描く必要性がなかったものと思われる。(19)これら異類婚姻譚の結末における別離の場面の描き方は、『古事記』に関して言えば作品内部における必要性からそれぞれに描かれているると思われるのだが、歌による別離の解消というテーマは、作品を超えて異類婚姻譚と関わりつつ文芸的関心によって様々に描かれているのではないかと思われる。その例として、例えば『日本霊異記』上巻第二縁を挙げることが出来る。『日本霊異記』上巻第二縁「狐を妻として子を生ましめし縁」は、表題の通り、狐妻との異類婚姻譚である。この話では、結婚後に犬に吠えたてられて狐妻は正体をあらわすが、「汝と我との中に子を相生めるが故に、吾は忘れじ。毎《つね》に来《き》りて相寐よ」というキツネの語源譚を記し、離別とはならないが、夫は朝に去っていく妻の「容《かほ》」を見て次のように歌う。

恋は皆　我が上に落ちぬ　たまかぎる　はろかに見えて　去《い》にし子ゆゑに

話の最後に「三乃国《みののくに》の狐の直等《あたへら》が根本《もと》是なり。」とあって始祖伝説となっている。歌自体は『万葉集』に類歌があり、オリジナルなものではないかも知れないが、わざわざ恋情を歌うところに意義があると思われる。守屋俊彦は「慕情による恋愛文学としてまとめようとした」と言い、(20)三谷栄一も「文学的深まりを獲得した」と指摘する箇所であるが、そうした文芸性の獲得を呼び込んだのは、やはり始祖伝説であるゆえであったろう。(21)なお、大塚千紗子は歌の中の「はろかに見えて」という言葉に着目し、これが『万葉集』の類歌に見る「ほのかに見えて」とは異なり、「人と動物の宿命的な隔絶が表現され、同時に愛する夫婦の別離を示すものであった」と説いている。(22)本論とは視点が異なるが、『日本霊異記』の中にこの説話を位置づけた場合の解釈としては妥当性がある。

次に、先にも触れた「丹後国風土記逸文」の浦嶼子の話であるが、この話では、見るなの禁を破って相手の正体を知ることで別離が訪れるという形は持たないが、代わりに、玉匣を開けてはならないという禁を破ることで別離が確定するという展開を持つ。玉匣を開けた時に、「即ち瞻《み》ざる間《ま》に芳蘭《かぐは》しき体《かたち》、風雲に率《したが》ひて蒼天《あめ》に翩飛《とびか》けりき。」と描写され、これが嶼子の老化や肉体的な死を示しているという見方が強い。しかし、その後の描写に「嶼子、即ち期要《ちぎり》に乖違《たが》ひて、還復《またふたた》び会ひ難きことを知り、首《かしら》を廻らして踟蹰《たたず》み、涙に咽《むせ》びて徘徊《たちもとほ》りき。」とあるのみであり、嶼子の身体的変化については特に触れられていない。この話ではあくまでも玉匣を開けてはならないという禁を破ったために別離が確定してしまったという、恋と別離の物語となっていると見ることが出来そうである。そして「還復《またふたた》び会ひ難きことを知り」と別離が確定した後に、嶼子と亀比売との間で歌のやりとりが記されるのである。

斯《こ》こに、涙を拭《のご》ひて哥曰《うた》ひしく、

　常世辺に　雲立ち渡る　水江の　浦嶼の子が　言持ち渡る

神女《かむをとめ》、遥《はるか》に芳《かぐは》しき音《こゑ》を飛ばして、哥曰《うた》ひしく、

　大和べに　風吹きあげて　雲離れ　退《そ》き居りともよ　吾を忘らすな

嶼子、更《また》、恋望《こひのおもひ》に勝《た》へずして哥曰《うた》ひしく、

　子等に恋ひ　朝戸を開き　吾が居れば　常世の浜の　波の音《と》聞こゆ

はじめに、別離を覚悟した嶼子が、それでもとにかく常世の神女に言葉を伝えようとし、神女は自分のことを忘れないで欲しいと歌う。そして嶼子はまた「恋望」に勝てず、常世の世界がすぐそばにあるかのように（そうあって欲しいという願いを込めて）常世の波の音が聞こえてくる、すなわち自分の思いはずっと神女のもとにあると歌う。後世の人の付け加えた歌がなければ、このようにお互いの恋情を伝え合うところでこの話は閉じられているのである[23]。

もうひとつ、これは始祖伝説とはなっていないのだが、やはり異類婚に歌を伴う例がある。崇神紀の箸墓伝説である。「是の後に、倭迹迹日百襲姫命、大物主神の妻《みめ》と為る」で始まるこの話は、見るなの禁ではなく、神の正体を見た際に「驚いてはならない」という禁忌を科す。しかし子蛇の姿を見て驚いてしまった倭迹迹日百襲姫命は死を賜ることになる。その後に箸墓の起源が記される。

　乃ち大市《おほいち》に葬《はぶ》る。故、時人、其の墓を号《なづ》けて箸墓《はしのみはか》と謂《い》ふ。是の墓は、日《ひる》は人作り、夜は神作る。故、大坂山の石を運びて造る。則ち山より墓に至るまで、人民相踵《おほみたからあひつ》ぎて手遞伝《たごし》にして運ぶ。時人、歌《うたよみ》して曰《いは》く、

　大坂《おほさか》に　継《つ》ぎ登《のぼ》れる　石群《いしむら》を　手遞伝《たごし》に越さば　越しかてむかも　〈崇神紀十年九月〉

この説話と歌との関係については、以前に触れたことがある。驚いてはならないという禁を犯した姫は死を賜り、神は飛び去ることで、神と人との断絶が語られることになるが、神と人との共同作業によって箸墓が作られると語り、歌を記すことで、神と人との断絶が解消されているのではないかということである[24]。この場合、始祖伝説の形をとっていないこと、歌は当事者詠として相手に対する恋情を歌っているものではないこと等、他とは異なる故に同じレベルで論じることには問題もあるが、乙女の墓の起源であるという点、苧環型神婚神話を持つ大物主神に関する話である点など、『肥前国風土記』弟日姫子の話との共通点が多く、興味深い。

おわりに

以上見てきたように、大きな枠として、異類婚において共通する離別の型に対し、心情的な男女の恋情の伝達によって心の交流がはかられて終わるというのが、神話・伝説という枠組みを超えて獲得された文芸性として認

められるのではないか。ただしそうした文芸性が獲得されるきっかけとして、皇統の正当性を保証しようとする王権の論理や、始祖伝説として位置付けようという意図が存在していたと思われるのである。

【注】

（1）吉井巌「サヨヒメ誕生」（『天皇の系譜と神話』二、塙書房、一九七六年六月）など。

（2）佐佐木隆「「弟日姫子伝承」の「鏡」と「褶」（『古事記年報』38号、一九九六年一月）。吉田修作「蛇に魅入られた〈をとめ〉―松浦佐用姫Ⅱ―」（『文芸伝承論―伝承の〈をとこ〉と〈をとめ〉―』おうふう、一九九八年一〇月）。松本弘毅「弟日姫子の〈巫女性〉」（『国文学研究』146集、二〇〇五年六月）。岩田芳子「弟日姫子譚」（『国文目白』50、二〇一一年二月）など。

（3）西條勉「巫女の死―風土記説話の水準―」（神田典城編『風土記の表現―記録から文学へ―』笠間書院、二〇〇九年七月）。

（4）堂野前彰子は、（A）と（C）との関係について、「構造化してみれば、「貴人と結ばれる巫女」というモチーフが、繰り返し語られているにすぎない。」と述べている（「「在地の妻」という話型」『文化継承学論集』4、二〇〇八年三月）。

（5）佐佐木隆、（注2）前掲論文。

（6）長野一雄「褶振峯説話の事実と虚構」（『国文学研究』53、一九七四年六月）。阿部真司「ヒレ振りの峯の物語の形成―山上憶良の詠と肥前国風土記の語りより―」（『日本文学研究（高知大学）』28、一九九一年四月）など。なお、阿部真司は、弟日姫子を、「当地を支配する巫女的女首長」として捉えている。

（7）『肥前国風土記』の「婦」の例は以下の通りである。

①於此、有一産婦、臨見御狗、即吠止。因曰犬声止国。今訛謂養父郡也。〈養父郡〉

②無子婦女、就此二石恭、祷祈者、必得任産。〈神埼郡・船帆郷〉

③大荒田云、「此婦如是実賢女。故、以賢女、欲為国名」。因曰賢女郡。今謂佐嘉郡訛也。〈佐嘉郡〉

④所以、此国婦女、孟夏四月、常以針釣之年魚。男夫雖釣、不能獲之。〈松浦郡〉
⑤於茲有人、名曰速来津姫。此婦女申云、〈彼杵郡〉

(8) 小林渚は、「弟日姫子にとって「狭手彦に似た男」の訪れはまさしく「大伴狭手彦自身」の訪れであったのである」と述べている（「弟日姫子の軌跡―巫女従女の報せ―」『古代文学』36号、一九九七年三月）。

(9) この話における一夜の婚姻の意味については、吉田修作（注3）前掲論文にも指摘がある。

(10) 木下正俊「「斯くや嘆かむ」という語法」（『万葉集研究』第七集、一九七八年九月）。

(11) 佐佐木隆「さ一夜も率寝てむしだや家に下さむ」（『萬葉集と上代語』ひつじ書房、一九九九年一〇月）。

(12) 従者の語り手としての役割については、吉田修作「死へ向かう旅」（『古代文学講座5旅と異郷』武蔵野書院、一九九四年八月）参照。また、語りの視点が弟日姫子から従女に変わる点について小林渚は、巫女の役割の交替という視点で捉えている（前掲、注8）。

(13) 小林渚は前掲（注8）論文において、「弟日姫子の「死」は羞によるものでも祟りによるものでもなく、「神」との婚姻というむしろ望むべきことであった」と述べている。

(14) 『日本書紀』の訓は岩波日本古典文学大系本による（上・一九六七年三月、下・一九六五年七月）。

(15) 青柳まやも、神と弟日姫子とが「共に」姿を消している点に着目し、「共に説話的死を迎えるという点で神と弟日姫子とは一体的存在であるといえる」と説いている（「弟日姫子の死―『肥前国風土記』松浦郡条・褶振説話について―」『二松学舎大学大学院紀要・二松』26、二〇一二年三月）。

(16) この説話と日下部君との関わりについては、市瀬雅之「ヒレ振伝説の形成―日下部君の氏族伝承として―」（『古事記年報』36号、一九九四年一月）に詳しい。また、松本弘毅、前掲論文（注2）も、この説話を日下部君等祖の話である点を重視して積極的に論じている。なお、市瀬は、大伴狭手彦がこの説話に関わるのは、日下部君の手を離れた後であろうとしている。

(17) 本書第三部第十章参照。

(18) 矢嶋泉「所謂〈『古事記』の文芸性〉について―火遠理命と豊玉毗賣命の唱和をめぐって―」（『青山語文』20号、一九九〇年三月）。

（19）『古事記』の場合、イザナキとイザナミとの離別によって神話世界における出雲と高天原との乖離が描かれ、ホムチワケのヒナガヒメからの逃走によって出雲とヤマトとの乖離が描かれるという構想が窺える。『日本書紀』とは異なって景行記に倭建命における出雲建討伐が描かれるのも、そうした『古事記』における出雲の位置づけ、出雲との関わりの展開に関わってのものと思われる。

（20）守屋俊彦「上巻第二縁考」（『続日本霊異記の研究』三弥井書店、一九七八年一一月）。

（21）三谷栄一「説話と和歌—狐女房譚と『日本霊異記』上巻第二縁の文学性をめぐって—」（『論纂・説話と説話文学』笠間書院、一九七九年六月）。

（22）大塚千紗子「狐妻説話における恋歌—「窈窕裳襴引逝也」との関係を通して—」（『日本霊異記の罪業と救済の形象』笠間書院、二〇一七年二月。初出は二〇一一年三月）。

（23）そういう意味では、三浦佑之が説く通り、浦嶼子の話はまさに恋愛小説であったといえる（『浦島太郎の文学史』五柳書院、一九八九年一一月）。しかし、三浦は嶼子の肉体が消滅して魂が残った（尸解仙となった）と説かれているが、筆者は、嶼子の肉体に変化は生じていないのではないかと考えている。

（24）大久間喜一郎・居駒永幸編『日本書紀【歌】全注釈』「三、崇神紀③箸墓の造営」笠間書院、二〇〇八年三月。

終章　風土記の装いと記事配列意識

風土記の記事には、風土記であることを主張するための装いが窺える。それを端的に示すのは、『常陸国風土記』の場合であれば、本書第二部第四章で扱った「古老」「風俗」「俗」による記述方式や、第五章で扱った「倭武天皇」の存在であった。また『出雲国風土記』においては、地名起源記事の多くを占める神々の話は正に在地の神話を示そうとする意図によって記されたものであろうし、第七章で扱った「古老」にも、風土記としての主張があると見られる。その他、『日本書紀』と九州風土記に共通して見られる「訛」の用法について比較検討すると、やはり風土記の方には土地の言葉を示そうとする風土記としての「装い」を読み取ることが出来る。(1)『日本書紀』においては、天皇の発語によって名づけられた地名が「訛」などによって改変されることは無い。それは天皇が名づけた地名を尊重する態度によるものと思われる。「訛」による改変が記される場合、元々の命名者は「時人」などによって示される。一方風土記の場合は、天皇によって名づけられた地名を「訛」によって積極的に改変する。それは単に説話内部の地名と標目地名とのズレを解消するという目的のためのみではなく、中央側によって名づけられたとする地名を、土地の側が捉え返すという形を提示しているということなのではないか。

本来は土地のものである筈の地名が、多くの場合、中央側の存在によって名づけられたと語る。そこには土地の言葉は介在し得ない。或いは本来土地の言葉であっても、天皇がこの言葉を発して名づけたとすることで、その地名は中央語化してしまう。そうした地名を長い年月の間に「訛」ったものとして変質させることで、再び土地の言葉として定位し直しているということだ。見方を変えるならば、天皇によって名づけられた地名が長らく受け継がれていくその間にその土地に受け入れられて定着をした、ということにもなる。こうした関係は、本書第一部第一章、及び第二部第四章で扱った『常陸国風土記』の国名起源譚並びに各郡名に見られる「風俗諺」と地名との関係と重なるものと見られるのである。

風土記は、各編者が中央の文書とは異なる地域独自の文書として仕上げ、提出したものと思われる。そのため、各国風土記の記事・文章には様々な装いが凝らされているのであり、そこに文学作品として享受し得る要因があったものと見受けられる。

また、本書においてもう一点、各風土記の作品性として注目したのは、各風土記内に見られる記事の配列意識であった。風土記は郡ごとに記事が記され、郡内では郷・里などに関する記述が順次記されてゆく。それは地理的な順路に従って記されているわけなので、その順番に物語性を見出すことは本来出来ない筈である。また、風土記の記述は基本的には断片的なものが殆どで、記事同士の関連は表面的には無い。しかし、明確に物語として話が展開するわけではなくとも、断片的な記事同士が何らかの意図のもとに並べられることで、ひとつのまとまった世界を示し得ているのではないかと思われる。ひとつひとつは断片的であらざるを得ない風土記の記事に対し、そうした工夫が施されているのではないかということを念頭において論じたものがいくつかある。

記事同士の繋がりということとは少し異なるが、第一部で扱った『常陸国風土記』『播磨国風土記』『肥前国風土記』の異伝の問題は、一つの地名に纏わって複数の記事が並べられているという点において、記事配列の意識を考える一つの素材となり得るものであった。また、第二部第五章で扱った『常陸国風土記』の「倭武天皇」の記事の配列や、第三部第十三章で扱った『播磨国風土記』の天日槍命と葦原志許乎命の国占め争いの話は、それぞれの記事を繋げることで物語として成り立つという現象が見られるのであるが、それがどこまで意図されたものであるのかは不明である。ただ、全くの偶然にそうなっているのではなく、ゆるやかであっても、編者による構成意識というものはあったのではないか。

本編で論じたものに加えて、以下に『出雲国風土記』意宇郡郷名由来譚に見られる配列意識について述べておきたい。

『出雲国風土記』意宇郡の記事は、まず始めに八束水臣津野命による国引神話が記され、これが意宇の命名由来となっている。本来意宇郡の郡名由来とは無関係であったと思われるこの神話を、郡名由来と結びつけたのは、出雲国創世に関わる神話であり、かつ最も長大な詞章をまずはじめに位置付けようとする意図が働いていたことが考えられる。

意宇郡の郡名由来に続いて、以下の記事が並ぶ。

①母理郷。郡家の東南三十九里一百九十歩。天の下所造らしし大神、大穴持命、越の八口を平げ賜ひて還り坐しし時、長江山に来坐して詔りたまひしく、「我が造り坐して、命らす国は、皇御孫の命、平けく世知らせと依せ奉る。但、八雲立出雲国のみは、我が静まり坐す国と、青垣山廻らし賜ひて、玉珍置き賜ひて守らむ」

と詔りたまひき。故、文理と云ひき。神亀三年、字を母理と改む。

②屋代郷。郡家の正東三十九里一百二十歩。天の夫比命の御伴に、天降り来し、社の伊支等が遠つ神、天津子命、詔りたまひしく、「吾が静まり坐さむと志ふ社」と詔りたまひき。故、社と云ひき。神亀三年、字を屋代と改む。

③楯縫郷。郡家の東北三十二里一百八十歩。布都努志命の天の石楯縫ひ直し給ひき。故、楯縫と云ひき。

④安来郷（略）

⑤山国郷。郡家の東南三十二里二百三十歩。布都努志命の国廻り坐しし時、此所に来坐して詔りたまひしく、「是の土は、止ず見まく欲し」と詔りたまひき。故、山国と云ひき。即ち正倉有り。

⑥飯梨郷。郡家の東南三十二里。大国魂命、天降り坐しし時、此所に当たりて御膳食し給ひき。故、飯成と云ひき。神亀三年、字を飯梨と改む。

④はスサノヲによる郷名由来に続いて、語臣猪麻呂がワニに喰らわれた娘の復讐を遂げる話である。これはまた別個に考えなければならない問題を孕むが、その他の①②③⑤⑥について見れば、いずれも『古事記』『日本書紀』の国譲り神話に関連する断片的な記事となっている。この並び、すなわち国引き神話から国譲り神話へという展開は、出雲側の意図した配列であるように思われる。周知の様に『出雲国風土記』は出雲国造出雲臣広嶋が編纂の総責任者であり、他の風土記以上に土地の神話と思しき記事が多く見られるわけだが、はじめに出雲国造家と深くかかわる国引き神話を掲げ、その後に天上界の神に国を譲り渡した神話を並べてくるというのは、この出雲の国は、天上界の神に国を譲り渡す以前、このように作り出された国であるということを主張しているように思われる。出雲郡杵築郷の郷名由来譚には、「八束水臣津野の命の国引き給ひし後に、天の下造らしし大神の宮を奉へまつらむとして……」という記述がなされており、八束水臣津野命の国引きは、大穴持命の国作り、

そして国譲りよりも明らかに前のこととして位置付けている。中央世界に国を譲り渡すその前に、『古事記』『日本書紀』に見られる国生み神話とは異なる出雲独自の創世神話が存在していたということを明示する、そういう意図を持った配列であったと見られるのである。(2)

また、本書においてはあまり触れることの出来なかった『豊後国風土記』においては、その構成・配列の意識において例えば以下のような論がある。『豊後国風土記』各郡の記事配列を検討した衛藤恵理香は、各郡内の記事配列は、基本的に中央的な皇統譜の順、及び「昔者」という表記の有無により、時の流れに沿って郡内の記事が配列されているという傾向を指摘し、加えて、水産物や水に関する記事がある場合は郡内の末尾に配置され、郡内における魅力的な特筆すべき記事として強調したのではないかと論じた。しかし、「昔者」ではじまる記事でありながら郡末に記される速見郡田野条の記事については、これが豊饒な土地が荒廃してしまった所以を記す記事であり、またこの記事の直前に記された頚峯の記事が土地の豊かさを説く起源説話であるところから、植垣節也の説くような「課税の危険から身をかわす巧妙な姿勢」(3)によってこの位置に配置されたものであると説いた。(4)記事配列の中に編者の「技」「意図」を読み取ろうとする点において、風土記の作品世界を説く論となっている。但し、その速見郡田野の記事の意味づけについては、次に紹介する論ではまた異なる見解が示されている。飯泉健司は、『豊後国風土記』の景行天皇記事は、天皇の足取りが『日本書紀』とは逆に記載されているという橋本雅之の指摘(5)を踏まえた上で、『豊後国風土記』全体の記事の遡及志向（終わりから始まりへという説話展開）について論じている。『日本書紀』の景行天皇西征記事では、出発地（周防）→出会いの地（豊前→大分・速見）→国内征伐地（速見・直入・大野）→目的地（日向・熊襲）となっているのに対し、風土記の記載順は、日田（凱旋）→直入→

大野→海部→大分→速見→国埼（入国）となっていることを指摘した上で、「記載順に素直に風土記を読めば、凱旋・再会から始まり討伐を経た後に土地と出会う、というように、時間を遡及した配列になっている。そしてその時間の遡及を風土記は意図的に作り出している」と説く。その遡及志向は個々の記事にも当てはまるとし、それによると速見郡田野の記事は、豊穣→荒廃となっているが、むしろ荒廃→豊穣を意図する記事であったと説いている。飯泉は『豊後国風土記』の編者を陽侯史真身（七三一〜七三九、豊後国国司）と考えており、こうした遡及的な志向は、中央官人による土地への関心・理解のあり方と関わっていると論じている。(6) 具体的な編者を想定し、記事配列の構成意識の要因までも考えが及んでおり、周到な論となっている。こうした、各国風土記の記事配列、構成意識に関する考察は今後更に活発化するのではなかろうか。

風土記の研究はここ数十年の間に各段に進展してきた感がある。本文批評、受容史、研究史等、多くの論考が発表されてきた。しかし、やはりその書としての性質上、個々の風土記をそれぞれに文学作品として検討するということには慎重さが求められるように思われる。本書では各章において、各国風土記の作品研究の可能性を論じてきた。現状ではまだほんの一部を検討したにすぎない。今後も風土記の作品研究を――できる限り慎重に――推進して行きたい。

【注】

（1）谷口雅博「地名起源説話と土地の言葉」（『古代文学』55号、二〇一六年三月）参照。

（2）以上については、谷口雅博「『出雲国風土記』の声と語り」（語りの講座『昔話の声とことば』三弥井書店、二〇一二年一二月）参照。

（3）植垣節也「『風土記』を書いた「彼」」（新編日本古典文学全集『風土記』古典への招待、小学館、一九九七年一〇月）。

（4）衛藤恵理香「『豊後国風土記』の記事配列と編纂者の意図」（『国語の研究』（大分大学国語国文学会）37、二〇一二年三月）。

（5）橋本雅之「古風土記編纂の視点」（『國語と國文學』81-11、二〇〇四年一一月。後『古風土記の研究』和泉書院、二〇〇七年一月所収）。

（6）飯泉健司「豊後国風土記の地名構造—遡及的志向の歴史観—」『菅野雅雄博士喜寿記念　記紀・風土記論究』おうふう、二〇〇九年三月。

初出一覧

いずれも、本書収載にあたって部分的に修正を施した。

序章　風土記の成立と性質
　書き下ろし

第一部　風土記の異伝

第一章　『常陸国風土記』国名起源説話考
　初出　『國學院雜誌』111巻7号（國學院大學、二〇一〇年七月）
第二章　『播磨国風土記』「一云」「一家云」の用法
　初出　『古代文学』44号（古代文学会、二〇〇五年三月）
第三章　『肥前国風土記』佐嘉郡郡名起源説話の特質——異伝記載の意図を考える——
　初出　『萬葉語文研究』第12集（萬葉語文研究会編・和泉書院、二〇一七年三月）

第二部　風土記の作品世界

第四章　『常陸国風土記』「風俗諺」の記載意義
　原題　『常陸国風土記』記載「風俗諺」の成立
　初出　『日本文學論究』46冊（國學院大學國語國文學會、一九八七年三月）

第五章　『常陸国風土記』倭武天皇の時代認識
　原題　『常陸国風土記』の時代認識
　初出　『國語と國文學』81巻11号（東京大学国語国文学会、二〇〇四年一一月）
第六章　『常陸国風土記』多珂郡「サチ争い」説話の意義
　初出　菅野雅雄先生喜寿記念『記紀・風土記論究』（おうふう、二〇〇九年三月）
第七章　『出雲国風土記』「古老伝云」の内と外
　初出　『日本文学』66巻5号（日本文学協会、二〇一七年五月）
第八章　『出雲国風土記』郡郷名の表記意識――地名起源説明記事との関わりから――
　初出　『日本文學論究』55冊（國學院大學國文學會、一九九六年三月）
第九章　『出雲国風土記』地名起源記事の文体――〈秋鹿郡〉を中心に――
　初出　『風土記の表現――記録から文学へ――』（笠間書院、二〇〇九年七月）

第三部　風土記神話の文学性

第十章　風土記の異類婚――始祖を語る〈型〉――
　初出　『古代文学』50号（古代文学会、二〇一一年三月）
第十一章　『常陸国風土記』香島郡「事向」の文脈
　初出　青木周平先生追悼『古代文芸論叢』（おうふう、二〇〇九年一一月）
第十二章　『出雲国風土記』の「御祖命」――仁多郡三津郷を中心に――
　初出　『かぎろひ』創刊号（二〇〇八年九月）
第十三章　『播磨国風土記』の天日槍命と葦原志許乎命

初出　『大美和』110号（大神神社、二〇〇六年一月）

第十四章　『肥前国風土記』弟日姫子説話考——異類婚姻譚と歌——

初出　『國學院雜誌』115巻10号（國學院大學、二〇一四年一〇月）

終章　風土記の装いと記事配列意識

書き下ろし

あとがき

風土記の論文を一冊にまとめたいという思いは以前からあったのだが、なかなか実現出来ずにいた。理由は二つあった。一つは、各国の風土記はそれぞれが独立した文献として存在しているので、それを個々に論じたものを一冊にまとめることにどれだけの意義があるか確信が持てないという点であった。古風土記を総体として捉える視点が必要なのではないかと考えたり、いずれかの風土記を集中的に論じなければならないのではないかと考えたりもした。だが、別々の風土記をそれぞれに論じる中で、古風土記に共通する特質と、それぞれの風土記の持つ作品としての特質とが見いだされるのではないかと考え、今回はまとまった文献として現存する五カ国の古風土記のうち、豊後を除く四カ国の風土記の作品世界を検討したものを集める結果となった。豊後国風土記については、今回独自の論を展開出来るところまで行けず、その記事配列意識について、終章でほんの少し、近年の論考を紹介する程度に終わってしまった点は心残りである。今後検討して行きたい。

もう一つの理由は、テキストの選定であった。本文や訓読文を引用する際に、どのテキストを基本とするか、それを定めるのが難しかった。元々各風土記は写本類には恵まれておらず、本文・訓読文ともに多くの問題点を抱えている。自分ですべての本文・訓読文を確定すれば一番良いのであるが、なかなかそれも難しい。今回、本にまとめようと決断した理由として大きかったのは、角川ソフィア文庫が刊行されたことであった。角川ソフィア文庫は中村啓信先生監修のもと、中村先生、橋本雅之氏、飯泉健司氏、そして私の四人で執筆を担当した。ただ、こんなことを言うと他の方々には怒られてしまうが、このテキストがこれまでに刊行されたテキストよりも優れているから今回引用テキストに定めたということではない。他のテキストがそうであるように、角川ソフィア文庫もやはり問題点は多い。複数の人間で担当した良さもあるが、それによる問題点も少なくない。特に自分の担当したところは気になるところがかなりある。完璧なテキストを作るなど不可能なことではあるにせよ、まだまだ改善の余地はあるゆえに、風土記の本文・訓読文については勿論今後も検討を続けて行くことになろう。ただ、部分的ではあるにせよ、自分自身が執筆・編集に関わったことで、拠り所とするテキストを確定できたことが、本書作成のはずみとなったのは間違いない。

今回収めた十四編の論考のうち、最も古いものは一九八七年に発表した「『常陸国風土記』記載「風俗諺」の成立」（本書第四章）である。修士論文の一部であり、初めて活字化した論文でもある。三十年も前の論文を今更本に収める価値があるのかどうか、疑問に思われるかも知れない。私にとっては最初の活字論文なので思い入れがあるということはあるが、基本的にはこの論文がその後の風土記に関する研究の基盤となっている論なので、内容は稚拙なものであるが、これを収めなければ意味がないと思い、敢えて収載することとした。

前著の、『古事記の表現と文脈』（おうふう）の刊行は二〇〇八年の十一月二十日であった。恩師・青木周平先生の突然の訃報を聞いたのがその九日前、十一月十一日であった。それからもう十年近くが経過した。その間に青木先生の享年も越えてしまった。しかし学問の方は全く越えられそうにもない。本来ならば角川ソフィア文庫の一部を青木先生も分担執筆なさる予定であったが、結局それも叶わなかった。現在の私の研究状況を知れば、その物足りなさにがっかりされるかも知れない。けれども、兎にも角にも、ようやくこうして二冊目が出来たことをご報告したい。

最後に、本書の刊行をお引き受け下さった笠間書院の池田圭子社長、刊行に際して諸々ご尽力くださいました編集担当の重光徹氏に厚く御礼申し上げます。また、本書は平成二十九年度國學院大學出版助成（乙）を受けての刊行であることを申し添えておきます。

平成三十年元日の朝に

谷口雅博

著者略歴

谷口 雅博（たにぐち・まさひろ）

1960 年 9 月　北海道生まれ
1991 年 3 月　國學院大學大学院文学研究科博士課程後期　所定単位修得退学
2009 年 7 月　博士（文学）取得（國學院大學）
現在　國學院大學文学部准教授

主な著書
『古事記の表現と文脈』おうふう、2008 年 11 月
『風土記探訪事典』（共著）東京堂出版、2006 年 9 月
『風土記を読む』（共著）おうふう、2006 年 6 月

風土記説話の表現世界　*The expression world of story in "Fudoki"*

2018年（平成30）2 月28日　初版第 1 刷発行

著　者　谷　口　雅　博

装　幀　笠間書院装幀室
発行者　池　田　圭　子

発行所　有限会社 **笠間書院**
〒101-0064　東京都千代田区神田猿楽町2-2-3
☎03-3295-1331　FAX03-3294-0996
振替00110-1-56002

ISBN978-4-305-70890-8　組版：ステラ　印刷／製本：モリモト印刷

索　引

・本索引は、事項索引・引用文献索引より成る。
・事項索引の項目は、原則として現代仮名遣いの読み方によって配列した。漢字見出し項目については、便宜的に、訓読みによって配列したものと音読みによって配列したものとがある。
・引用文献索引は、原則として本文、または訓読文を直接引用してある箇所を示したものであるが、場合によっては、引用文はなくとも内容の説明があればその箇所のページ数を示した。風土記引用文の掲出順は、角川ソフィア文庫による。
・いずれの場合も、注も含めて必要な項目とそのページ数を示した。

事項索引

引用文献索引

●播磨国風土記

●播磨国風土記逸文

●肥前国風土記

●豊後国風土記

●伊勢国風土記逸文